U0963561

美国劳动法学的诞生

The Birth of American Labor Law Jurisprudence

阎天　著

中国民主法制出版社

图书在版编目（CIP）数据

美国劳动法学的诞生/阎天著．—北京：中国民主法制出版社，2018．11

ISBN 978-7-5162-1910-2

Ⅰ．①美…　Ⅱ．①阎…　Ⅲ．①劳动法—法制史—研究—美国　Ⅳ．①D971．225

中国版本图书馆 CIP 数据核字（2018）第 242991 号

图书出品人：刘海涛
出 版 统 筹：乔先彪
责 任 编 辑：陈　曦　姜园园　许泽荣　贾萌萌

书名/美国劳动法学的诞生
作者/阎　天　著

出版·发行/中国民主法制出版社
地址/北京市丰台区玉林里 7 号（100069）
电话/63055259（总编室）63057714（发行部）
传真/63056975　63056983
http://www. npcpub. com
E-mail:mzfz@ npcpub. com
经销/新华书店
开本/16 开　880 毫米 × 1230 毫米
印张/9　**字数**/160 千字
版本/2018 年 11 月第 1 版　2022 年 3 月第 2 次印刷
印刷/北京中汇数字印刷有限公司

书号/ISBN 978-7-5162-1910-2
定价/42. 00 元
出版声明/版权所有，侵权必究。

（如有缺页或倒装，本社负责退换）

纪念我的外祖父解经纶（1928—2018）

为了亲人，为了队伍，为了新中国

目录

楔　子

一九一一年三月二十五日（清宣统三年二月二十五日）星期六，下午四点四十分。美国纽约曼哈顿下城，华盛顿广场。

街角的一座大楼高处，“三角衬衫厂”的标志挂在外墙，颇为醒目。机器的轰鸣渐渐平息，加班的工人也长出口气，准备收工。她们大都是自欧洲迁来的年轻姑娘，英语不好，谋职不易，又要养家，工作勤快安分。

倏然间，大楼八层一个不起眼的废料筒里腾起火苗。布匹和成衣四处堆放，给火龙肆虐辟出了捷径。转眼之间，烈焰攻入九层，又冲上十层。都会的斜阳下，燃起一支血红的火炬！

姑娘们慌了。一阵忙乱以后，有人拧动消防水管，却滴水不见。她们冲向唯一的逃生门，却不知道门是向内开的，一拥而上，把门堵死。她们爬上疏散通道，却发现通道尽头悬空。迟疑之间，通道垮塌，生机脆断。

楼内浓烟翻腾，呛得窒息。火舌攀上工装，叼住头发，肆意舔舐着惊恐的脸庞，把姑娘们逼到窗前。窗外，闻讯而来的救火队员焦虑万分，携带的云梯却只能升到六层高。身后是凶猛的火焰，脚下是百尺的虚空，怎么办？怎么办？

终于，在围观者的尖叫声中，一个瘦小的身体破窗而出，划出一道绝望的抛物线，然后击穿地下室顶上的玻璃。成千的碎片切开她、嵌入她、撕裂她，直到落地的一声闷响。

朝西一侧的窗前，一位姑娘向人群挥动手帕，哆哆嗦嗦地跳了出来。她的衣服挂住窗棂，整个人吊在半空。只消片刻，火舌蹿出，烧断衣服。姑娘头朝地面，笔直坠下。

灾难在一个半小时以后结束。街道上排列着遗体，或无头，或断肢，血肉模糊，焦黑似炭。悲伤的家人只能通过一截脚趾或一只鞋子来辨认亲属。共有五十四位工人坠楼身亡，狭窄的电梯间里积尸三十具，其他死者遍布厂房各处。

而在一片混乱中，工厂主携带家眷，从屋顶安然逃遁。那条生路专属于他，从未告知工人。火灾次日，工厂主们便齐聚华尔街，开会反对政府加强工厂防火的干预措施。

一百四十六条生命随风消逝。他们当中，年龄最小的两位才十四岁，都是女孩：一位叫做凯特·利昂（Kate Leone），另一位叫做罗萨莉亚·马尔提兹（Rosaria Maltese）。

那一夜，教堂里的歌者操着意第绪语，孤独地吟咏《大火哀歌》——

书写死者名姓，墨色似血样红。

伤者遭受灼痛，无法辨认面孔。

生民亟待帮助，家里四壁皆空。

悲惨处境如是，流金之地似梦。[1]

三角衬衫厂火灾是美国历史上最严重的生产事故之一。伤痛、鲜血、尖叫和噩梦挥之不去，在美利坚民族的集体记忆里扎下根来。怎样避免悲剧重演？怎样保护劳动安全？怎样兑现《独立宣言》的承诺，让每位劳动者安享生命、伸张自由、追求幸福？更根本的追问是：劳动，在我们人民的国度里，应当占有怎样的地位？

火后余烬已冷，学术追问长存。代复一代，法律学人肩起苦难，以笔为剑，闻鸡起舞，仗剑远行。他们直面困局，奋勇突

---

〔1〕 三角工厂火灾情况取自当时报章、后世著述及我国讨论。“141 Men and Girls Die in Waist Factory Fire; Trapped High Up in Washington Place Building; Street Strewn with Bodies; Piles of Dead Inside”, New York Times, Mar. 26, 1911, at 1；［美］大卫·冯·德莱尔著，刘怀昭译：《兴邦之难——改变美国的那场大火》，中国政法大学出版社 2015 年版；雅理读书（阎天、潘毅、吕途、叶明欣）：“一场改变美国的大火：为何中国人对工厂火灾却如此冷漠？”，澎湃新闻·思想市场，http：//www. thepaper. cn/newsDetail_ forward_ 1349242（最后访问 2017 年 6 月 13 日）。遇难者名单取自康奈尔大学工业与劳动关系学院“纪念 1911 年三角工厂火灾”专页，http：//trianglefire. ilr. cornell. edu/victimsWitnesses/victimsList. html（最后访问 2017 年 6 月 13 日）。《大火哀歌》歌词节译自 Yehuda Horvitz, *Mournful Song of the Great Fire*, available at http：//trianglefire. ilr. cornell. edu/primary/songsPlays/MournfulSong. html（last visited Jun. 13, 2017）。

围，劈波斩浪，扬帆济海。他们用生命筑成崭新的学科——劳动法学。

这是一场伟大的远征。他们的思考如落霞孤鹜般壮丽，他们的著述似秋水长天般洗练，他们的理想如旭日方升般精纯，他们的功业似崇山峻岭般绵延。

本书便循着他们的足迹，追溯美国劳动法学的诞生历程。

寻梦，结缘，探路。

起

引　言

16 世纪晚期至 19 世纪末，是美国劳动法学蓄势待发的时代。以诗法言之，这 300 年是起承转合之“起”。[1] 作为学科，劳动法学的创立要等到 20 世纪中叶；而作为学术领域，劳动法研究早已兴起。它与制度的发展联系紧密，更与美国的国运息息相关。

16 世纪晚期，英国开始向北美殖民，历时约两个世纪，始有美利坚合众国。开国百年间，美国打赢对英战争以除外患，开展西进运动以广拓殖，平息南方叛乱以解内忧，终于在列强竞逐的世界上站稳了脚跟。以此为基础，19 世纪后期，美国经济蓬勃发展，迅速超越了英、法、德、意等对手，加冕为世界第一工业大国。财富涌流，纸醉金迷，让这个时期获得了“镀金时代”

---

〔1〕“傅与砺曰：作诗成法有起、承、转、合四字。……大抵起处要平直，承处要舂容，转处要变化，合处要渊永。”王良臣：《诗评密谛》卷一，明天启刻本。

之称。经过三个世纪的摸索，劳动法制度逐渐从边缘走向中心，劳动法研究逐渐从副业走向主业，劳动法学人逐渐从兼职走向全职。

和美国历史进程的阶段性对应，本章将20世纪以前的美国劳动法研究分为三个时期：

——建国前为第一时期：劳动法的主要内容是建构劳动身份序列——自由民、契约白奴、法定白奴、黑奴及印第安人等；劳动法研究以律师行内的师徒切磋为主。

——建国后的一百年为第二时期：劳动法一方面打破旧的身份桎梏，保卫“自由劳动”，另一方面建立新的身份——工资工人，弹压工人运动；劳动法研究从律师行扩展到了法律学校和法学院。

——19世纪后期为第三时期：面对工运浪潮的全国蔓延，劳动法推出了新的弹压手段——禁制令，又以宪法正当程序保卫出卖劳力的“自由”；劳动法研究成为了一些学者的主业，而法律形式主义与现实主义对于劳动法学的影响初见端倪。

这是劳动法学的“史前时代”。在每个时期，劳动法研究都与劳动关系、劳工运动和劳动法治形成紧密互动。学术的势能不断积蓄，在社会变迁中寻找机遇，喷薄而出。

第一节 身份：殖民地时期的劳动法

北美早期移民的历史叙事充满了玫瑰色彩：一群英王子民不堪宗教迫害，向往自由，冒死乘坐小舟，跨越重洋，登上新大陆，开始新生活。故事的高潮是《五月花号公约》（The Mayflower Compact）。据说，“五月花号”帆船载着一群自英国出逃的分离派清教徒，半路又接上一些探险者、生意人等，扬帆过海，移民北美。途中遭遇风暴，补给用尽，无法按计划前往哈德逊河口，不得已在今马萨诸塞州普利茅斯登陆。上陆前，乘客们“自愿结为一公民政治团体”，于儒略历 1620 年 11 月 11 日（即格里高利历 11 月 21 日）签订一纸契约，是为《五月花号公约》。这份文件堪称社会契约论的实践范本，被后世尊为美利坚最早的宪法。[1]

故事很美好，却并非生活的全部。对于大多数移民而言，美利坚远非自由的乡土。他们摆脱了旧大陆的压迫，却落入新大陆的枷锁之中。美国独立前的两个世纪里，共有大约 50 万欧洲移

---

〔1〕参见何顺果：《鲜为人知的〈五月花号公约〉》，载《读书》2008 年第 10 期。十多年前，国内曾掀起译介《五月花号公约》的热潮。见［美］纳撒尼尔·菲尔布里克著，李玉瑶、胡雅倩译：《五月花号：关于勇气、社群和战争的故事》，新星出版社 2006 年版；［美］克里斯托弗·希尔顿著，王聪译：《五月花号：一次改变世界的航行》，华夏出版社 2006 年版；［美］W. 布莱福特著，王军伟译：《“五月花号公约”签订始末》，华东师范大学出版社 2006 年版。

民登陆；其中，超过半数曾经为奴（servitude）。与自非洲等地贩运而来的黑奴不同，白人的奴隶地位并非终身，而是有一定期限。部分白人奴隶与主人的关系由政府依法确定，而大多数白人奴隶都享有意思自治，通过卖身契（indenture of servitude）自卖为奴。一份典型的卖身契规定：付款人为卖身一方支付移民旅费，在约期内供应卖身一方的生活起居，并在期满后给卖身一方提供“自由费”（freedom dues）；作为交换，卖身一方甘愿充当付款人或其指定人士的奴隶，直到期满为止。〔1〕

于是，在广袤的北美大地上，出现了人分五等的景象：头等人是《五月花号公约》签署者那样的自由民，他们是后世玫瑰色想象的原型；二等人是契约白奴，他们自愿为奴，渴望着期满重获自由的一天；三等人是法定白奴，他们虽然也将回归自由，但是受到更严格的约束；四等人是黑奴，他们被强迫为奴，除非主人发善心，否则终身劳苦，与自由绝缘；五等人是印第安人等原住民，他们被视作殖民的障碍，遭到驱逐和杀戮。身份制推到极端，就出现了乌托邦式的城镇（eutopolis）规划：自由民们聚居一处，与不那么自由的人分隔开来。〔2〕 后世所谓不同人群

---

〔1〕 Christopher Tomlins, *Law*, *Population*, *Labor*, in Michael Grossberg & Christopher Tomlins (eds.), The Cambridge History of Law in America, Vol. 1: Early America (1580-1815), Cambridge: Cambridge University Press, 2008, at p. 228.

〔2〕 参见［英］恩斯·F. 伊辛：《城市、民主和公民权：历史意象与当代实践》，载［英］恩斯·F. 伊辛、布雷恩·特纳著，王小章译：《公民权研究手册》，浙江人民出版社2007年版。

“分离但平等”（separate but equal）的宪法理念，[1] 此时已见端倪。

这些身份具有明确的劳动意涵。自由民是自食其力的劳动者，白奴暂时依附于主人，黑奴是奴隶主的生产资料，而原住民则似田间杂草一般，要通过劳动加以铲除。所以，建立和维护身份的法律，就是北美最早的劳动法。[2] 关于各种奴隶身份的法律取自英国的主仆关系法（master and servant law），[3] 最终在《美利坚合众国宪法》中完成了本土化。针对奴隶逃跑的现象，《宪法》第四条规定了所谓逃奴条款（fugitive clause）：

> 根据某州法律应在该州服务或劳作（service or labor）的人，如逃往另外一州，该州不得因本州任何法律或规定而免除其服务或劳作，而应当按照该项服务或劳作之应得方的请求，把人交出。[4]

如此一来，在一州为奴，就意味着处处为奴，无路可逃。而

---

〔1〕 Plessy vs. Ferguson, 163 U. S. 537 (1896).

〔2〕 至于劳动法上所谓“从身份到契约”的转变则是后来的事。并且，这一转变远不完全，劳动法至今带有浓厚的身份色彩，甚至出现了“从契约到身份”的反向运动。

〔3〕 关于北美殖民地及英格兰主仆关系法，参见 Robert J. Steinfeld, The Invention of Free Labor: The Employment Relation in English and American Law and Culture, 1350-1870, Chapel Hill & London: The University of North Carolina Press, 1991, at pp. 15-54。

〔4〕 U. S. Constitution, Art. IV, Sec. 2.

自由民以外的人并不享有完全的公民资格。《宪法》第一条规定，众议员人数与各州人口挂钩，而在统计人口时，“受约束在一定年限内服务的人”（即白奴）按实际人数计入，黑奴、未课税的印第安人等则仅按实际人数的3/5计算。[1] 就这样，劳动地位与政治地位被《宪法》连结在一起，构成了社会结构的两根支柱。[2]

劳动身份法之所以成为美国劳动法的开端，绝非出于偶然。归根到底，这些法律顺应了经济发展的需要。“法律将流动的民众重组为相互分离的社会经济阶层，每一层的法律轮廓都截然不同——自由民、主人与仆人、奴隶、‘印第安人’、定居者、未定居的（流浪）穷人。”[3] 尽管内部并不平等，乌合之众却获得了新秩序，转化为殖民亟需的劳动力大军。法律设定身份，身份决定分工，分工提高效率，效率化为产能——正是在劳动法的护

---

〔1〕 U. S. Constitution, Art. 1, Sec. 2.

〔2〕 后世诸多学人指出了劳动地位与政治地位的密切联系。例如，茱迪·史珂拉（Judith Shklar）认为，美国公民身份包含两个要素，分别是与劳动地位对应的收入权（right to earn）和与政治地位对应的选举权（right to vote）。［美］茱迪·史珂拉著，刘满贵译：《美国公民权：寻求接纳》，上海人民出版社2006年版。又如，T. H. 马歇尔（T. H. Marshall）认为，公民身份分为三个要素，分别是由个人自由组成的公民要素、由参政权组成的政治要素，和由经济福利与安全、教育、公共服务等权利组成的社会要素。劳动地位可归入社会要素，政治地位可归入政治要素，而马歇尔指出，这些要素之间存在紧密的关联。［英］T. H. 马歇尔：《公民身份与社会阶级》，载［英］T. H. 马歇尔、安东尼·吉登斯等著，郭忠华、刘训练编：《公民身份与社会阶级》，江苏人民出版社2008年版。

〔3〕 Christopher Tomlins, *Law, Population, Labor*, in Michael Grossberg & Christopher Tomlins (eds.), The Cambridge History of Law in America, Vol. 1: Early America (1580-1815), Cambridge: Cambridge University Press, 2008, at p. 213.

持下，殖民经济发展起来，使得殖民者免于“旋起旋灭”的命运，在北美大地扎下根来。

在这一时期，劳动法研究尚处于萌芽阶段。劳动法一经出现，相应的法律业务就引起了律师的注意。当时，美国还没有专门的法学院，更没有出现专业的法律学者。法律教学与科研基本在律师行内（有时也在法官办公室内）展开，资深律师或法官指导学徒，讨论案件，研读法律，传承技艺。这种研究只是副业，并且以司法实务为唯一导向。毕竟，在那个时代，作为学科的法学还停留在梦想之中，更遑论劳动法学。

第二节　自由：建国一百年的劳动法

一

自 1776 年立国开始，直到内战后重建结束的 1877 年，美利坚共和国走过了最初的一个世纪。这一时期，国家发展高潮迭起，独立战争、工业革命、南北内战接踵而至，推动了劳动关系的不断演进。随着人身依附成分的减少，自由与解放成为劳动关系的主流，而劳动法则担当起守护自由的职责。美国劳动领域的面貌发生了根本变化。

独立战争是美利坚人民打破祖宗家法的斗争。所谓“家法”，顾名思义，是以家庭为想象模式来建构社会关系的规则。一家之内，以父为长，妻从夫，子从父；一国之内，以君为长，民从王，臣从君。不惟如此，在各种奴隶制劳动关系之下，主人为长，奴从主；即使在自由民当中，也存在工匠与学徒的分野，工匠为长，徒从师。父权制是笼罩一切社会关系的秩序，[1] 理所当然地被列入革命打击的对象。“无君无父”的典型是学徒。独立以后，

> 师傅们更不像家长了，而是更像雇主、批发商，或生意人。货币工资越来越取代了师傅和学徒间旧的家长式关系。这些挣工资的自由人十分频繁地来来去去，……“变幻不定”的流动使有些雇主不知所措。[2]

就在这时，白人奴隶的服务期也相继届满。他们与学徒一道，从人身依附中解放出来，获得了新的身份——工资工人（wage worker）。[3]

南北内战则是另一场挑战“祖宗家法”的斗争。这一次，

---

〔1〕关于父权制，参见［英］罗伯特·菲尔莫著：《“父权制”及其他著作》，中国政法大学出版社2003年版。《父权制》一书已经由刘晗译成中文，年内即出。

〔2〕［美］戈登·伍德著，傅国英译：《美国革命的激进主义》，北京大学出版社1997年版，第190页。

〔3〕［美］埃里克·方纳著，王希译：《给我自由！一部美国的历史（上卷）》，商务印书馆2010年版，第283—284页。

斗争的重心转向了黑奴问题。正如马克思所尖锐指出的："难道引出这段壮烈史诗的领土之争，不正是要决定，那辽阔无垠的处女地是应当由移民的劳动来享用，还是应当遭受奴隶监工的蹂躏吗？"[1] 双方激战正酣之际，林肯总统发布《解放黑人奴隶宣言》（The Emancipation Proclamation，以下简称《宣言》），宣告将黑人从家庭式的主奴关系中解脱出来，赋予他们自由。引人瞩目的是，《宣言》特别强调了黑人劳动地位的改变：

为上述目的，我运用职权，特命令并宣告：在上述诸州以及某些州的上述地区以内，所有为奴之人，当下和今后都是自由的；包括海陆军当局在内，合众国政府将承认并确保上述人的自由。

并且，我特命令被宣告自由的人们禁绝一切暴力，除非为自卫之需；我劝告他们，在一切可能的情况下，他们都应当为合理的工资而忠实劳动。

我并进一步宣告周知：这些人如果符合适当条件，将被接纳到美军服役，驻守炮台、阵地、车站及其他地方，并在各种舰船上服务。[2]

---

〔1〕［德］马克思、恩格斯著，翼如译：《马克思恩格斯给美国人的信》，人民出版社 1986 年版，第 150 页。

〔2〕《解放黑人奴隶宣言》节译自美国国家档案馆网站，见 https：//www. archives. gov/exhibits/featured-documents/emancipation-proclamation/transcript. html（最后访问 2017 年 6 月 15 日）。

林肯要求黑人成为工资劳动者，是赋予他们新的劳动地位；允许黑人参军服役，则是赋予他们新的政治地位。再一次地，劳动地位与政治地位紧密结合在一起，推动了社会结构的变革。

早在19世纪之初，美国工业革命即已展开，这一进程并未被内战所打断。与战争相比，生产的变革少了两军对垒的刀光剑影，却多了经济规律的鬼斧神工。由于机器的推广，生产规模迅速扩大，传统的手工作坊难以为继，新型的生产组织形式——工厂——发展起来。工匠们从作坊中走出，有的成功转型，变为工厂主；更多的则频频失意，不得不放下作坊主的架子，与从前的学徒一道加入了工资工人的大军。[1]

经过百年变革，复杂的劳动身份大大简化，只剩下两种：工厂主和工资工人。更重要的是，他们都是自由的：工厂主不能，也无需把工人当成儿子那样照顾；工人不能，也无需把工厂主当成老子那样侍奉。自由化的进程中，劳动法推波助澜，作用显著。在根本法层面，《宪法》第一条禁止合众国分封贵族，也不准公务人员接受外国爵位；第四条则要求国家确保各州均为共和政体。[2] 这就斩断了国家退回君主制的后路，阻绝了复辟父权制的可能。内战以后，第十三修正案废除了奴隶制及强制奴役，

---

〔1〕［美］埃里克·方纳著，王希译：《给我自由！一部美国的历史（上卷）》，商务印书馆2010年版，第431页。

〔2〕U. S. Constitution, Art. Ⅰ, Sec. 9; Art. Ⅳ, Sec. 4.

承认了林肯在《宣言》中赋予黑人的劳动地位，并间接废止了“逃奴条款”；第十四修正案保障黑人的公民身份，禁止各州剥夺他们的平等保护和正当程序保护；第十五修正案则保障他们的选举权，承认了林肯在《宣言》中赋予黑人的政治地位，并间接废止了“五分之三条款”。[1]《宪法》文本自由化了。

而在普通法层面，国家对劳动关系的规制大大减轻。建国以前，自由民虽然自力更生，却远非不受干预。例如，学徒一旦未能兑现承诺，提前离职，其违约责任的性质为刑事责任，形式为监禁刑。这种规定和自由恰好背道而驰，直到 19 世纪才逐步废除。[2] 又如，学徒一旦发生工伤，或者因为过失给第三人造成损害，按照建国前的法律，工匠（作坊主）都要负责到底。这种规定颇有“一日为师，终身为父”的意味，其废除也加速了师徒关系的蜕变。[3] 现在，无论是离职、工伤还是第三方损失问题，都由劳资双方通过协商来安排。自治，而非规制，成为了普通法的主题。

凭借宪法和普通法的合力，“自由劳动”（free labor）——这

---

〔1〕 U. S. Constitution, Ams. XIII, XIV & XV. 逃奴问题在内战之前愈演愈烈，是战争的导火索之一。[美] 埃里克·方纳著，焦姣译：《自由之路：“地下铁路”秘史》，中国政法大学出版社 2017 年版。

〔2〕 Robert J. Steinfeld, The Invention of Free Labor: The Employment Relation in English and American Law and Culture, 1350-1870, Chapel Hill & London: The University of North Carolina Press, 1991, at pp. 3-4.

〔3〕 [美] 莫顿·J. 霍维茨著，谢鸿飞译：《美国法的变迁（1780—1860）》，中国政法大学出版社 2005 年版，第 316—320 页。

个18世纪早期就提出的概念，终于名副其实。到了1830年代，法国贵族之后托克维尔访问新大陆，发现“每个人都领取工资或薪金，使大家具有了相同的外貌”[1]。他似乎并不晓得，就在半个多世纪以前，这里还是身份的丛林。[2]

劳动者自由了——真的吗?

二

这只是历史的A面。一旦翻到B面，就会听到针对自由劳动的尖锐质疑。自由劳动不自由——在殖民者到达北美三百年后，这仍然是痛苦的现实。工人摆脱了人身依附的关系，却并未改变经济从属的地位。机器生产所要求的刻板规则——严格遵守时间、工序和标准，以及雇主的严密监视，都剥夺了劳动者曾经享有的部分劳动自主权，而“当一个人的经济生计不得不依赖于另一个人时，本身就是与自由相悖的”[3]。虽然生产发展了，劳动者的待遇却并没有明显的改善。甚至，工人与黑奴究竟谁的处境更好，也引发了争论。在一些工人看来，做工和为奴根本就是

---

[1] [法]托克维尔著，董果良译：《论美国的民主（下卷）》，商务印书馆1991年版，第688页。

[2] 到了20世纪初，德国人桑巴特忘得更彻底。他以为，移民新大陆的人根本没有身份观念：“他们[指移民。——引者注]还扔掉了有关封建手工业的一切，以及所有传统的情感，只带来了资本主义经济发展以及服务于它的发展所需要的东西……”[德]W. 桑巴特著，赖海榕译：《为什么美国没有社会主义》，社会科学文献出版社2003年版，第3页。

[3] [美]埃里克·方纳著，王希译：《给我自由！一部美国的历史（上卷）》，商务印书馆2010年版，第432页。

一回事。1836 年，洛维尔（Lowell）工厂的女工唱响了抗议的歌：

啊！我这样美丽的姑娘，却被送到工厂，憔悴凋零，岂非憾事？

啊！我不能做奴隶，我不会做奴隶，

因为我爱自由，那意味着我不会做奴隶。[1]

这种情绪在从前的自由民之中尤其普遍。自由民曾经包括工匠（作坊主）和学徒。工业革命撕去了师徒关系温情脉脉的面纱，也断绝了学徒期满出师、自立门户的上升通道，迫使他们终身打工，引起旧学徒的不满。1786 年到 1816 年之间，他们发起了美国史上最早的工资工人罢工。[2] 而部分从前的工匠沦为打工仔，地位下降，更是不满。1820 年代末，他们组成了世界上第一批工人政党。[3] 尽管罢工和政党都很短命，但是，北美大地上终于闪现出工人运动的星火。

---

〔1〕 歌词译自纽约城市大学"'自由话语'和 19 世纪美国妇女"专页，见 http://csivc.csi.cuny.edu/americanstudies/files/lavender/lowetext.html#1834poem（最后访问 2017 年 6 月 16 日）。

〔2〕［美］戈登·伍德著，傅国英译：《美国革命的激进主义》，北京大学出版社 1997 年版，第 191 页。

〔3〕［美］埃里克·方纳著，王希译：《给我自由！一部美国的历史（上卷）》，商务印书馆 2010 年版，第 431 页。

法律怎样对待工人运动？以州法院判例为主要载体，集体劳动关系法在美国诞生。[1] 从此以后，规制个别劳动关系的雇佣法（employment law），与规制集体劳动关系的劳工法（labor law），共同支撑起劳动法制的大厦。[2] 集体劳动关系法围绕三个递进的问题展开：首先，允不允许工人结社，特别是结成工会？如果允许，工会可否组织罢工？如果可以，其他形式的集体行动，包括设置纠察线禁止进厂工作（picketing）、杯葛相关企业的经营（boycott，比如不准向某家企业供货）等，是否也在法律准许之列？

工会合法性问题最早成为焦点。其中，以1806年的宾夕法尼亚州诉普利斯一案[3]年代最久，名声最著。案情很简单：费城制鞋业一群已出师的学徒（journeyman）组成工会，举行罢工，要求涨工资；针对8位工会领袖，州政府向费城市长法庭（Mayor's Court）提起公诉，认为他们的结社之举构成共谋犯罪

---

〔1〕 关于美国集体劳动关系法的历史，见阎天：《美国集体劳动关系法的兴衰——以工业民主为中心》，载《清华法学》2016年第2期。

〔2〕 当代有所谓职场法（law of workplace）或工作法（work law）四大支柱之说，即：雇佣法、劳工法、反就业歧视法（employment discrimination law）和雇员福利法（employee-benefits law）。Orly Lobel, *The Four Pillars of Work Law*, 104 Mich. L. Rev. 1539 (2006).

〔3〕 Commonwealth vs. Pullis, 3 Doc. Hist. 59 (1806)。此案通常称作"费城鞋匠案"（Philadelphia Cordwainers' Case）。案件审理记录及判决等均收录于 John R. Commons, Ulrich B. Phillips, Eugene A. Gilmore, Helen L. Sumner & John B. Andrews (eds.), A Documentary History of American Industrial Society, Vol. III: Labor Conspiracy Cases, Cleveland: The Arthur H. Clark Company, 1910。关于本案的经典研究来自耶鲁大学法律现实主义者沃尔特·奈里斯。Walter Nelles, *The First American Labor Case*, 41 Yale L. J. 165 (1931).

(criminal conspiracy)。经过 3 天庭审，法官列维（Levy）向陪审团发表了指引性谈话。他明显倾向雇主一边，却采取了两套相互矛盾的论述：

——第一套论述就法论法，反对考虑法外因素。他强调法律面前人人平等，“被告是雇主还是雇员、贫穷还是富有，都与我们的考量无关”；“他们［指被告。——引者注］的动机是什么，无论是抵抗他们主人的所谓压迫，还是坚持要求过多的报酬，都不重要”。〔1〕列准表面上公正无偏，实际上无视被告在雇佣关系中的弱势地位。这恰似看见倚强凌弱之举，不站在弱者一边，却做不偏不倚貌，真实立场不言自明。

——第二套论述却把法外因素当成判决的依据。列维说：“合理的考虑是，这样结社是否符合我们法律的原则，又会不会损害公共福利?”在普通法的传统下，法官只负责执行法律，公共福利是立法者才该考虑的事情。列维看似越权，实则反映了建国以后美国法官角色的转变：他们越来越把司法权当做塑造社会的工具，从社会后果的角度判决。〔2〕虽然换了套论述，列维的立场却毫无变化。他认为，工资应当由市场需求和工作质量来决定，工会的介入破坏了市场，还可能诱导工人通过闹事而非奋斗

〔1〕 Commonwealth vs. Pullis, 3 Doc. Hist. 59, 226-227 (1806).

〔2〕［美］莫顿·J. 霍维茨著，谢鸿飞译：《美国法的变迁（1780—1860）》，中国政法大学出版社 2005 年版，第 1—5 页。

来赚钱，败坏社会风气，有损公共福祉。[1]

列维的两套论述，一套鼓吹“纯粹”的法律，一套却对法外因素敞开大门。在劳动法上，这种对立从未消解。一百年后，对“纯粹”法律的追求发展为形式主义法学，而对法外因素的探求则发展为现实主义法学。作为形式主义与现实主义之争的主战场，劳动法研究取得了长足进展，学科创立的曙光越发明亮。[2] 这是后话，按下不表。

1806 年 5 月 21 日，在列维的指点下，陪审团判决被告犯有“为提高工资而结社”之罪。法庭对每位被告科处 8 美元（相当于一周工资）罚金，并责令他们赔偿工装费用。[3] 本案创下先例：工会结社非法。似乎是预见到了工人对身份的困惑，列维对陪审团说：工人“既不该做奴隶，也不该当总督”[4]。换言之，法律虽然保障自由，但是从未承诺取消身份；介乎奴隶与主人（总督）之间的新身份，才是劳动法要着力塑造的。

普利斯案是对工人运动的沉重一击。它开启了法院与工会的对峙。工人运动的道路艰险得令人绝望：先要实现工会合法，再要论证工会的行动——罢工也合法；先要甩掉刑事共谋的帽子，再要去除民事共谋（civil conspiracy）的标签……直到 1842 年，

---

〔1〕 Commonwealth vs. Pullis, 3 Doc. Hist. 59, 228-231 (1806).

〔2〕 详见本书第二章、第三章。

〔3〕 Commonwealth vs. Pullis, 3 Doc. Hist. 59, 236 (1806).

〔4〕 Commonwealth vs. Pullis, 3 Doc. Hist. 59, 235 (1806).

工人们才看到了希望。是年 3 月，马萨诸塞州最高法院就该州诉亨特一案[1]作出判决，不仅在事实上认可了工会的合法性，而且为罢工设定了宽松的法律标准。

与普利斯案类似，亨特案的情节十分简单。波士顿制鞋业的一群已出师的学徒结成工会，共同议定：假如雇主不听劝告，雇佣非会员，那么会员们就集体罢工。某位雇主慑于威势，被迫就范，而没能获得雇佣的求职者则愤而告官。地区检察官针对 7 位工会领袖提起公诉，指控他们犯有刑事共谋罪。波士顿市法院判决罪名成立，案件遂上诉到马萨诸塞州最高法院。

首席大法官勒缪尔·肖（Lemuel Shaw）亲自对陪审团做出指引。他认为，所谓共谋，不仅人数须超过 2 名，而且要怀有非法目的或者动用非法手段。组织工会的目的合法吗？采取罢工的手段正当吗？这是本案争议的两个焦点。肖的论证明显倾向于工人一方。

先说工会的目的。如果去问普利斯案中的列维法官，他很可能回答：我又不是会员肚子里的蛔虫，哪里晓得他们到底有什么目的？再说，这个问题根本不重要，因为工会根本没有什么正当的目的，会员个个没安好心！而肖却认为，工会只是一种组织形式，它虽然可以服务于不法的意图，但也完全可以服务于正当的

---

〔1〕 Commonwealth vs. Hunt, 45 Mass. 111 (1842)。关于本案的经典研究同样是奈里斯的杰作。Walter Nelles, *Commonwealth vs. Hunt*, 32 Colum. L. Rev. 1128 (1932).

目的，比如救助生活困难、提高自身素质、切磋劳动技艺。至于本案中的工会到底安的什么心，举证责任归于控方：除非挖出会员们的“秘密协议”，证明工会确实图谋不轨，否则就推定工会的目的合法正当。[1] 通过将工会目的中立化，把证明责任分配给控方，并提高证明标准，肖大法官洗脱了工会“天然心怀鬼胎”的污名。

再说罢工的手段。罢工若想合法，既不能违约，也不能侵权。肖大法官指出，本案劳资双方之间的契约并未约束雇员的服务期限，所以罢工并不构成违约。如果雇主慑于罢工，将非会员求职者拒之门外，那么雇主可能失去一位好员工，求职者可能失去一份好工作。这些损失该不该让工会赔偿？肖大法官的答案是否定的。[2] 他虽未明言，却暗暗权衡了利弊：较之限制工人罢工，不如牺牲雇主和求职者的利益。如此一来，他的立场便清晰可辨。经过一番论证，肖大法官洗脱了罢工违约及侵权的嫌疑。

不但工会合法了，连罢工都合法了——工人运动在亨特一案可谓赚得盆满钵满。不过，肖大法官给罢工的合法性问题留了个尾巴：如果罢工构成“趁火打劫”，就不合法。他举例说：

假设一位农民雇佣了一大群人，让他们全年工作，并且按月

---

〔1〕 Commonwealth vs. Hunt, 45 Mass. 111, 129 (1842).
〔2〕 Commonwealth vs. Hunt, 45 Mass. 111, 130 (1842).

付酬，价格公道。如果就在玉米行将收获之际，雇工们联合起来罢工，以涨薪为复工条件，并且当时没有其他劳力可雇。这肯定构成非法行为的共谋，但是……仅可作为民事诉讼而非刑事指控的依据。〔1〕

肖的逻辑在于：罢工是工人与雇主斗争的手段，为了公平起见，雇主必须保有反制措施，特别是另行雇人顶替罢工者的机会。从此以后，罢工入罪的风险大大降低，民事共谋上升为罢工的主要风险。

肖被公认为美国劳动法的主要缔造者之一。他出身于马萨诸塞州的神职人员家庭，祖父、父亲和本人都入读哈佛大学。读书期间，他自学法律，毕业后在律师界大获成功，旋即投身政坛，担任州众议员和参议员。在生命的最后30年，他执掌州最高法院，以一系列开创性判决名垂史册。〔2〕 历史风云变幻，民意时而同情劳工、时而倾向资本，而肖却获得了每一代人的尊崇，原因何在？

---

〔1〕 Commonwealth vs. Hunt, 45 Mass. 111, 131 (1842).

〔2〕 关于肖的生平，见Jeffrey Steven Kahana, The Unfolding of American Labor Law: Judges, Workers and Public Policy across Two Political Generations, 1790-1850, El Paso: LFB Scholarly Publishing LLC, 2014, at pp. 131-157。除非特别说明，以下论及有关肖的史实均出自该书，不再另行出注。

肖的声望，并非来源于他同情劳工的立场，[1] 而是源自他对待法律的态度。社会无限发展，恰似长风不断，法律究竟应当随风而动，还是八风不动？同样的问题曾经拷问普利斯案中的列维法官。他忽而采取法内视角，把由于社会变动而引发的政策难题留给立法；忽而又采取法外视角，用司法塑造社会，干起立法者的差事。进退失据，左右为难，自相矛盾，留下话柄。相比之下，肖的答卷则精彩得多。他固然没有放弃法内视角，这从他对普通法上共谋学说的精心梳理可见一斑。[2] 但是，他深知作为一个大州最高法院掌门人的职责。如果说，下级法院的主要任务是严格依法办案，为社会提供法的安定性和可预测性，那么，最高法院的工作重心就是通过司法创设规则，让法律跟上社会变革的脚步。梳理法律是为了创造法律，理解前人是为了超越前人——因为时代从不等人。《易》云："天行健，君子以自强不息。"肖虽非中土之人，却深合君子之道。

面对社会变革，肖大法官勇于开拓，不断进取。他对工会性质问题的中立态度，超越了开国先贤。制宪时，联邦党人将派系（faction）视为结党营私、破坏共和的消极力量，加以打压。许

---

〔1〕 事实上，就在判决亨特案后不久，肖就在另一宗案件中废除了雇主对于工伤的法定赔偿责任。雇主除非同意，否则无需支付给伤者一文钱。这显然是不利于劳工一方的。见［美］莫顿·J. 霍维茨著，谢鸿飞译：《美国法的变迁（1780—1860）》，中国政法大学出版社 2005 年版，第 318 页。

〔2〕 Commonwealth vs. Hunt, 45 Mass. 111, 121-127 (1842).

多社团仅得依特许而设立。[1] 到了肖生活的时代，法律限制早已被突破，自发结社变得十分普遍。是固守陈规，还是推陈出新？肖认为，承认人们之间的连结正是合众为一的精义，而出于善意的连结对于道德的维系至关重要，所以必须修正联邦党人的观点。身处变革年代，肖以判决改革法律、推动进步，被后世的法律现实主义者卡尔·卢埃林（Karl Llewellyn）誉为“普通法的宏大风格”，成为一个时代的界碑。[2]

但是，亨特案仅仅移除了工人运动的部分法律障碍。针对罢工，各地法院还发展出许多其他理论。有的法院把封建时期禁止离间夫妻、父子、主仆等依附关系的煽动理论（enticement theory）翻出来，强行套用到新时代的劳资关系上，将工会打成挑拨离间、煽动劳资矛盾的小人；[3] 有的法院提出，如果劳资之间签订了定期合同，而劳方在合同期限内罢工或辞职，那么，由于合同是一个不可分割的整体，他将丧失全部报酬，而不能得到在职期间的工资……[4] 集体劳动关系法的进化，还有漫长的路要

〔1〕 关于美国建国早期的结社情况，见 Kevin Butterfield, The Making of Tocqueville' s America: Law and Association in the Early United States, Chicago: The University of Chicago Press, 2015, at pp. 9-85。

〔2〕 [美] 卡尔·N. 卢埃林著，陈绪纲、史大晓、仝宗锦译：《普通法传统》，中国政法大学出版社 2002 年版，第 38—41 页。

〔3〕 关于利用煽动理论反对罢工的最佳论述见于 Karen Orren, Belated Feudalism: Labor, the Law and Liberal Development in the United States, Cambridge: Cambridge University Press, 1991。

〔4〕 [美] 莫顿·J. 霍维茨著，谢鸿飞译：《美国法的变迁（1780—1860）》，中国政法大学出版社 2005 年版，第 285—286 页。

走。概言之，“自由劳动”打破了旧身份，集体劳动法建立了新身份，两个过程实乃一体两面，都出自美国资本主义经济发展的需要。

三

建国后的第一个世纪，随着劳动争议的增多和复杂化，劳动法受到了远超建国以前的学术关注。这与美国法律教育机构的进化是同步的。虽然律师行内的师徒切磋仍然普遍，但是法律教育开始走出律师行，进入校园。这个过程以法律学校的出现为起点，持续到19世纪末，以大学法学院几乎一统法律教育的天下而告终。[1]

法律学校是律师行的延伸。成功的律师逐渐淡出一线，坐而论道，广收学徒。既然无须坐镇办案，律师行又装不下太多学生，律师们索性独立办学，创设法律学校并亲自授课。其中，利奇菲尔德法律学校（Litchfield Law School）始创于1784年，历史最久，声望最著。[2]

利奇菲尔德坐落在美国东北部新英格兰地区，是康涅狄格州

---

〔1〕 胡晓进：《自由的天性——十九世纪美国的律师与法学院》，中国政法大学出版社2014年版。

〔2〕 除非特别说明，以下关于利奇菲尔德学校的史实均取自利奇菲尔德历史协会（Litchfield Historical Society）网站，见http：//litchfieldhistoricalsociety. org/（最后访问2017年6月17日）。

的一座小镇，距离著名的耶鲁大学不过一小时车程。每年秋天，耶鲁大学法学院都要组织法学硕士（LL. M. ）新生造访该镇，参拜学校故迹，饱览斑斓秋色。风景虽美，却未必适合律师，因为人口太少，业务势必受限。这样的地方，却诞生了第一所法律学校，原因何在？

这或许要问当局中人。学校的创始人泰平·里夫（Tapping Reeve）出身纽约长岛的牧师家庭，毕业于今天的普林斯顿大学，之后迁居康涅狄格州首府哈特福德（Hartford），在法官办公室里当学徒。一年之后，他取得律师资格，却没有恋栈城市的繁华，选择到偏僻的利奇菲尔德执业。随着声望日隆，前来求学的年轻人越来越多。1794 年，里夫在住处旁边盖了栋小房子，正式创办了法律学校。虽然在校学生不过一二十人，但是里夫教书非常用心。每周六都要考试本周的学业，周一晚上则举办模拟法庭。

1798 年，里夫就任康涅狄格州最高法院法官，随即延聘詹姆斯·古德（James Gould）加入学校，担任教师。古德毕业于耶鲁大学，其间随法官学习法律。他曾是利奇菲尔德学校的学生，迎娶了一位毕业生的长女，与学校结下了不解之缘。随着办学规模的扩大，古德自掏腰包，为学校盖了新房。1820 年，里夫退休，古德放弃了律师业务，全职投入教学之中，直到 1833 年学校关闭。不到半个世纪的时间里，超过 1000 位法律工作者从利奇菲尔德学校毕业，其中包括 2 位副总统、3 位联邦最高法院大法官、6 位内阁成员，以及 116 位国会议员。

在选材育人之外，利奇菲尔德学校的另一项重大贡献，在于促进了法学教育的系统化。里夫办学之初，沿用律师带徒弟的做法，知识的传授不成体系，教材、资料也十分匮乏。他参考威廉·布莱克斯通（William Blackstone）的《英国法评注》（Commentaries on the Laws of England），确定了课程分科，授课内容涵盖了美国法的大部分领域。他还自编体系书（treatise），建立法律图书馆，丰富了教材和资料。

正是得益于法学教育的充实和完善，劳动法进入了教师的视野。老师们肯定注意到：在布莱克斯通的体系中，主仆关系法占有一席之地。[1] 1816 年，里夫出版了《夫妻、父子、监护、主仆诸法暨大法官法院职权》（The Law of Baron and Femme; of Parent and Child; of Guardian and Ward; of Master and Servant; and of the Powers of Courts of Chancery）一书，将主仆关系比附为父子关系，主张雇主处于学徒"父母的地位"。[2] 从书名可以看出，美国虽然没有封建历史，但是由于母国的缘故，当时的法律留有浓厚的封建印记。夫妻、父子、主仆关系被放在一起论述，酷肖"夫为妻纲、父为子纲、君为臣纲"的三纲。主仆关系法也列入

〔1〕［英］威廉·布莱克斯通著，游云庭、缪苗译：《英国法释义（第一卷）》，上海人民出版社 2006 年版。该卷第 14 章即为"主仆关系法"（Of Master and Servant）。

〔2〕［美］莫顿·J. 霍维茨著，谢鸿飞译：《美国法的变迁（1780—1860）》，中国政法大学出版社 2005 年版，第 317 页。

课表，成为一门独立课程，里夫和古德都曾登台授业。直到今天，这门课的笔记都珍藏在耶鲁法学院图书馆善本部。[1] 善本部位于图书馆的核心位置，墙壁坚厚。相传即使法学楼垮塌，图书馆湮没，善本部仍可幸存。学术传统，安稳如山。

在法律学校之外，布莱克斯通的体系还进入大学。1779 年，由于时任弗吉尼亚州州长托马斯·杰斐逊的推动，威廉和玛丽学院设置了美国第一个法学教席。这在整个英语世界排名第二，仅次于牛津大学为布莱克斯通设立的讲席。杰斐逊曾做过法律学徒，他推荐自己的导师乔治·威斯（George Wythe）出任美国第一位法学教授。[2] 威斯是弗吉尼亚本地人。殖民地时期，他担任律师，投身政治。作为本州代表，威斯出席大陆会议，签署《独立宣言》，参加费城制宪，跻身开国先贤之列。而他更为人乐道的成就则是在法学教育领域。入职之初，威斯面临与里夫类似的窘境：缺教材、缺图书。于是，《英国法评注》成为重要的授课材料，主仆关系法由此进入大学课程。威斯辞职之后，他的

---

〔1〕 大部分笔记已经电子化。里夫讲授主仆法的笔记电子版见 Aaron Burr Reeve & Tapping Reeve, *Notes of lectures by Tapping Reeve at the Litchfield Law School/by A. B. Reeve*, Vol. 1, available at http://digitalcommons. law. yale. edu/cgi/viewcontent. cgi? article = 1032&context = llsn（最后访问 2017 年 6 月 17 日）；古德讲授主仆法的笔记电子版见 George Flagg Man & James Gould, *Manuscript notes of lectures by James Gould at the Litchfield law school, taken down by George Flagg Man, 1826-1827*, Vol. 1, available at http://digitalcommons. law. yale. edu/cgi/viewcontent. cgi? article = 1044&context = llsn（最后访问 2017 年 6 月 17 日）。

〔2〕 威廉和玛丽学院法律图书馆收集有关威斯的文献，建立了“威斯百科”（Wythepedia）专题网站，见 http://lawlibrary. wm. edu/wythepedia（最后访问 2017 年 6 月 18 日）。以下除非特别说明，关于威斯的事迹均取自该站，不再另行出注。

学生圣乔治·塔克（St. George Tucker）继任教席。他对照英国法，将美国法的内容写成按语，补入布莱克斯通的名著，形成《塔克氏布莱克斯通》(Tucker's Blackstone)。这是劳动法研究本土化进程的起始。

威斯与塔克的遗产非常丰厚。司法审查的开创者、联邦最高法院首席大法官约翰·马歇尔（John Marshall）就是威斯在威廉和玛丽学院的学生。在大学、在法律学校，在弗吉尼亚、在康涅狄格，在新国家的许多地方，法律教师涌现出来，有些还全职投入教学之中。当然，劳动法研究仍然只是教师的副业，正如劳动法制度仍然处在法律体系的边缘。不过，与建国前相比，这已是重大的进步。

第三节　镀金：19世纪后期的劳动法

在美国劳动法史上，1877年是一个不寻常的年份。这一年发生了三件大事：

——年初，新总统拉瑟福德·海耶斯（Rutherford B. Hayes）上任，随即从南方撤回联邦占领军。南北战争之后的重建时期正式结束，经济繁荣的镀金时代开始了。

——年中，铁路工人发起了重建结束后的第一次全国性罢工，匹茨堡、芝加哥、圣路易斯等工业城市陷入瘫痪。针对罢工，联邦法院发出了第一批禁制令（injunction）。[1] 刚刚返回北方的联邦军队调转枪口，打死 20 名罢工者，并在各大工业城市扎营戒备。[2] 国家机关联手对抗劳工的时代开始了。

——同年，一位叫做贺拉斯·伍德（Horace Wood）的法律工作者出版了美国第一本劳动法体系书——《主仆法综论（涵盖雇主与雇员的关系、义务和责任）》。[3] 他提出所谓“任意雇佣”（at-will employment）规则，并很快被各地法院采用。[4] 法律就此取消了对于雇主解雇员工的限制。以“自由放任”（laissez-faire）为名偏袒资本的时代开始了。

经济繁荣，却引发工运的加剧；政府压制，却打着“放任”的旗号。1877 年的三件大事，预示着一个充满矛盾、张力和断裂的新阶段。

一

随着联邦军队撤出南方，战争阴霾消散，和平阳光再临，好日子似乎真的来了。19 世纪最后的二十多年，美国经济快速成

---

〔1〕 William E. Forbath, *The Shaping of the American Labor Movement*, 102 Harv. L. Rev. 1109, 1155-1156 (1989).

〔2〕 [美] 埃里克·方纳著，王希译：《给我自由！一部美国的历史（上卷）》，商务印书馆 2010 年版，第 791 页。

〔3〕 Christopher L. Tomlins, *Labor Law*, in Stanley L. Engerman & Robert E. Gallman (eds.), The Cambridge Economic History of the United States, Vol. III: The Twentieth Century, at p. 644.

〔4〕 关于任意雇佣规则的产生，经典的讨论是 Jay M. Feinman, *The Development of the Employment at Will Rule*, 20 Am. J. Legal Hist. 118 (1976)。

长，工业化运动轰轰烈烈地展开。1879 年，美国工业产值约为 54 亿美元，1899 年则飙升为 130 亿美元。不到一代人的时间里，无论是工业规模、雇工人数还是工厂数量，都翻了一番还要多。钢铁业的扩张尤为引人瞩目：1880 年，美国年产钢铁约 140 万吨；至 1900 年，增长为 1100 万吨。工人们夜以继日地工作，把滚烫的铁水浇铸到模具里，冷却成泛着蓝灰色光芒的轨道。钢轨如巨龙般蜿蜒在北美大地上，连接起大西洋和太平洋、五大湖和墨西哥湾。1880 年，美国铁路总长约为 15 万千米，大致与中国目前的铁路营业里程相当；〔1〕至 1900 年，增长为 31 万千米。铁路所到之处，各具特色的工业带拔地而起：东北部的重工业、中西部的农产品加工业、南部的纺织业……到了 20 世纪的门槛上，美国超越了自己的母国——英国，登上了世界第一工业大国的宝座。〔2〕经济空前繁荣，财富滚滚而来，令人眼花缭乱。“镀金时代”之称，名副其实。

迄今为止，人类关于获得“工业头羊”地位的经验只有三次：19 世纪上半叶，英国率先完成工业革命，成为世界上第一个工业国家；19 世纪后期，美国乘着第二次工业革命的东风，雄踞各国工业之首；21 世纪以来，中国制造业规模跃居世界第

〔1〕 国务院新闻办公室：《中国交通运输发展（白皮书）》，2016 年 12 月 29 日发表。

〔2〕 美国工业成长的数据均引自《不列颠百科全书》。Harold Whitman Bradley, *The Transformation of American Society, 1865-1900*, Encyclopedia Britannica, available at https://www.britannica.com/place/United-States (last visited Jun. 22, 2017).

一位，深刻改变了国际经济格局。[1] 大国崛起的道路历来不可复制，美国工业化亢进的原因非常特殊，可以分为“物”和“人”两个方面。

物的因素即西进运动。南北战争以前，西进运动即已展开。西部的命运曾是内战的焦点，而情况在内战结束后彻底明朗：工业经济而非蓄奴的种植园经济，才是西部的前途。工业在发展，前途在召唤，西征的浪潮源源不断，原住民的哀歌被高亢的汽笛声盖过。北达科他、南达科他、蒙大拿、华盛顿、爱达荷、怀俄明、犹他，一片又一片西部领地获得州的身份，加入联邦。到19 世纪结束的时候，美国已经拥有 45 个州，只剩下俄克拉荷马、新墨西哥、亚利桑那、阿拉斯加和夏威夷尚待“转正”。西进对于工业发展至关重要：它将广袤的北美大地连成一体，为工业产品提供了庞大的国内市场；它将煤炭、石油、木材等重要资源开发出来，为工业机器提供了血液和原料；它还与“淘金热”相伴生，为工业扩张提供了必需的资本。

与物的因素相比，人的因素更为根本。美国工业化的高速推进，得益于三种人才的充分利用。一是广大普通劳动力。19 世纪最后 20 年，超过 900 万移民涌入美国，本土居民也保持较高生育率，使得人口总数从 5000 万增加到 7600 万。尽管发生了排

[1] 《国务院关于印发〈中国制造 2025〉的通知》（国发〔2015〕28 号）。

斥华人[1]及东欧、南欧移民的现象，美国整体上仍对移民持欢迎态度，新大陆仍然是许多逐梦者的“应许之地”。充分的劳动力进入工厂做工，为工业规模的扩张奠定了基础。

二是技术人才。工业革命靠技术发明推动，发明越多，革命越猛。19世纪后期，美国崛起为技术发明的中心之一。钢铁是重工业的基础，而世界上第一种大规模炼钢法——贝氏炼钢法，虽然得名于英国人亨利·贝西莫（Henry Bessemer），却是由美国人威廉·凯利（William Kelly）最先探索的。凯利是宾夕法尼亚的一位商人兼发明家，[2] 这种双重身份酷似大名鼎鼎的托马斯·爱迪生。爱迪生发明电灯（1879年）、贝尔发明电话（1876年）的故事早为人们所熟知，他们展示了电气时代的广阔前景。电是速度，电是光明，电是力量，电就是更快、更高、更强——颇为巧合的是，现代奥运会于1896年恢复，而这三个词恰好成为了奥运会的新口号。

三是经营管理人才。这一时期，美国涌现出一批商业巨子。他们不仅富可敌国，而且善于调动政治和文化力量，为经济利益服务。例如，铁路大亨勒兰德·斯坦福（Leland Stanford）曾经

---

〔1〕《排华法》（Chinese Exclusion Act）于1882年出台，几经展期，直到1943年才被废止。该法禁止中国劳工移民美国。

〔2〕凯利的事迹引自《不列颠百科全书》。*William Kelly*: *American Inventor*, Encyclopedia Britannica, available at https://www.britannica.com/biography/William-Kelly (last visited Jun. 22, 2017).

担任联邦参议员和加利福尼亚州的州长，并出资创办了斯坦福大学；钢铁大王安德鲁·卡内基（Andrew Carnegie）则创办了今天的卡内基—梅隆大学，兴修了超过三千家公共图书馆；石油巨擘约翰·洛克菲勒（John Rockefeller）出巨资支持芝加哥大学，使之跻身世界一流大学之列，还慷慨解囊，建立了北京协和医学院。开阔的视野、广泛的人脉，加上雄厚的财力，让企业的经营者在政治、经济与文化之间游刃有余。

三种物的因素——市场、原料和资本，通过铁路联系起来；三种人的因素——普通劳力、技术人才和管理人才，通过公司联系起来。[1] 大修铁路与大办公司，正是美国工业化迅速发展的奥秘所在。铁路公司成为了时代的弄潮者。毫不令人意外地，工人运动的新进展，就发生在铁路公司之中。

借助铁路，各地密切地连结在一起；借助公司，资本也密切地连结在一起。为了抗衡全国性的资本，劳动者势必要建立全国性的工会。1869 年，美国第一个全国性工会——劳工高贵骑士团（Noble Order of the Knights of Labor）宣告诞生。[2] 创立者不

〔1〕 19 世纪后期，各州放松了对于成立公司的限制，公司制企业迅速发展起来。参见［美］罗伯特·W. 汉密尔顿著，齐东祥等译：《美国公司法（第 5 版）》，法律出版社 2007 年版，第 47—48 页。

〔2〕 劳工高贵骑士团的事迹均取自《不列颠百科全书》。Harold Whitman Bradley, *The Transformation of American Society, 1865- 1900*, Encyclopedia Britannica, available at https: // www. britannica. com/place/United-States (last visited Jun. 22, 2017); *Knights of Labour (KOL): American Labour Organization*, Encyclopedia Britannica, available at https: // www. britannica. com/topic/Knights-of-Labor (last visited Jun. 22, 2017).

愿做卑微的劳力，渴望骑士那样高贵的荣光。工业化以前，工匠拥有作坊，正如骑士占有城堡；工匠拥有技艺，正如骑士垄断武力；工匠掌握生产自主权，正如骑士仗剑行游、少有拘束。工业化以后，作坊被工厂取代，技艺被机器征服，自主被纪律管束，骑士般的工匠沦为奴隶般的劳工。所谓“镀金时代”，光鲜灿烂只属于资本，却与劳动者无缘。昨日之事不可追，创立者们寄望于未来，期待用工人合作社（worker cooperative）代替资本主义，恢复往昔的自由与独立。

工人合作社的道路属于空想，自然走不通。1879 年，工会领袖换人，“高贵”一词随之从工会名称中删去。丢掉幻想，如何斗争？工会中央领导层与地方发生了分歧。全国领袖仍然坚持以政治和教育手段达到目的，反对经济斗争；而地方领导人则支持以罢工迫使资本家就范。政治盟友难觅，教育起效缓慢，而罢工能够切实改善工人待遇。于是，地方的主张占了上风，大批工人受到利益吸引而入会。1886 年，劳工骑士团的扩张达到顶峰，拥有 70 万会员。

胜极则衰。就在同一年，劳工骑士团以八小时工作制为主要诉求，组织了 1600 场罢工，动员起 60 万工人参加。5 月 4 日，骑士团在芝加哥草市口广场（Haymarket Square）举行抗议集会。不料，一群无政府主义者劫持会议，并登台发表煽动言论。警察刚要出手干预，一颗炸弹就在人群中被引爆，造成了严重伤亡。

鲜血和暴力激起了民众的反感，而劳工骑士团作为集会的始作俑者，丧失了群众基础。从此，骑士团一蹶不振，其地位逐步被新起的美国劳工联盟（American Federation of Labor，简称劳联）取代。

劳工骑士团暴露了工人运动的一系列困惑。一是运动的目的：究竟希望社会改革，还是只要经济利益？二是运动的手段：究竟是依靠政治过程，还是通过罢工来达到目的？三是运动的组织：究竟要将权力统于中央，还是分散到地方？在骑士团的短暂历史上，每一种答案都曾经付诸实验。虽然实验最终失败，但是给后世留下了有益的问题。此后百余年间，美国劳动法制无论怎样发展，都可以看作不同答案的组合。劳联的答案是最主流的一个：他们放弃了改革雄心，聚焦于实在的经济利益；减少了政治参与，致力于罢工的组织；放松了全国控制，满足于成员工会的松散联合。

在劳联的领导下，工人运动的发展势头并未受到很大影响。1889 年至 1899 年，每年发生的罢工都在千次以上。[1] 到 19 世纪末，工人运动的全国化程度已经很高，这反映在组织、规模和目的三个方面：在组织上，全国性的工会（如劳工骑士团）和

---

〔1〕 Harold Whitman Bradley, *The Transformation of American Society*, *1865-1900*, Encyclopedia Britannica, available at https://www.britannica.com/place/United-States (last visited Jun. 22, 2017).

工会联合会（如劳联）成为运动的领导者；在规模上，集体行动突破单个工厂的范围，出现了全行业、全地域乃至全国性的联合行动；在目的上，从争取自身待遇，扩展到争取结社权利，乃至为了支援其他工厂的工人而发起同情罢工（sympathy strike），或者杯葛（boycott）与该厂的业务往来。与欧洲相比，晚熟如美国工人阶级，如今也意识到了团结一致的重要性，他们的阶级觉悟正在快速滋长。面对新的挑战，劳动法何去何从？

二

面对工人运动的全国化趋势，集体劳动关系法并未改变敌对立场。到19世纪末，针对罢工的民事和刑事共谋指控已经很稀少，新的弹压手段——禁制令——占据了统治地位。所谓禁制令，是指法院要求或禁止进行某种行为的命令。作为一种衡平救济，禁制令是法定救济的补充：申请人应当证明法定救济是不充分的；并且，在法定救济力所不及的地方，除非颁布禁止令，否则损失将无可弥补。[1] 法定救济要通过诉讼来做出，而即使诉讼尚无结果，也可以申请临时禁制令，以防事后补救不及，这和我国民事诉讼法上的行为保全制度类似。直到今

〔1〕 *Injunction*, Black's Law Dictionary (10th ed.), 2014.

天，禁制令、特别是临时禁制令的申请门槛并不高。[1] 可以想见，受困于工运的资本家会把禁制令当成救命稻草，忙不迭地要求法院禁止罢工。他们的要求得到了热情回应。据保守估计，从1880年到1930年，法院针对工人运动签发了至少4300份禁制令。[2]

法院为什么要用禁制令取代共谋指控，作为压制工运的主要武器呢？简言之，是因为工运升级，法院需要加强打击力量。刑事共谋需由陪审团认定，而禁制令可由法官自行签发，打击权力更集中；共谋指控只能针对工运领袖个人，而禁制令可以针对一切集体行动的参加者，打击对象更广泛；一旦参加者违反禁制令，法院可以借口他们藐视法庭，施加包括监禁在内的严厉制裁，打击力度丝毫不逊于刑事共谋。

除了加强自身力量以外，禁制令还有助于法院寻找盟友，共同打击工运。共谋指控专属于州法事项，而禁制令则可用于救济联邦宪法和立法所保护的利益，为联邦法院的介入打开了大门；共谋指控依靠司法机关单打独斗，而禁制令只要涉及公共利益，

〔1〕 例如，特朗普总统颁布所谓“禁穆令”之后仅仅数日，联邦地区法院就签发了临时禁制令，给新总统的出格行径踩了急刹车。Washington vs. Trump, United States District Court, W. D. Washington, February 3, 2017 (2017 WL 462040); Josh Blackman, *The 9th Circuit's Contrived Comedy of Errors in Washington v. Trump*, 95 Tex. L. Rev. See Also 18 (2017).

〔2〕 William E. Forbath, *The Shaping of the American Labor Movement*, 102 Harv. L. Rev. 1109, 1151 (1989).

就可以由行政机关申请，为法院借力行政国家[1]提供了机会；共谋指控只能以判例法为依据，而禁制令还可以根据制定法做出，这为法院寻求立法支持开辟了空间。例如，1887 年出台的《州际贸易法》（Interstate Commerce Act）禁止州际交通中的歧视行为，法院据此判决：如果某条州际铁路的工人罢工，其他工人不得为了声援他们而拒绝驾驶该条线路的机车，否则就构成歧视，为此可以签发禁制令。[2] 更常用的立法依据则是 1890 年出台的《谢尔曼反托拉斯法》（Sherman Antitrust Act）。根据该法，工会一旦发起罢工，就会被法院定性为妨害州际贸易的托拉斯，遭到严厉禁止。[3]

综合起来，禁制令发挥了聚能功效，不仅加强了法院打击工会的权力，而且将联邦和州的立法、司法和行政机关连结在一起，形成了压制工运的协同机制。这种功能在 1895 年的德布斯案[4]中达到了顶点。

德布斯案是由普尔曼（Pullman）大罢工引发的。普尔曼豪华车厢公司（Pullman Palace Car Company）坐落在芝加哥附近，

---

〔1〕 1887 年，美国联邦州际贸易委员会（Interstate Commerce Commission）成立，这被公认为美国行政国家建构的起始。

〔2〕 William E. Forbath, *The Shaping of the American Labor Movement*, 102 Harv. L. Rev. 1109, 1157 (1989).

〔3〕 William E. Forbath, *The Shaping of the American Labor Movement*, 102 Harv. L. Rev. 1109, 1158-1159 (1989).

〔4〕 In re Debs, 158 U. S. 564 (1895).

厂、镇合一，从事火车车厢的生产和维护。1893 年，美国发生经济衰退，普尔曼公司降薪达 25%。工人代表向董事长陈情，却被拒之门外，并横遭解雇。次年 5 月 11 日，罢工爆发，公司当即闭厂——既然罢工，就别想复工！

普尔曼公司的很多工人都加入了美国铁路工会（American Railroad Union）。他们的遭遇在工会内引起广泛同情。6 月 22 日，工会命令铁路工人杯葛与普尔曼公司的业务往来，停止接驳该公司的车厢，直到公司向罢工者妥协为止。事与愿违，奉命杯葛的会员遭到铁路运营商开除。其他铁路工人愤而罢工。到高峰时，共有 27 个州的 25 万名工人离岗。

眼看罢工向全国蔓延，联邦政府决定介入。6 月 29 日，一群会员情绪激烈，放火烧房，还把一列火车推出了轨道。不巧的是，他们破坏的恰恰是联邦邮政专列。邮路断绝，影响州际贸易，而州际贸易是宪法和法律所保护的重要利益。[1] 联邦政府就此获得了介入的机会。7 月 2 日，联邦巡回法院签发禁制令，依据《州际贸易法》和《谢尔曼反托拉斯法》，不准工会领导人强迫或引诱铁路工人离岗，还严厉禁止他们联系下属。次日，联邦军队强行开进，射杀罢工者；铁路运营商开始雇佣非会员的工人顶岗，摆出决绝的姿态；群众害怕社会动荡，也收回了对罢工

---

〔1〕 U. S. Constitution, Art. I, Sec. 8.

者的支持。罢工于 8 月失败。

尤金·德布斯（Eugene Debs）是工会的负责人。他深恐工人的暴力给镇压提供口实，为此拍电报给各地的下属，呼吁工人保持冷静。然而，这违反了不得联络下属的禁令。法院以藐视法庭为由，判令德布斯入狱。德布斯不服，上诉到联邦最高法院，根据宪法申请人身保护令（habeas corpus）。有史以来第一次，劳动法问题抵达了国家最高司法机构。[1]

德布斯一方组织了豪华的律师团，成员包括第十三修正案的起草者之一、曾任伊利诺伊州参议员的李曼·特朗布（Lyman Trumbull），美国公民自由联盟的主要成员之一、著名律师克拉伦斯·达罗（Clarence Darrow）等。他们做出了三点辩护：一是监禁判决侵犯了德布斯获得陪审团审判的宪法权利；[2] 二是禁制令妨害了劳动者为改善劳动条件而罢工的权利；三是错误地将《谢尔曼反托拉斯法》适用于工会。[3]

最高法院的 9 位大法官以全票决定驳回上诉。大法官大卫·布鲁尔（David Brewer）代表法院发表意见。他对《谢尔曼反托

---

〔1〕 普尔曼罢工的史实取自《不列颠百科全书》。Melvin I. Urofsky, *Pullman Strike*, Encyclopedia Britannica, available at https://www.britannica.com/event/Pullman-Strike (last visited Jun. 25, 2017); Melvin I. Urofsky, *In re Debs*, Encyclopedia Britannica, available at https://www.britannica.com/topic/In-re-Debs (last visited Jun. 25, 2017).

〔2〕 U. S. Constitution, Amen. VII.

〔3〕 Melvin I. Urofsky, *In re Debs*, Encyclopedia Britannica, available at https://www.britannica.com/topic/In-re-Debs (last visited Jun. 25, 2017).

拉斯法》的适用问题不置一词，而对上诉人的其他两点主张均作了批驳。关于陪审团审判问题，布鲁尔认为，法院判决德布斯藐视法庭并将他投入监狱，只是为了执行禁制令，“确保［对造］诉讼人享受其根据法院裁判而享有的权利”，并不是执行刑法，不构成刑事审判，所以德布斯并不享有获得陪审团审判的权利。[1] 关于罢工权问题，布鲁尔宣称，虽然法院签发了禁制令，但是“劳动者停止工作的权利并未受到挑战”，因为禁制令的目的仅限于排除对州际贸易的妨害。况且，本案中的罢工虽然是出于同情而为之，手段却违反法律，因而不受法院支持。[2]

布鲁尔的判决书头绪虽多，逻辑却惊人地一致。法院将德布斯投入监狱，名为执行禁制令，实则以定罪量刑为内容，与刑事审判无异；法院发布禁制令，名为保护州际贸易，实则令罢工无法继续，与侵犯罢工权无异；法院反对非法手段，名为维护法治，实则让敌视工人的司法机关说了算，与剥夺斗争机会无异。每当名义与实效发生分离，布鲁尔都因名废实。这种选择彰显了一种新兴的法律思潮——法律形式主义。形式主义与现实主义的争论，将成为20世纪上半叶美国劳动法研究的主题。

---

〔1〕 In re Debs, 158 U. S. 564, 596 (1895).

〔2〕 In re Debs, 158 U. S. 564, 598-599 (1895). 关于德布斯案中最高法院的论证思路，代表性的论述见 Owen M. Fiss, History of the Supreme Court of the United States, Vol. VIII: Troubled Beginnings of the Modern State, 1888-1910, Cambridge: Cambridge University Press, 2006, at pp. 53-74。

德布斯案是禁制令的顶峰。国会制定反托拉斯法，行政机关依法起诉，巡回法院签发禁制令，再由最高法院一锤定音。三大政府分支紧密配合，上演了压制工运的活剧。直到20世纪30年代以前，这样的剧目还将不断上演。工人们要摆脱禁制令的枷锁，亟须在政府内部寻找盟友。

谁是工人的盟友？选项并不多：根据德布斯案的教训，不仅联邦和州的法院都怀有敌意，而且联邦政府和国会也靠不住，所以只能寄望于州政府和议会。这样的希望并非空想，因为，工人手握选票，虽然难以影响全国政局，却足以左右一州选举的结果，迫使立法者考虑他们的诉求。19世纪后期，许多州出台了最早的劳工保护立法，缩短工作时间、改善劳动条件、保障薪酬发放、遏制歧视工会会员等。[1] 雇佣法自此分为两支：一支规范雇佣关系的终始，大致相当于我国的劳动合同法；另一支规范雇佣关系的内容，大致相当于我国的劳动基准法。

然而，立法的突破只能带来短暂的欢愉。司法机关手握违宪审查大权，不愁不能推翻立法。和禁制令的使用类似，州法院率先出马，宣告劳工保护立法违宪；联邦最高法院则殿后出场，一锤定音。前者以雅各布斯案[2]为代表，后者则在洛克纳诉纽约

〔1〕 William E. Forbath, *The Shaping of the American Labor Movement*, 102 Harv. L. Rev. 1109, 1132-1133 (1989).

〔2〕 In re Jacobs, 98 N. Y. 98 (1885).

州一案中达到顶点。[1] 雅各布斯案的情节很简单：彼得·雅各布斯（Peter Jacobs）是个小手工业者，他在纽约市的一栋四层楼房里租下一层，单辟一间，办起了卷烟作坊。1884年5月12日，纽约州为了保护从业者健康，出台立法，禁止在多人合住的公寓房（tenement house）中制备烟草和雪茄。仅仅两天后，雅各布斯就因为顶风作案而遭到逮捕。[2] 案件抵达纽约州上诉法院（Court of Appeals of New York），厄尔（Earl）法官发表了判决。

厄尔认为，本案的核心是保护雅各布斯的自由。何谓自由？他说："在我国所理解的广义上，自由是指权利，它不仅限于免受事实奴役、监禁或拘束，而且是指个人有权以一切合法方式运用其才干，根据他的意愿确定生活和工作地点，在一切合法职业中挣得生计，并从事一切合法的行当或副业。"简言之，厄尔所说的自由就是自主营业和择业权。为什么要保护这种自由？因为这是宪法的要求。自主营业和择业权的宪法基础有二：一是自由权，也即依据自身意志从事交易、出卖劳力的权利；二是财产权，也即运用自备物料从事生产经营的权利。自由权和财产权都受到宪法第十四修正案正当程序条款的保护，[3] 契约自由还受

---

〔1〕 Lochner vs. New York, 198 U. S. 45 (1905).

〔2〕 In re Jacobs, 98 N. Y. 98, 102-104 (1885).

〔3〕《美国宪法》第14修正案第1节规定："非经法律正当程序，任何州不得剥夺任何人的生命、自由或财产……"（… nor shall any State deprive any person of life, liberty, or property, without due process of law …）

到宪法第一条保护。[1]

那么，怎样落实宪法规定，保护雅各布斯的自由？要靠法院去审查立法的合宪性。厄尔提出了宪法正当程序原则的分析框架："法院必须能够看到［健康法］至少在事实上与公共健康存在某种联系，公共健康是该法的真实目标，且该法符合并适应该目标。"[2] 换言之，立法除非能够促进公共健康，否则就无权限制雅各布斯的自由。厄尔对"公共健康"做了非常狭隘的解释。他认为，所谓"公共"，仅指普罗大众。即便制烟有损从业者的健康，也只限于一部分人，够不到"公共"的门槛。至于普罗大众会因为抽烟而伤身，在当时还远非主流见解，所以也被厄尔摒弃。[3] 结论是：纽约州的立法并不能促进公共健康，其对雅各布斯的自由的限制违反了宪法的正当程序保护。

雅各布斯案的影响是深远的。它初步定义了新时代劳动者的自由。"自由劳动"——多么美好的愿景！内战打破了劳动者的人身依附，却保留了经济依附，"自由劳动"并不自由；如今国家富强，"自由劳动"可否名至实归？雅各布斯案的答案冷峻而清晰：不能。劳动者仍然无法摆脱向资本出卖劳力的命运，劳动

---

〔1〕《美国宪法》第1条第10节规定："任何州不得……通过任何……法律来损害契约义务……"（No state shall … pass any … law impairing the obligation of contracts…）虽然厄尔的判词并没有明确提及契约自由，但是政府一方的律师将该规定用作论证要点，并记入了案件的官方报告。

〔2〕In re Jacobs, 98 N. Y. 98, 115 (1885).

〔3〕In re Jacobs, 98 N. Y. 98, 112-115 (1885).

在经济上仍然依附于资本。工人们当然可以“自主择业”，然而，在生存的压力下，面对强势的雇主，他们又有几张底牌可打，“自主”又有几分真实可信？经济发展了，资本强化了，而劳动者的自由还停在原地。

为了贯彻这种自由观，雅各布斯案引入了新的宪法工具——第十四修正案正当程序条款。这个条款本来是联邦用来约束各州的，却充当了司法对抗立法的工具。雅各布斯案是高级别法院第一次运用该条款推翻劳工立法，这为后来的一系列判决树立了先例。[1] 到了19、20世纪之交，各州和联邦法院运用正当程序条款，已经推翻了约60部劳工立法。[2] 立法成就的破坏严重打击了工运的士气。特别是在雅各布斯案中，被推翻的立法原本是靠工会推动才出台，劳联领袖萨缪尔·冈波斯（Samuel Gompers）出力甚多，也引以为豪，[3] 而他的努力却因为判决而灰飞烟灭。面对司法攻击，州立法机关败下阵来。这个盟友靠不住，下个盟友在何方？

在立法不曾着力的地方，情况更为严峻。劳工立法大多着眼于规范雇佣关系的内容，并未触及雇佣关系的建立和终止，致使

---

〔1〕 William E. Forbath, *The Shaping of the American Labor Movement*, 102 Harv. L. Rev. 1109, 1134 (1989).

〔2〕 William E. Forbath, *The Shaping of the American Labor Movement*, 102 Harv. L. Rev. 1109, 1133 (1989).

〔3〕 William E. Forbath, *The Shaping of the American Labor Movement*, 102 Harv. L. Rev. 1109, 1134-1136 (1989).

后者成为了法官的禁脔。雇佣关系的建立和终止是自由的，而这里的自由观与雅各布斯案并无差异，它的底线就是不能撼动劳动者的经济依附。劳动者谋生不易，求职更难，一旦失业，就会陷入经济困境。雇主抓住这一弱点，以解雇相威胁，很容易迫使劳动者就范，从而维护经济依附关系。因此，解雇权的大小是检验经济依附程度的试金石。

1877 年，法律工作者贺拉斯·伍德提出了所谓“任意雇佣”规则，将雇主的解雇权放大到了极限：除非另有约定，雇主可以根据好的理由、坏的理由，甚至无需任何理由，去解雇员工；相应地，雇员可以无需任何理由即辞去工作。伍德宣称，任意雇佣规则是对各州法院经验的总结；而后人研究发现，他的归纳推理存在严重纰漏，与其说是总结，毋宁说是创作。当时的法院自然明白这一点，却并未计较，反而积极接纳伍德的观点。[1] 如今，除了蒙大拿州以外，美国各州都实行任意雇佣规则。[2]

法院为什么“将错就错”？学者尖锐地指出，那是因为法院站到了资本一边，而“任意雇佣是资本家相对于劳动者的权威的

---

〔1〕 Jay M. Feinman, *The Development of Employment-at-Will Rule Revisited*, 23 Ariz. St. L. J. 733 (1991).

〔2〕 *Employment at will*, Black's Law Dictionary (10th ed.), 2014.

终极保障”。[1] 这一规则尤其切合当时雇主的诉求。由于经济周期的存在，雇主需要大量裁员，才能度过经济衰退；由于技术进步的加快，雇主需要精兵简政，才能实现技术升级；而由于企业规模的扩大，管理层次增多，中层管理者阶层逐步兴起，他们的议价能力更强，雇主唯有威胁随时解雇方可有效压制之。[2] 伍德的观点给雇主下了一场及时雨，生逢其时，以至连推理的瑕疵都被忽略了。

从任意雇佣到废除劳工保护立法，雇佣法逐渐被“自由”统治起来。劳动者是自由的，他们出卖劳力的资格不受身份的限制；这种自由更是有限的，一旦试图冲破经济依附的桎梏，就会遭到司法机关的无情击杀。到了 20 世纪初，以洛克纳诉纽约州案为标志，新的自由观正式成型——这是本书下一章的主题。

三

劳动关系、工人运动、劳动法与劳动法研究之间存在一条因

---

〔1〕 Jay M. Feinman, *The Development of the Employment at Will Rule*, 20 Am. J. Legal Hist. 118, 132-133 (1976). 20 世纪 90 年代，学界出现了给任意雇佣规则翻案的风气。翻案者认为，任意雇佣规则在伍德的专著之前就被多个州采纳，其出现与工业化无关，也不意味着司法偏袒资方。Andrew P. Morriss, *Exploding Myths: An Empirical and Economic Reassessment of the Rise of Employment At-Will*, 59 Mo. L. Rev. 679 (1994).

〔2〕 Jay M. Feinman, *The Development of the Employment at Will Rule*, 20 Am. J. Legal Hist. 118, 133-134 (1976).

果链。19世纪后期，资方在“自由劳动”的幌子下加紧控制和盘剥劳动者，引发了工人的激烈反抗；而劳动法冲在打击工运的前线，新的制度工具和司法学说不断涌现，这为研究提供了丰富的素材。由此，劳动法研究取得了两项重要突破：出现了最早的劳动法专著，以及最早的、以劳动法为主业的全职教授。

最早的劳动法专著，在个别劳动关系法领域是贺拉斯·伍德的《主仆法综论（涵盖雇主与雇员的关系、义务和责任）》，出版于1877年；[1] 在集体劳动关系法领域是托马斯·希登海姆·考格利（Thomas Sydenham Cogley）撰写的《罢工、闭厂与劳工组织法》，出版于1894年。[2] 今人对两本书的评价都不高：伍德的著作如前所述，存在对判例归纳不周、乃至生造司法观点的缺陷；而考格利的书则被著名法律史家劳伦斯·弗里德曼（Lawrence Friedman）斥为“不合规矩，哇哇乱叫”“与其说是体系书，不如说是小册子”。[3] 不过，作为劳动法专著的起点，两本书仍然反映了当时劳动法研究的风貌。最明显的一点是：它们都采取了体系书的文体。

---

〔1〕在伍德的专著出版之前，美国人效仿《塔克版布莱克斯通》，将美国案例附入英国主仆关系法体系书。这可以看作劳动法专著的先声。Charles Manley Smith, A Treatise on the Law of Master and Servant (Law Library Edition; with Notes and References to American Cases), Philadelphia: T. & J. W. Johnson, 1852.

〔2〕Thomas S. Cogley, The Law of Strikes, Lockouts and Labor Organizations, Washington, D. C.: W. H. Lowdermilk & Co., 1894.

〔3〕Lawrence M. Friedman, A History of American Law (3rd ed.), New York: Simon & Schuster, 2005, at pp. 478-479.

所谓“体系书”，根据《布莱克法律词典》的定义，是指“大规模的、严肃的且通常穷尽相关内容的专题书”。[1] 通俗地说，体系书就是某个领域的百科全书，它有两个特点：一是包罗万象，尽力涵盖所有司法见解，以及立法和行政规范；二是编织体系，运用概念和逻辑将零碎的判例、法条、规则连缀起来。[2] 以这个标准来衡量，考格利的著作所网罗的判例有限，虽然运用了一些概念，但是逻辑体系比较松散，只能算缩水版体系书，难怪会招致弗里德曼的批评。

对于美国而言，体系书的传统得自英国，布莱克斯通的《英国法评注》就可以看成一部多科合体的体系书。到了 19 世纪，体系书一跃而成为最重要的法律学术文体，这既有实践的原因，也有理论的原因。从实践来看，随着经济和社会生活的日益复杂，法律之网愈发绵密、繁复，也越来越难以被法律工作者所驾驭。体系书就如地形图一般，帮助法官、律师和教授按图索骥，为学法、找法、用法提供指南。怪不得当时的刊物盛赞伍德“为[主仆关系法上相互冲突的判决]带来了秩序、简洁与齐整，实乃天才之作”。[3] 据统计，19 世纪后期，各州最高法院的判决

---

〔1〕 *Treatise*, Black's Law Dictionary (10th ed.), 2014.

〔2〕 参见 A. W. B. Simpson, *The Rise and Fall of the Legal Treatise: Legal Principles and the Forms of Legal Literature*, 48 U. Chi. L. Rev. 632 (1981)。

〔3〕 Jay M. Feinman, *The Development of the Employment at Will Rule*, 20 Am. J. Legal Hist. 118, 126 (1976).

有1/3到一半会引用体系书。[1] 而从理论来看，体系书重逻辑、轻经验，强调法律的独立性、自足性，淡化法律的开放性、依附性，把法律理解为坚固的城堡，不为社会发展的大潮所动，这都透露出法律形式主义的倾向。如本书第二章所述，法律形式主义在19世纪后期迅速发展，到20世纪初叶达到了顶峰。战后，随着法律形式主义的衰落，体系书这一文体虽然仍获得实务界重视，却逐步丧失了学术地位。如今，很少有学者会撰写体系书，更少有学者凭借体系书赢得学术声望。[2]

伍德和考格利都是执业律师，[3] 劳动法研究只是他们的副业，不免会生出力有不逮之感。以劳动法的精深和博大，唯有摒去杂务、全心投入，方能有所创获。第一位做到这一点的法律工作者是弗莱德里克·杰赛普·斯蒂姆森（Frederic Jesup Stimson）。[4] 他是美国最早的以劳动法为主业的全职教授。斯蒂姆

〔1〕 Andrew P. Morriss, *Exploding Myths: An Empirical and Economic Reassessment of the Rise of Employment At-Will*, 59 Mo. L. Rev. 679, 756 (1994).

〔2〕 近年关于体系书学术地位的讨论，见 Erwin Chemerinsky, *Why Write?*, 107 Mich. L. Rev. 881 (2009); Richard A. Danner, *Oh, the Treatise!*, 111 Mich. L. Rev. 821 (2013)。当代体系书的一个范本，见［美］理查德·J. 皮尔斯著，苏苗罕译：《行政法》，中国人民大学出版社2015年版。该书中文版共三卷，近三百万字，鸿篇巨制，匠心独运。

〔3〕 伍德与考格利的生平资料都不多。关于伍德的生平，参见 Jay M. Feinman, *The Development of the Employment at Will Rule*, 20 Am. J. Legal Hist. 118, 126 (1976)；关于考格利的生平，参见美国国会图书馆作者专页，http://id.loc.gov/authorities/names/n81083960.html（最后访问2017年8月6日）。

〔4〕 关于斯蒂姆森的生平，见 *Frederic Jesup Stimson*, in Samuel Atkins Eliot (chief ed.), Biographical History of Massachusetts: Biographies and Autobiographies of the Leading Men in the State, Vol. II., Boston: Massachusetts Biographical Society, 1913。

森出身于新英格兰贵族之家，祖上曾在乔治·华盛顿麾下当兵，算是开国功臣；他的祖父和父亲都毕业于哈佛大学，堪称名校世家。斯蒂姆森幼时身体不好，为此还曾远赴瑞士治病，不过这并没有妨碍他热爱读书和旅行——“读万卷书，行万里路”，成大事者，莫不如此。从哈佛大学和哈佛法学院毕业以后，斯蒂姆森投入劳动法的世界。他在工业委员会（Industrial Commission）任法律顾问，担任过铁路公司经理，又回到母校担任比较立法学教授（professor of comparative legislation）。政、商、学界的丰富经历，为斯蒂姆森从事劳动法研究提供了复合的视角。他将政策需求、实务面向与学术思考结合起来，让劳动法研究超越了实务指南，开始形成独特的学术品格。后世的学术大家，例如阿奇博得·考克斯（Archibald Cox）、德里克·博克（Derek Bok）等，莫不继承了斯蒂姆森的复合视角。

斯蒂姆森对于劳动法研究的贡献，首先在于劳动立法的普查。1898 年，鉴于劳资斗争的紧张形势，美国建立了工业委员会，负责调查劳动关系等领域的情况，并向国会提出建议。委员会的成员由参议院、众议院和总统分别指派，[1] 斯蒂姆森则获聘担任法律顾问，主要负责劳动法事务。1900 年，委员会发布了长达三百余页的报告，系统总结了各州劳动立法情况；次年，

---

〔1〕 30 Stat. 476（1898）.

另一部报告综述了外国劳动立法的状况，篇幅也达到了两百多页。[1] 作为起草人，斯蒂姆森不应该、也没有在报告中表达个人观点。但是，他通过归纳各国、各州立法，揭示出劳动保护不断强化的大势，其中所蕴含的倾向呼之欲出。等到撰写学术著作时，斯蒂姆森就能亮明观点、畅所欲言了。

斯蒂姆森的学术代表作是《劳动与法律的关系》。[2] 该书出版于1895年，仅比考格利的专著晚一年。斯蒂姆森没有采用流行的体系书文体，而是将自己的四次讲座稿结集。这样一来，全书论证无需面面俱到，也不用建立体系，可以集中讨论作者最关注、也最重要的问题。当时，德布斯案刚刚下判，劳动法的焦点无疑是禁制令。斯蒂姆森与布鲁尔大法官针锋相对，从宪法角度论证了禁制令的缺陷：其一，法院将德布斯那样违反禁制令的人投入监狱，实质上无异于定罪量刑，却不像刑事程序那样受到宪法正当程序原则的约束；其二，法院下令禁止劳工的集体行动，实质上无异于行政干预，却不像行政程序那样允许相对人根据宪法申请人身保护令；其三，法院作为司法机关，本应中立无偏，禁制令却处处针对劳动者一方，在劳资之间选边站，违反了宪法

〔1〕 *Report of the Industrial Commission on Labor Legislation*, Washington: Government Printer Office, 1900; *Report of the Industrial Commission on the Condition of Foreign Legislation upon Matters Affecting General Labor*, Washington: Government Printer Office, 1901.

〔2〕 F. J. Stimson, Labor in Its Relations to Law, New York: Charles Scribner' s Sons, 1895.

上的司法中立原则。[1] 同样是讨论禁制令问题，每当名与实发生分离，布鲁尔就因名废实，而斯蒂姆森则“黜虚名而求实效”，[2] 根据实际后果来评价制度。形式主义与现实主义的对垒已隐然可见。

斯蒂姆森的现实主义态度并非学术偏好，而是形势使然。正如他所言，美国陷入了“劳资战争”（warfare between labor and capital）。[3] 内战结束才不过30年，同室操戈的阴云又密布在国家上空。如何缓解这场战争？在斯蒂姆森看来，劳动法应当摆脱形式主义的托辞，正视战争的严峻局面，寻找切实可行的出路。他认为，时人提出的淡化劳资差异的方案，例如员工入股和员工入伙，都实效不彰，唯有劳资集体谈判才是化解冲突的正途。而为了促使雇主坐到谈判桌前，工会必须有能力动员会员、施加经济压力；在达成协议后，又要有能力约束会员、忠实履行协议。所以，必须允许工会罢工，并且加强工会的组织建设。[4] 工会建设、集体谈判、罢工——这是斯蒂姆森提出的一揽子解决方案。他的论述尽管还很初步，却勾勒出了美国集体劳动关系法的

[1] F. J. Stimson, Labor in Its Relations to Law, New York: Charles Scribner’s Sons, 1895, at pp. 125-128.

[2] 苏轼：“策略第五”，载苏轼：《苏文忠公全集·东坡应诏集卷一》，明成化本。

[3] F. J. Stimson, Labor in Its Relations to Law, New York: Charles Scribner’s Sons, 1895, at p. 118.

[4] F. J. Stimson, Labor in Its Relations to Law, New York: Charles Scribner’s Sons, 1895, at pp. 129-138.

蓝图。在斯蒂姆森笔下，一个新的时代已经露出了曙光。

结　语

从 16 世纪晚期到 19 世纪末，历时三百余年，美国劳动法研究完成了漫长的起步。学人星散各处，尚未结成群体；观点虽有分化，却未直接交锋。如果将劳动法学的建立比作盖房，那么，直到 1900 年，房子的第一块基石还没有奠定。然而，绝不能看轻这一时期的智识作业。通过几代法律工作者的努力，奠基前的各项工作，不论是规划、制图、招工、备料，还是“三通一平”，都已就绪。这是劳动法学的蓄势阶段，每一次微小的尝试，都为后世的发展埋下了伏笔。

伏笔之一是学术组织体系的雏形。尽管劳动法的学术活动算不得活跃，但是，一个由律师、法官和法律教师组成的共同体，已经显出轮廓。在美国法律界，学术共同体从不局限于校园之内，而是注重业界与学界的密切互动。像威廉与玛丽学院的威斯、哈佛法学院的斯蒂姆森那样的法学教授是共同体的中坚；而普利斯案中的列维法官、亨特案中的肖法官，以及德布斯案中的布鲁尔法官、雅各布斯案中的厄尔法官，都以司法判决辨法析理，同样做出了智识贡献；至于里夫和古德那样的法律学校教师，以及伍德、考格利那样的体系书作者，虽然以律师为主要身份，却培养人才、梳理判例，他们也是劳动法研究共同体不可或缺的成员。通过判决书、体系书和其他著作，共同体内相互沟通，营造学术生态。直到今天，劳动法学人仍然经常兼有业界、学界乃至政界的经历；劳动法研究因而很少脱离实际，更绝少陷入纯粹的逻辑推导和复杂的概念迷宫。

伏笔之二是学术思想体系的雏形。这个时期的学术观点和论证散落各处，尚未编织成有序的思想之网，但是织网所需的经线和纬线都已齐备。研究劳动法，须得回答一个根本追问：劳动法是什么？如果将三百年间的探索当作答案，那么一言蔽之，劳动法是建构和维护劳动身份的法律。这一答案可以展开为三个方面：

其一，劳动身份的内容。劳动身份是劳动者在劳动关系中所处的地位。它是一个相对的概念，以雇主地位为参照系；它又是一个经济的概念，与政治身份关系密切，共同支撑起公民身份，这集中反映在奴隶身份的存废上。从殖民时代的人分五等，到建国以后的工资工人，劳动法建构身份的努力从未止息。

其二，劳动身份的表达。劳动身份如何转化为法律话语？这个问题在殖民时代并不突出，当时的法律毫不隐讳地将身份差异写入文本。而到了建国以后，自由话语占据了统治地位，身份差异被普遍看作不自由，需要用话术遮掩起来。于是，“自由劳动”成为了劳动身份的新表达：只要劳动者摆脱奴隶地位，以出卖劳力换取报酬，他就是自由的。到了19世纪后期，自由的边界日益清晰：任何试图摆脱劳动对于资本的经济依附的举动，都为自由所不容。

其三，劳动身份的维护。劳动身份一经确立，就必然引发反抗。突破和重建劳动身份是工人运动的核心诉求。面对反抗，可以压制、可以妥协，也可以投降。投降意味着根本制度的颠覆，这在美国无从谈起，只有压制与妥协是现实的选项。从普利斯案到德布斯案，法律压制工人运动的调门越来越高；而妥协之声虽然并非处处可闻，却更符合实际，经由肖法官和斯蒂姆森教授等人的鼓吹而声势渐起。

压制或妥协是立场的选择，而任何立场都需要法律、特别是根本法的依据。到了19世纪末期，无论是持压制观点的布鲁尔法官和厄尔法官，还是持妥协观点的斯蒂姆森教授，都将目光投向宪法，寻求支持。渐渐地，双方的注意力集中到正当程序保护上：违反禁制令的人应当获得怎样的程序保障？这是布鲁尔法官与斯蒂姆森的分歧所在；正当程序所保护的劳工自由是什么？这是厄尔法官论证的起点。前者关注程序的内容，被称作“正当程序的程序面向”或者“程序性正当程序”（procedural due process）；后者关注程序的保护对象，被称作“正当程序的实体面向”或者“实体性正当程序”（substantive due process）。[1] 20 世纪初，以洛克纳诉纽约州案为标志，正当程序的实体面向成为劳动法学奠基时代的论战焦点；而到了劳动法学的开创时代，焦点又转向正当程序的程序面向。

立场和依据之间需要用推理来连结。普利斯案中的列维法官在法内视角与法外视角之间纠结不已，而从亨特案开始，两个视角的对立愈发明显：法内视角将法律视作自足的城邦，一旦遇到法律与现实的冲突就因名废实，倾向于形式主义，这在德布斯案和雅各布斯案都有所表现；法外视角则将法律视作现实的投射，当法律与现实发生冲突时，往往通过变法去适应现实，倾向于现实主义，这在亨特案和斯蒂姆森的著述中都不难看出。形式主义面向法律，通过演绎推理，让现实迁就法律；现实主义则面向生活，通过归纳推理，让法律迁就现实。它们之间的论战即将为劳动法学奠基。

---

〔1〕 关于正当程序两个面向的含义，参见 Ryan C. Williams, *The One and Only Substantive Due Process Clause*, 120 Yale. L. J. 408, 417-427 (2010)。

承

引　言

20 世纪初至第二次世界大战结束，是美国劳动法学的奠基时代。短短半个世纪里，美国历史完成了两轮循环：由繁荣到危机，因危机而改革，以改革成果投入战争，而战争又带来新的繁荣，如此周而复始。19 世纪后期的工业化亢进持续了 30 年，却遭到世纪末衰退的当头棒喝，进步主义改革应运而生；改革成果帮助美国打赢了“一战”，国家随即进入“柯立芝繁荣”，直到被 1929 年的大危机所打断；富兰克林·罗斯福总统主持新政，带领美国初步走出危机，投入“二战”，一举赢得了战后西方世界的领导地位。

在“繁荣—危机—改革—战争”的螺旋中，劳动关系扮演了关键的角色：经济繁荣引发政策保守，政策保守激化劳资矛盾，劳资矛盾引发社会危机，社会危机呼唤劳动改革，劳动改革释放工业产能，工业产能保障战争胜利。保守力量与改革力量的宏大斗争，是这一时代劳动关系的主题：

——战线的一侧傲立着塔夫脱、哈定、柯立芝和胡佛总统，以及佩卡姆等最高法院大法官。他们领导保守力量，坚持自由放任的经济政策，阻止工运“妨害”劳资契约，拒绝立法保护劳工。他们身后聚集了拥护社会达尔文主义的学者，以及一众资本家。

——战线的另一侧挺立着西奥多·罗斯福、威尔逊和富兰克林·罗斯福总统，[1] 以及霍姆斯等大法官。他们领导改革力量，加强国家对经济的干预，引导工运参加职场秩序的建构，推动立法保护劳工。他们身后聚集了政、经、法各学科的进步学人，揭露现实的“扒粪”记者，充满救世情怀的宗教人士，以及数不清的工人和农民。

劳动法是这场斗争的结晶。1905 年，双方在洛克纳诉纽约州案中正面碰撞，开辟了斗争的法律战场。虽然保守一方占据了上风，但是随着《克雷顿法》《诺里斯—拉瓜迪亚法》等立法的出台，保守司法势力的两个拳头——禁制令和自由权——逐渐失去

---

〔1〕 两位罗斯福总统是亲戚：富兰克林与西奥多是远房兄弟（据白宫官方网站记载，两人是 fifth cousin，也即出自同一六世祖。见 https：//www. whitehouse. gov/1600/presidents/franklindroosevelt，最后访问 2017 年 8 月 24 日），其妻埃莉诺·罗斯福则是西奥多的侄女。为叙述简便起见，下文除非特别说明，称西奥多·罗斯福为“老罗斯福”，称富兰克林·罗斯福为“小罗斯福”。

威力。到了新政时，小罗斯福主持颁行《华格纳法》、《公平劳动基准法》和《社会保障法》，又挟大胜连任之威，迫使最高法院就范，终于迎来了改革力量的决定性胜利。新政的遗产是如此丰厚，经过人们代复一代的开掘、承继和张扬，仍然展现着勃勃生机。

劳动法学就在法律斗争中奠基。法学与法律是硬币的两面，就像古希腊的神话里，人类之战总是与诸神之争纠缠在一起。引人瞩目的是，这一时代的学者很少就事论事，把论述框定在劳动法的边界之内，而是自觉地、普遍地把劳动法放置到整个法律体系的变迁之中，将劳动法研究开辟为法学论战的主战场之一。论战的一方是法律形式主义者，他们希望劳动法不要理睬风起云涌的工人运动，信守既有的规则、体系和价值，这与保守力量的诉求恰可对接；而另一方则是法律现实主义者，他们主张劳动法正视社会变迁，根据现实需要来调整自身，这与改革力量的观点正相吻合。如此一来，法学战场、法律战场与更广阔的政治和社会战场连成一气。正是在战斗的洗礼中，劳动法学的理论准备和队伍建设走向成熟，新学科的诞生迫在眉睫。

本书将这段历史的叙述分为两章：

——第二章以“相持”为主题。这是一个对战双方势均力敌的故事：针对愈演愈烈的劳资冲突，进步派、保守派和激进派开出不同的药方，老罗斯福和威尔逊总统探索改革的道路；政治分歧折射到法律领域，促成了形式主义与现实主义两大思潮的对峙，朗代尔与霍姆斯被双方分别奉为先知；在洛克纳案中，对峙引发了最高法院的内战，也为学术研究提供了绝佳的契机和无尽的灵感。

——第三章以“制胜”为主题。这是一个对战双方决一雌雄的故事：以洛克纳案为标靶，罗斯科·庞德深挖司法形式化的根源，提出了摆脱形式主义的道路，建立了法律社会学；路易斯·布兰代斯和约翰·康芒斯针对洛克纳案中的契约自由论，提出了民主自由说，描绘了工业民主的愿景，身体力行，推动改革；经过新政的洗礼，哈佛大学巍然矗立，成长为劳动法的智识中心，而耶鲁大学则汇聚了风格各异的劳动法学人，建立了特色鲜明的学术共同体。

以诗法而论，第二章承续19世纪末叶的社会格局，记录社会、政治和学术力量聚合、分化、对垒、交锋的过程，是起承转合的“承”；第三章描述劳动法研究的重大变局，以及新政——现实主义力量的最终胜利，是起承转合的“转”。

第一节　歧路：止战之法与三派论争

一

19、20世纪之交的美国可谓国运顺遂，不仅将工业第一的桂冠戴在头顶，而且步欧洲列强后尘，走上了对外扩张的帝国主义道路。经济增长累积起雄厚的国力，而西进运动的完成则带来了输出国力、殖民海外的需要。社会达尔文主义者认为，在争战不休的国际社会，唯有适者才能生存；而军事思想家马汉声称，只有运用力量控制全球海洋，才是安全与繁荣之道。[1] 只消几年时间，美国鲸吞夏威夷，击败西班牙，殖民菲律宾，开河巴拿马，还迫使中国开放门户，展露出新生强国的勃勃野心。

然而，新帝国的后院并不稳固。19 世纪后期以来的劳资战争，不仅没有消停，反而愈演愈烈。由于经济周期的作用，1890 年代初，美国农业陷入衰退；1894 年，工业衰退也发生了，失业率高达 30%，其中制造业和建筑业更有 50% 的工人失去工作。诚如后世学者所言，这是“19 世纪的大萧条”[2]。危机之下，工人运动蓬勃发展。工会成员数量持续攀升，至 1920 年前后达到 500 万人。[3] 全国性罢工层出不穷：1902 年的无烟煤矿罢工蔓延到各地，迫使总统出面调停；[4] 1919 年的钢铁工业大罢工更是让国家陷入“红色恐慌”（Red Scare）。[5]

---

〔1〕 参见吴征宇：《海权的影响及其限度——阿尔弗雷德·塞耶·马汉的海权思想》，载《国际政治研究》2008 年第 2 期。

〔2〕 Owen M. Fiss, History of the Supreme Court of the United States, Vol. VIII: Troubled Beginnings of the Modern State, 1888-1910, Cambridge: Cambridge University Press, 2006, at p. 39.

〔3〕 Caleb Southworth & Judith Stepan-Norris, *American Trade Unions and Data Limitations: A New Agenda for Labor Studies*, 2009 Annu. Rev. Sociol. 297, C-2.

〔4〕 Robert H. Wiebe, *The Anthracite Strike of* 1902: *A Record of Confusion*, 48 Missi. Valley Hist. Rev. 229 (1961).

〔5〕 Robert K. Murray, *Communism and the Great Steel Strike of* 1919, 38 Missi. Valley Hist. Rev. 445 (1951).

劳资战争为何升级？经济危机只是暂时的原因，根本的原因则在于政治经济权力高度集中，加剧了劳资力量的失衡。权力集中发生在三个维度：企业之间、政经之间，以及企业与员工之间：

——企业之间的集权，首先反映在垄断经济组织的发展。先前，每家企业的工厂数量很少，工会只要占据其中少数几间、甚至一间，就足以瘫痪企业生产，迫使企业妥协；如今，垄断企业掌控广阔地域内的大量工厂，一旦工会在某间工厂得势，企业就把生产任务调配到其他工厂去，化解工会力量于无形。很多企业还结成行业组织，采取一致步骤打击工会，令工运举步维艰。[1]

——政经之间的集权，反映在资本操纵权力，政府、政党都沦为资本的代言人。例如，民主党在纽约市的政治机器——坦慕尼社（Society of Tammany），表面上为劳工提供救助，实则站在资本一边，敌视工运，反对改良。直到本书开篇描述的三角工厂火灾之后，坦慕尼社方才审时度势，改换门庭，支持改革。[2]资本对政治的腐蚀，令工运难以寻找体制内的同盟者。

——最后，通过推广所谓科学管理，微观的生产管理权从工人进一步转移到企业手中。1911 年，“科学管理之父”弗雷德里

〔1〕 Christopher L. Tomlins, The State and the Union: Labor Relations, Law, and the Organized Labor Movement in America, 1880-1960, Cambridge: Cambridge University Press, 1985, at pp. 12-13.

〔2〕 关于坦慕尼社的转变过程，见［美］大卫·冯·德莱尔著，刘怀昭译：《兴邦之难——改变美国的那场大火》，中国政法大学出版社 2015 年版。

克·温斯洛·泰勒（Frederick Winslow Taylor）出版了《科学管理原理》一书。泰勒出生于律师之家，毕业于著名中学，一只脚已经踏进了哈佛，却因病辍学从工。[1] 他善于观察，很快发现了提高生产效率的诀窍：精确测量工人完成每一动作的用时，然后去掉一切多余动作，形成标准操作法，再严令所有工人照办。他的管理方法充斥着自然科学的要素：实验、统计、标准化作业……然而，科学管理却远非劳动者的福音。诚然，科学管理确实可以提高效率，但是也加重了劳动者的工作负担，而劳动者获得的回报与付出的辛苦并不成比例。泰勒的得意之作是伯利恒钢铁公司（Bethlehem Steel Corporation）的改革：通过科学管理，工人每天搬运生铁的数量从 12.5 长吨（12.701 吨）飙涨到 47 长吨（47.754 吨），差不多翻了两番，而工资的增长只有 60%。不仅如此，劳动者还进一步失去了生产自主权，就像泰勒反复教训工人的那样："决不能顶嘴""从不顶嘴""不要顶嘴"。[2] 工人们被管得更死，他们动作僵硬，宛如机械——这就是泰勒所开创、卓别林所演绎的"摩登时代"！

怎样缓解和制止劳资战争？这个追问是时代的主题。谁能提

---

〔1〕 泰勒的身世取自《不列颠百科全书》，*Frederick W. Taylor: American inventor and engineer*, Encyclopedia Britannica, available at https://www.britannica.com/biography/Frederick-W-Taylor（最后访问 2017 年 8 月 8 日）。

〔2〕［美］弗雷德里克·泰勒著，赵涛、陈瑞侠、郭珊珊译：《科学管理原理》，电子工业出版社 2013 年版，第 25—29 页。

供可行的方案，谁就能掌握国家政治的命脉。然而，围绕止战之法的论争，甚至比劳资战争本身更为激烈。三种力量几乎同时登上历史舞台：激进派、保守派和进步派。

二

激进派并非单一的派系，其内部存在复杂的光谱。举凡社会主义、共产主义乃至无政府主义者，只要挑战资本主义制度，就属于激进力量。激进派的产生，固然受到欧陆共产主义运动的影响，[1] 而直接原因在于国内政治—经济权力的压迫，可谓官逼民反。被逼上激进道路的典型是德布斯案的被告人——尤金·德布斯。[2] 最高法院下判之后，德布斯遭到收监，劳工骑士团迅速衰微。挫折迫使德布斯反省工运的出路。他在狱中阅读马克思的著作，出狱后公开宣布转向社会主义，并组建了美国社会主义党（Socialist Party of America）。他 5 次参选总统，得票最多时达到 91.5 万票，而他当时又被政府投入了监狱！

德布斯还参与创建了另一个激进劳工组织——世界产业工人联合会（Industrial Workers of the World）。该会于 1905 年成立，

---

〔1〕 例如，马克思与拉萨尔的争论就曾影响到劳联等美国工会组织的行动策略。Christopher L. Tomlins, The State and the Union: Labor Relations, Law, and the Organized Labor Movement in America, 1880-1960, Cambridge: Cambridge University Press, 1985, at pp. 52-57.

〔2〕 德布斯的事迹取自《不列颠百科全书》，*Eugene V. Debs: American social and labour leader*, Encyclopedia Britannica, available at https://www.britannica.com/biography/Eugene-V-Debs（最后访问 2017 年 8 月 9 日）。

致力于让工人控制生产工具，曾在俄勒冈、华盛顿等州组织大罢工。后来，由于反对美国参加“一战”，联合会遭到压制，到1920年代中期方才式微。[1] 总体而论，激进派从未主导美国劳工政治，却把劳资矛盾以最尖锐的形式表现出来，迫使保守派和进步派做出回应。

三

保守派的回应一言蔽之，便是“一切照旧”。对于集体劳动关系，德布斯案已一锤定音；对于个别劳动关系，雅各布斯案也已表明立场。美国既然属于普通法系，那么遵循先例即可，夫复何言？这便是“保守”的含义所在。然而，保守并非懒惰。保守派的态度有着深厚的理论基础：在政治学上是社会契约论，在社会学上是社会达尔文主义，在经济学上则是自由放任学说。[2]

社会契约论是保守派的论证起点。制宪时，反联邦党人抱持霍布斯式的契约论，认为社会契约存在于国家与人民之间；而联

---

〔1〕世界产业工人联合会的事迹取自《不列颠百科全书》，*Industrial Workers of the World (IWW): labour organization*, Encyclopedia Britannica, available at https://www.britannica.com/topic/Industrial-Workers-of-the-World（最后访问2017年8月9日）。另见Paul Buhle, *Socialists and Wobblies*, in Paul Buhle & Alan Dawley (eds.), Working for Democracy: American Workers from the Revolution to the Present, Urbana: University of Illinois Press, 1985, at pp. 51-62。

〔2〕这一概括来自Owen M. Fiss, History of the Supreme Court of the United States, Vol. VIII: Troubled Beginnings of the Modern State, 1888-1910, Cambridge: Cambridge University Press, 2006, at pp. 46-49。

邦党人则赞同洛克的理论，主张社会契约在个人之间缔结，国家是契约的产物。联邦党人胜出后，洛克式的社会契约成为宪法所捍卫的政治伦理。[1] 据信，人们结成社会，建立市场，完成交易，实现互益；只是为了保护社会、维持市场，人们才缔结契约、建立国家。换言之，社会与政治领域应当截然分开，市场才是建立社会秩序的首要机制，而政府的角色仅限于为市场保驾护航，不得越雷池半步。[2] 既然如此，劳资关系就该交给劳动力市场去安排：劳动者出卖劳力时，无论条件对自己多么不利，只要并非受迫而为，外人就无权置喙。如果工会插手，政府就该制止——这是德布斯案的逻辑；如果政府插手，司法机关就该制止——这是雅各布斯案的逻辑。

社会契约论投射到社会学领域，就是社会达尔文主义。英国人赫伯特·斯宾塞（Herbert Spencer）是社会达尔文主义的代表。他于 1882 年访问美国，在新大陆声名鹊起，其学说由耶鲁大学教授威廉·萨姆纳（William Sumner）完成了本土化。[3] 斯宾塞认为，人们在市场和其他社会领域相互竞争，遵从“适者生存”（survival of the fittest）的法则。这条法则如此残酷，让劳动者几

---

〔1〕 两种契约论之争在建国前就发生过。[美] 戈登·S. 伍德著，朱妍兰译：《美利坚共和国的缔造：1776—1787》，译林出版社 2016 年版，第 251—255、264—272、497—499 页。

〔2〕 Owen M. Fiss, History of the Supreme Court of the United States, Vol. VIII: Troubled Beginnings of the Modern State, 1888-1910, Cambridge: Cambridge University Press, 2006, at pp. 46-47.

〔3〕 王萍：《从清教神坛到福利国家——美国工作伦理的演变》，中央编译出版社 2016 年版，第 128—142 页。

乎失去了生存空间，为什么不创造一条更好的法则来替代它呢？一个原因是不应该替代它：“适者生存”激励人们创造财富，推动社会发展演化。另一个原因则是没办法替代它，因为它是一种自发产生的力，而“人是不可能创造力的。他只能改变力的表现方式、力的方向、力的分配”〔1〕。所以，国家应当尊重和保障适者生存的法则，而不该干扰和突破这一法则。用斯宾塞的话说，国家要做“保护者”，不做“侵略者”；要“维护社会状态”，不能“推迟适应［社会］”——因为只有适者才配生存。〔2〕

在经济学领域，社会契约论的投影是自由放任学说。“自由放任”一词出自法语，本意是“允许做”。据说，法王路易十四的重臣柯尔伯会见工商界人士，询问他们需要何种政府支持，对方答曰：“别管我们！”——后来被演义成了“自由放任”。第一个拥护自由放任的经济学派是法国的重农学派。社会契约论预设了建立国家前的自然状态，类似地，重农学派也预设了经济上的自然秩序，所以推论也与社会契约论相仿佛：国家对经济的干预应当维持在最低限度。18 世纪末，自由放任学说获得了古典主义经济学大师亚当·斯密的首肯；19 世纪中期，约翰·穆勒在名著《政治经济学原理》中设专章讨论该学说，使之进入了大

〔1〕［英］赫伯特·斯宾塞著，张雄武译：《社会静力学》，商务印书馆 1996 年版，第 114 页。
〔2〕［英］赫伯特·斯宾塞著，张雄武译：《社会静力学》，商务印书馆 1996 年版，第 125 页。

众话语。[1] 到了 1870 年前后，自由放任学说的地位攀升到顶点。[2] 20 世纪初，层出不穷的社会经济问题开始削弱人们对于自由放任的信心，然而直到洛克纳案开审的时候，该学说仍然堪当保守派的理论利器。

社会契约论、社会达尔文主义与自由放任学说——保守派的政治、社会和经济观点指向一致，都要求国家维护市场在劳动力资源配置中的决定性作用。市场是交易的集合，而契约是交易的载体，所以，维护契约就是维护市场。“自由劳动”从此获得了特殊的含义——劳动契约自由。“契约论最终形塑了他们视作宪法至善的自由观。”[3] 下一步，只要寻个机会，给这种自由观套上宪法依据，就万事大吉了——洛克纳案就是这样的机会。

四

保守派尊崇契约的自由，进步派则向往民主的自由。面对劳资矛盾，激进派掀翻桌子，保守派背过身去，而进步派更愿意兵

---

〔1〕 穆勒本人并不是自由放任学说的无条件支持者。相反，他着重指出：“自由放任有许多例外”，与劳动法相关的例外情形包括保护儿童、限制工时、允许结社、救济贫困等。［英］约翰·穆勒著，胡企林、朱泱译：《政治经济学原理及其在社会哲学上的若干应用（下卷）》，商务印书馆 1991 年版，第 521—527、546—550、553—561 页。

〔2〕 自由放任学说的发展历程取自《不列颠百科全书》，*Laissez-faire*：*Economics*，Encyclopedia Britannica，available at https：//www. britannica. com/topic/laissez-faire（最后访问 2017 年 8 月 9 日）。

〔3〕 Owen M. Fiss，History of the Supreme Court of the United States，Vol. VIII：Troubled Beginnings of the Modern State，1888-1910，Cambridge：Cambridge University Press，2006，at p. 46.

来将挡、就事论事。有识之士公认：劳资战争的根源在于政治和经济过度集权，达到了专制的程度。那么，解决之道就在于实行民主，具体方法则是分权：拆分垄断组织、拆解政经勾结，并且让劳动者在企业中获得更多话语权。简言之，民主就是反垄断、反腐败、反压榨，进步运动就是一场美式“三反”运动。与激进派和保守派相比，进步派既反停滞、又反颠覆，务实际、取中道、图渐进、推改革，成就最著，遗产最丰。从 19 世纪末开始的 20 年间，进步主义运动获得多位总统支持，席卷美国政坛，波及社会各界，为那个时代竖立了智识与行动的界碑。

进步运动始自 1890 年代的经济危机，在老罗斯福和威尔逊两位总统任上形成前后两个高潮，至“一战”结束告终。老罗斯福出身于纽约市的殷实商人之家，毕业于哈佛大学，又在哥伦比亚大学读法律，可谓前途无量。然而，他少有大志，认为当律师无法实现“社会公平交易”，遂辍学从政。作为杰出的政治家，老罗斯福对于进步运动和劳动法的贡献有五个方面：[1]

——一是参与地方改革。老罗斯福从政的第一站是纽约州。正如雅各布斯案所反映的那样，当时，许多小工厂开设在多人合住的公寓房里，工作条件不佳，而老罗斯福试着推动政府实施监

〔1〕除非特别说明，老罗斯福的事迹取自 Kathleen Dalton, *Roosevelt*, *Theodore* (1858-1919), in Roger K. Newman (ed.), The Yale Biographical Dictionary of American Law, New Haven: Yale University Press, 2009, at pp. 466-467。

管。后来，他担任了州长一职，把纽约州建设成进步主义改革的重镇。地方改革培养了许多全国政治家，例如新泽西州长威尔逊后来当上了总统，同样担任过纽约州长的查尔斯·伊文思·休斯（Charles Evans Hughes）在新政时期出掌联邦最高法院。

——二是斡旋劳资纠纷。1901 年，老罗斯福出任副总统，旋即因为总统麦金莱遇刺而“转正”，而一场劳资危机正在酝酿之中。次年春天，矿工联合会（United Mine Workers）代表宾夕法尼亚等州的无烟煤矿工人与雇主交涉，要求提高薪水、缩短工时和公平厘定工作量，却无果而归。一位大老板公然表示：“一矿不容二主!”联合会当即发起罢工。罢工导致煤炭紧缺，后果在秋天显露：煤价飞涨，学校停学，工厂减产，取暖困难，肺炎肆虐。老罗斯福何去何从？他可以像许多前任那样，以缺乏宪法权限为由拒绝介入；也可以像海耶斯总统那样，从法院搞份禁制令，再以违反命令为由发兵弹压罢工者。然而，老罗斯福选择了开辟新路。1902 年 10 月 3 日，他史无前例地将罢工双方代表请到白宫，当面了解情况。鉴于说和无果，总统决定：派军队接管煤矿，遣人彻查纠纷并作裁决。慑于总统的坚强决心，资方同意仲裁，并允许工会代表加入仲裁委员会。罢工随即结束。委员会的裁决虽然没有正式承认工会的谈判地位，但是部分支持了其谈判要求。经此一事，“政府现在变成了劳资关系的第三方力量”，既不放任自流，也不偏袒资方。[1] 这种角色定位获得了美国历届政府的坚守，直到今天。

——三是扩张总统权力。无论在进步运动还是新政之中，总统都充当了改革的发动机。改革需要权力，权力来自人民。为了扩权，老罗斯福打破建国以来的惯例，将总统职位变成“天字第一号讲坛”，直接动员人民支持改革。[2] 他揭开了现代总统制的序幕。百余年来，总统之中执劳动法改革牛耳者，从威尔逊、小罗斯福、林登·约翰逊，直到罗纳德·里根，都受惠于斯。

——四是重启改革议程。老罗斯福于 1909 年卸任，其继任者威廉·塔夫脱倾向保守，致使进步改革陷于停顿。罗斯福愤而组建进步党（Progressive Party），参加 1912 年大选。他的表现创造了第三党史上的最佳纪录，战胜激进派的德布斯，还分走塔夫脱的票源，帮助了支持进步主义的威尔逊当选。改革大潮略作洄漩，又奔流向前！

——五是倡导福利国家。大选之后，老罗斯福以在野之身，继续鼓吹改革，其建议勾勒出了福利国家的轮廓：最低工资保障、失业保险、退休金、工伤补偿、禁止童工、改善工作条件，等等。作为进步运动的精神领袖，他奋斗到最后一息。1919 年，

〔1〕 老罗斯福在 1902 年罢工中的事迹取自 Peter R. Perry, *Theodore Roosevelt and the Labor Movement*, M. A. Thesis of California State University, Hayward, 1991, at pp. 1-25。

〔2〕 [美] 史蒂文·F. 海沃德著，方鲁娜、张文倩译：《总统记：从威尔逊到奥巴马》，中国政法大学出版社 2014 年版，第 31 页。

老罗斯福去世。他的形象被镌刻到拉什莫尔山（Mount Rushmore）上，与华盛顿、杰斐逊和林肯比肩。

老罗斯福是位性情中人。进步作家辛克莱尔写了一本叫做《屠场》（The Jungle）的书，极言屠宰业工作环境之恶劣。[1] 他给老罗斯福寄了样书，总统读后深受触动，当即下令调查，并迅速推动出台了《清洁食品与药品法》（Pure Food and Drug Act）。而进步运动的另一位领袖威尔逊则与他脾气迥异。[2] 威尔逊不苟言笑，被认为缺乏幽默感，甚至被贴上了"傲慢"的标签。[3] 这大概和他早年作为教育精英的经历有关。威尔逊毕业于普林斯顿大学，之后去弗吉尼亚大学研习法律并执业，又取得了约翰·霍普金斯大学的历史与政治科学的哲学博士学位。34 岁那年，他回到母校，担任普林斯顿大学法理学与政治经济学教授，开法学与其他学科交叉研究之先。1902 年，威尔逊出任校长，之后一手将普林斯顿大学打造为教育重镇。仅仅过了 10 年，他就成为了美国历史上唯一的博士总统和教授总统。[4]

---

〔1〕［美］厄普顿·辛克莱著，郭涛译：《屠场》，安徽人民出版社 2013 年版。

〔2〕除非特别说明，威尔逊的事迹取自 Thomas J. Knock, *Wilson*, *Woodrow* (1856-1924), in Roger K. Newman (ed.), The Yale Biographical Dictionary of American Law, New Haven: Yale University Press, 2009, at pp. 596—597。

〔3〕［英］史蒂文·F. 海沃德著，方鲁娜、张文倩译：《总统记：从威尔逊到奥巴马》，中国政法大学出版社 2014 年版，第 39、54 页。

〔4〕克林顿和奥巴马总统都拥有法律博士（J. D.）学位，但是该学位一般不与威尔逊所取得的"哲学"博士（Ph. D.）合并讨论。奥巴马曾任教于芝加哥大学法学院，拥有过研究员（Fellow）、讲师（Lecturer）和高级讲师（Senior Lecturer）头衔，但是从未获聘为教授（Professor）。

作为政治学大师，威尔逊高瞻远瞩，将宪法改革与进步运动熔于一炉，对美国劳动法产生了深远的影响。沿着老罗斯福所开辟的道路，他完善现代总统制，进一步扩张总统权力。鉴于最高法院顽固保守，威尔逊力图借助立法权抗衡司法权。为了争取国会支持，他打破了不定期向国会书面报告工作的宪法制度，每年亲自到参众两院发表国情咨文演讲，借机提出立法建议，影响国会议程设置。这个办法成效显著：1914 年，美国出台了《克雷顿法》（Clayton Act），[1] 迈出了国家立法保护工运的第一步。《克雷顿法》涉及工运的内容主要有三点：

——工会合法化。该法第六条宣布：工会只要为互助目的而设立，不发行股票、不谋取利润，就不构成反托拉斯法的打击对象。从此以后，法院再也不能援引反托拉斯法来发布禁制令了。

——严管禁制令。《克雷顿法》第二十条严格限制了在劳动纠纷中签发禁制令的条件。在实体上，申请人必须证明其财产将受到不可弥补的损害，且法律救济不够充分；在程序上，申请人必须指明受到威胁的具体财产，且申请必须书面作出，申请人或其代理人还要宣誓。这些规定防止了禁制令的泛化，也拖慢了签发禁制令的进度。

——行为合法化。《克雷顿法》第二十条还列举了一系列合

〔1〕 38 Stat. 730 (1914).

法的工运行动，例如辞工（不是罢工）、和平集会、支付罢工补贴等。尽管这个清单还很不完善，但是毕竟启动了工运行为合法化的进程。

《克雷顿法》改变了集体劳动关系法的面貌，而个别劳动关系领域的立法紧随其后。1916 年，《联邦雇员补偿法》（Federal Employees' Compensation Act）问世。[1] 根据新法，因公致残和死亡的联邦雇员，无论有无过错，均可获得补偿金和医药费。补偿金的计算公式通常为：

$$补偿金额 = 补偿周数 \times 周工资 \times 2/3$$

例如，某雇员失去了一条胳膊，法定补偿周数为 312 周，则他所获得的补偿金额相当于 208 周的工资。[2] 联邦立法就此追上了先进州的脚步，在废除雇主责任之后，为雇员提供了替代补偿。[3] 同年还出台了《基廷—欧文童工法》（Keating-Owen Child

〔1〕 39 Stat. 742 (1916).

〔2〕 补偿周数因致残部位而不同：腿，288 周；手，244 周；脚，205 周；眼，106 周；大拇指，75 周；大脚趾，38 周；肾，156 周；肺，156 周；阴茎，205 周；睾丸、卵巢、子宫、宫颈、阴户、阴道，均为 52 周。Scott D. Szymendera, *The Federal Employees' Compensation Act (FECA): Workers' Compensation for Federal Employees*, Congressional Research Service Report R42107, 2017, at p. 14.

〔3〕 关于美国工伤补偿法的历史发展，见［美］约翰·法比安·维特著，田雷译：《事故共和国：残疾的工人、贫穷的寡妇与美国法的重构》，中国政法大学出版社 2016 年版。

Labor Act)，[1] 并以法律形式规定了州际铁路工人的八小时工作制。[2] 联邦劳工保护立法体系初步建立了起来。

进步劳动立法是现代总统制的成果，而现代总统制只是威尔逊宪法蓝图的一个缩影。作为“活宪法”理念的开山人，[3] 威尔逊反对保守停滞，呼吁宪法跟上时代的脚步，充当改革的后盾，解决日益尖锐的社会经济问题。面对变革，“宪法以及治国才能都必须向前看，而不是向后看”；否则，“宪法将是一件紧身衣，不是自由与发展的手段，而只是束缚与累赘”。[4] 宪法包含着政府与自由两个要素。政府之变，在于总统要扩权以影响立法，联邦要扩权以影响各州；[5] 自由之变，在于个人要有能力与强大的组织展开“费厄泼赖”。把两个要素结合起来，新的宪法图景就浮出水面：政府通过扩权来支援个人，确保公平竞争。威尔逊说：

---

〔1〕 39 Stat. 675 (1916).

〔2〕 39 Stat. 721 (1916). 威尔逊时期联邦劳动立法的清单，见 The New Freedom, https://en.wikipedia.org/w/index.php?title=The_New_Freedom&oldid=782478455 (last visited Aug. 10, 2017)。

〔3〕 史蒂文·F. 海沃德著，方鲁娜、张文倩译：《总统记：从威尔逊到奥巴马》，中国政法大学出版社 2014 年版，第 46 页。

〔4〕 [美] 伍德罗·威尔逊著，宦胜奎译：《美国宪制政府》，北京大学出版社 2016 年版，第 241、277 页。

〔5〕 [美] 伍德罗·威尔逊著，宦胜奎译：《美国宪制政府》，北京大学出版社 2016 年版，第 106、108、245、256 页。原著出版于 1908 年，威尔逊当时还不是总统，而国情咨文改革在该书中早有规划。当然，威尔逊也没有完全按照著作来治国。例如，他在书中认为，联邦不宜干预工作条件和童工问题，而这后来都成了他任内推动立法的主题。

个人陷入了令人无比困惑的、纷繁复杂的情形的连结之中，如果不管他，就会让他在面对不得不克服的障碍时陷于无助；所以，我们当下的法律必须出手支援个人。必须通过支援确保他获得公平竞争；这就够了，但这意义重大。政府如果不留心，不去坚决干预，个人与托拉斯之类强力机构之间就不会有公平竞争。如今的自由不仅意味着放任不管。在这个时代，政府的自由事业必须是积极的，而不仅是消极的。[1]

威尔逊的宪法图景是劳动者的福音。劳动法的结构与宪法是一致的，都以自由观（自由劳动）为起点，再根据维护自由的需要来确定国家角色。因此，宪法的变革必然带来劳动法的变革。在国家的支持下，劳动者将获得对抗资本的自由——这成为了劳动法的新愿景。靠谁来实现这个愿景呢？威尔逊深知，虽然最高法院眼下保守派当道、指望不上，但是从长远来看，“法院是我们整个宪政体制的平衡摆轮”[2]。过度保守导致宪政失衡，最终要靠法院向进步主义摆动，才能恢复平衡。为了加速法院的摆动，威尔逊力排众议，提名同情劳工的进步律师布兰代斯担任

〔1〕 Woodrow Wilson, The New Freedom: A Call For the Emancipation of the Generous Energies of a People, Project Gutenberg EBook, available at http: //www. gutenberg. org/files/14811/14811-h/14811-h. htm (last visited Aug. 10, 2017) .

〔2〕 [美] 伍德罗·威尔逊著，官胜奎译：《美国宪制政府》，北京大学出版社 2016 年版，第 206 页。

最高法院大法官。最高法院的阵型开始扭转。

当然，威尔逊也绝非彻底倒向劳动者一边。他所期待的仅限于让劳资双方“公平竞争”，也即劳动力的平买平卖，而并不挑战劳动力由市场配置这一底线。正像他所说的：“保守的改变不是对成见的保守，而是对原则的保守，是对既定目标与理念的保守，……保守的进步是一种进步，不是革命，而是改进。”〔1〕资本主义的“原则”要保守——这是改革派与保守派的共识；自由放任的“成见”要改变——这是改革派与保守派的分歧。达尔文主义花开两朵，一朵叫做社会达尔文主义，虽然推崇演变，却赞同“物竞天择”，不准人为干预；另一朵叫做进步主义，不但推崇演变，而且通过国家力量选择演进方向。〔2〕天行健，君子以自强不息，是故，“活的政治宪法在结构与实践上必须是达尔文式的”〔3〕。

总之，改革派的一切理论与实践，都可以归结为扭转政经集权，增加民主，建立新的劳动自由观——民主的自由。这与保守派的观点——契约的自由——形成了尖锐的对峙。到了洛克纳

〔1〕［美］伍德罗·威尔逊著，宦胜奎译：《美国宪制政府》，北京大学出版社2016年版，第277页。

〔2〕关于达尔文主义在社会政治领域的两种对立的引申，见 Herbert Hovenkamp, The Opening of American Law: Neoclassical Legal Thought, 1870-1970, Oxford: Oxford University Press, 2015, at pp. 17-22。作者将进步主义的思想基础称作“改革达尔文主义”（Reform Darwinism）。

〔3〕［美］伍德罗·威尔逊著，宦胜奎译：《美国宪制政府》，北京大学出版社2016年版，第83页。

案，对峙终于引发交锋。

第二节 列阵：形式主义与现实主义

大战将启，先要排兵布阵。整个 19 世纪，双方的阵形都在逐步明朗之中。列维法官尚纠结于法内和法外视角之间，而从肖大法官开始，法律工作者似乎放下了纠结，昂首挺胸地选边站：布鲁尔和厄尔法官选择“因名废实”，斯蒂姆森教授、威尔逊总统则决意面对现实，推动变法。到了 20 世纪初，阵营的分野一览无余：布鲁尔和厄尔的观点发展成为法律形式主义思潮，而顺着肖、斯蒂姆森、威尔逊的线索则生长出了法律现实主义思潮。法律工作者从四面八方聚集过来，由精神领袖指挥、整队、布阵。双方的精神领袖分别是：哈佛法学院的院长朗代尔、最高法院的大法官霍姆斯。

一

克里斯托弗·朗代尔（Christopher Langdell）是形式主义法学的主要创立者。[1] 他幼年磨难，不到 10 岁就经历了一连串不

---

〔1〕 除非特别说明，朗代尔的事迹取自 Bruce A. Kimball, *Langdell*, *Christopher Columbus* (1826-1906), in Roger K. Newman (ed.), The Yale Biographical Dictionary of American Law, New Haven: Yale University Press, 2009, at pp. 323-324。

幸：家庭农场破产，母亲和两位兄弟去世，自己与两位姐妹被分别寄养到不同家庭。朗代尔少有大志，一心想做律师。靠着教书、打工和姐妹接济，他读了高中，又考入哈佛，却因囊中羞涩而被迫辍学。两年后，朗代尔进入哈佛法学院，终于顺利拿到学位，如愿到华尔街执业。

一干就是15年。1870年，朗代尔44岁获任哈佛法学院院长，开始构筑形式主义法学的所谓"朗代尔正统"。就在同一年，霍姆斯发表了首篇重要作品，他在开篇就写道："普通法的卓越之处在于，它解决案件在先，而确定原则在后。"解决现实纠纷比运用抽象原则更重要，这是现实主义法学的核心观点之一。奇妙的巧合发生了：两位精神领袖同时登上法律思想史的舞台。后世评论说："美国现代法律思想的历程起始于1870年。"〔1〕

朗代尔可谓临危受命。当时，德意志人威廉·冯·洪堡（Wilhelm von Humboldt）的现代大学理念已经传入美国，引发了美国大学的巨变：从独重教学转向强调研究，而研究的对象则是各门科学。〔2〕任何院系如果不搞科研，都将面临边缘化、甚至淘汰出局的命运。法学教育脱胎于律师学校，重教学而轻研究，

〔1〕［美］托马斯·格雷撰，屠凯译：《兰代尔的正统》，载［美］托马斯·格雷著，黄宗智、田雷选编：《美国法的形式主义与实用主义》，法律出版社2014年版，第34页。该文的另一个中译本，见［美］托马斯·C.格雷撰，樊安译：《兰代尔的正统观念》，载邓正来主编：《西方法律哲学家研究年刊（第三卷）》，北京大学出版社2009年版。

〔2〕关于洪堡的大学理念，参见刘宝存：《洪堡大学理念述评》，载《清华大学教育研究》2002年第1期。

重技艺而轻科学，地位岌岌可危。怎样将法学院留在大学里？为了回答这个问题，朗代尔倾注了全部心力。他既要改革法学教育，又要改革法学本身。

法学教育改革的核心是教研结合。朗代尔不顾反对，效仿研究型院系的做法，将法学改造成研究生教育：他提高招生标准，规定新生必须拥有学士学位或通过入学考试；完善课程体系，区分基础先修课和高阶课程；改变教学方法，以案例研习取代规则介绍，出版第一本案例书（casebook），增加智识挑战性；严格毕业要求，学生必须通过书面毕业考试方可授予学位；调整教师队伍，聘请全职教授，减少兼职教员数量；丰富图书馆藏，以学术著作代替教科书作为主要收集对象。朗代尔的改革被各法学院普遍采纳。如今，美国的法律教育名为职业教育，实则与学术教育并无根本差异。

单纯改革教育是不够的。为了像教授科学那样教授法学，必须改造法学本身，让法学成为科学——法律科学。朗代尔心中的科学，特指欧几里得几何学式的科学。欧氏几何从若干公理出发，推导出定理，再将定理运用于图形，从而确定图形之间的关系。类似地，朗代尔的法律科学从若干相互融贯的法律原则出发，推导出具体规则，再将规则运用于个案，从而做出判决。[1]如果所有判决都遵循这种思路，那么，繁杂的法律就将被塑造成一座结构严整的金字塔。塔顶是原则，中间是规则，底层则由判决铺就，而原则、规则与判决之间的黏合剂就是演绎推理。以原则为大前提，以某类案件的一般案情为小前提，就得出结论——规则；以规则为大前提，以个别案件的具体案情为小前提，就得出结论——判决。法律工作者只要掌握原则，学会演绎，就能够无往不利，为所有法律纠纷提供唯一正确的解决方案。每一个判决既然都是正确的，先例就应当获得遵从，这便是“遵循先例”的理由。正因为将法律的运作完全归结为形式化的推理，朗代尔的法律科学又被称为正统的形式主义法学。

朗代尔式的法律科学之所以冠上“科学”之名，是因为它抛弃了统治法律的旧神学——自然法，使得法律研究进入了现代。[2]它将上帝的旨意驱逐出法律的城邦，让理性统治每一宗案件、每一条规则。科学家代替了大祭司，成为法律工作者的理想形象。理性仿佛蕴含着无穷的力量，只要接受训练、开动脑筋、运用逻辑、摒除私见，任何人都能像欧几里得发现图形关系

---

〔1〕关于朗代尔的法律科学与欧氏几何的关系，见［美］托马斯·格雷撰，屠凯译：《兰代尔的正统》，载［美］托马斯·格雷著，黄宗智、田雷选编：《美国法的形式主义与实用主义》，法律出版社2014年版，第50—55页。

〔2〕［美］斯蒂芬·M. 菲尔德曼著，李国庆译：《从前现代主义到后现代主义的美国法律思想：一次思想航行》，中国政法大学出版社2006年版，第169—170页。

那样洞悉法律关系。如果朗代尔有心模仿霍姆斯的名言，他大概会说："法律的生命不在于神意，而在于逻辑。"

法律和法学的科学化让法学院初步摆脱了生存危机。不仅大学愿意接纳这样一门新科学，而且教员和学生也表示支持。法学教育似乎可以压缩成两门课：一门课讲解如何从案例中归纳原则和规则；另一门课演习如何用原则和规则判决案件。内容精简，教学两便，何乐不为呢？至于广大法律服务的用户就更没有理由反对了。既然案件结果取决于原则和逻辑，就排除了人为操纵的空间。裁判者的权力被扣在了逻辑之网下，乱动不得，无权者看着心安。朗代尔许愿说，只要遵从法律科学，就"能够确定无疑地、以稳定的技艺将［法律原则和司法观点］应用到永远乱成一团的人类事务之中"[1]。在剧烈变革的时代，还有什么比确定性更值得珍视呢？大学、教员、学生、群众都满意，改革可谓大获成功。结果，理性取代了上帝，成为法律的新信仰。美国法进入了"信仰的时代"[2]，形式主义支配了法学研究。

二

信仰之下，必有异端。在法律形式主义者看来，法律现实主

〔1〕 C. C. Langdell, A Selection of Cases on the Law Contracts, Boston: Little, Brown & Company, 1871, at vi.

〔2〕"信仰的时代"语出［美］格兰特·吉尔莫著，董春华译：《美国法的时代》，法律出版社 2009 年版。

义就是异端。而在法律现实主义者眼中，奥利弗·霍姆斯（Oliver Holmes）是位先知。古来圣贤皆寂寞，“和大多数先知一样，他与同事保持距离，关系疏远”[1]。霍姆斯以性格冷峻而闻名，这大概要归结于成长期的经历。[2] 他的父亲颇有诗人气质，多愁善感，而年少的霍姆斯与父亲不和，父亲朝东他偏要朝西，于是披上了冷峻的盔甲，终身不曾卸下。他并非没有温度，甚至继承了父亲的诗才——听听他对国旗的赞美吧：“国旗的红成了我们的生命之血，它的星成了我们的世界，而它的蓝成了我们的天堂。”[3] 但是他通常把温度藏在冷峻背后，因为，他看清了生活冷酷的真相。

1861 年，霍姆斯从哈佛毕业，随即加入民兵，担任陆军中校，投身南北内战。他作战英勇，三次负伤，三年后因病回乡。血与火的考验让霍姆斯丢掉了幻想。他说，“我相信为了生存的斗争是世界的秩序，对此抱怨是毫无意义的”。[4] 形式主义者否定斗争，“预先假定了在一个事实上不存在的共同体的不同组成

---

〔1〕 Owen M. Fiss, History of the Supreme Court of the United States, Vol. Ⅷ: Troubled Beginnings of the Modern State, 1888-1910, Cambridge: Cambridge University Press, 2006, at p. 179.

〔2〕 除非特别说明，霍姆斯的事迹取自 Shelton M. Novick, *Holmes, Oliver Wendell, Jr.* (1841-1935), in Roger K. Newman (ed.), The Yale Biographical Dictionary of American Law, New Haven: Yale University Press, 2009, at pp. 271-272。

〔3〕 [美] 霍姆斯：《约翰·马歇尔》，载 [美] 小奥利弗·温德尔·霍姆斯著，刘思达译：《霍姆斯读本：论文与公共演讲选集》，上海三联书店 2009 年版，第 181 页。

〔4〕 [美] 霍姆斯：《士兵的信仰》，载 [美] 小奥利弗·温德尔·霍姆斯著，刘思达译：《霍姆斯读本：论文与公共演讲选集》，上海三联书店 2009 年版，第 46 页。

部分之间存在一种利益的一致性”;〔1〕而法律却直面生活，“揭示了人类由野蛮独立走向有机社会生活的奋斗道路上每个痛苦的脚印与每次震撼世界的斗争”。〔2〕法律工作者丢掉幻想之后，就要准备斗争，因为，“一个所有能力都很完善的人应该在战斗中找到自己的位置”〔3〕。

斗争是时代的主题。霍姆斯犀利地指出，劳资之间展开了“生存斗争”〔4〕，又牵出联邦与各州之争、立法与司法之争、保守与进步之争，等等。法律该如何面对社会斗争？这是霍姆斯毕生的追问，也是法律现实主义与形式主义的根本分歧所在。退役以后，霍姆斯回到母校研读法律，并留在波士顿执业，成为著名律师。1881 年，他出版了“最伟大的英语法理作品之一”——《普通法》，次年即出任马萨诸塞州最高法院法官，并于 1899 年升任首席法官。1902 年，经老罗斯福总统提名，霍姆斯就任联邦最高法院大法官，直到 30 年后才退休。他的判决、著作、演说、书信，连成一片牢固的阵地。现实主义思想的战士从这里出发，与形式主义展开搏斗。

---

〔1〕［美］霍姆斯：《“雇主与工人”：汽炉工人的罢工》，载［美］霍姆斯著，明辉译：《法律的生命在于经验——霍姆斯法学文集》，清华大学出版社 2007 年版，第 265 页。

〔2〕［美］霍姆斯：《法律，我们的情人》，载［美］小奥利弗·温德尔·霍姆斯著，刘思达译：《霍姆斯读本：论文与公共演讲选集》，上海三联书店 2009 年版，第 9 页。

〔3〕［美］霍姆斯：《科学中的法律与法律中的科学》，载［美］小奥利弗·温德尔·霍姆斯著，刘思达译：《霍姆斯读本：论文与公共演讲选集》，上海三联书店 2009 年版，第 158 页。

〔4〕Vegelahn vs. Guntner, 167 Mass. 92 (1896) (Holmes, J.).

霍姆斯的战斗格言为人所共知："法律的生命不是逻辑，而是经验。"[1] 逻辑为什么没有生命？因为它脱离了生活。在朗代尔式的法律金字塔里，根本找不到生活的位置：法律规则和个案判决都是演绎而来，而法律原则是从无数判决中归纳出来的，"法律科学的全部材料都出自于印刷书籍"[2]。如果生活变了，按照演绎法，判决应当无视这种变化；正因为判决无视生活，从判决中归纳出的原则也与生活绝缘。如此周而复始，法律闭门造车，和生活的距离越来越远、冲突越来越大。这样的法律，即便捆住了权力的手脚，也不过是把权力交给了冬烘的头脑；即便拥有确定性，也不过是确定无疑地让民众失望。冬烘的头脑会被赶下台，失望的人们会离开法律。法律一旦沦为职业共同体的自说自话，哪还有生机可言？

只有经验才能救法律的命，因为，是经验把生活与法律连结起来。"确定通常是一种幻想，而安宁也不是人的命运"，[3] 唯有斗争才是生活的本相。生活是利益斗争，经验是对斗争的认识，法律则是对斗争的回应，劳动法也不例外。比如，雇主是否应该承担工伤赔偿责任？19 世纪末的法官会说，除非雇主有过

---

〔1〕［美］小奥利弗·温德尔·霍姆斯著，冉昊、姚中秋译：《普通法》，中国政法大学出版社 2006 年版，第 1 页。

〔2〕［美］托马斯·格雷撰，屠凯译：《兰代尔的正统》，载［美］托马斯·格雷著，黄宗智、田雷选编：《美国法的形式主义与实用主义》，法律出版社 2014 年版，第 54 页。

〔3〕［美］霍姆斯：《法律的道路》，载［美］小奥利弗·温德尔·霍姆斯著，刘思达译：《霍姆斯读本：论文与公共演讲选集》，上海三联书店 2009 年版，第 24 页。

失，否则就不承担责任；而陪审团却往往认为，雇主应当承担责任。法官与陪审团的分歧，折射出劳资之间的利益之争，而正是这场斗争决定了工伤赔偿法的发展。[1] 无论当局中人是否意识到，法律一直属于对策学，它与生活的对话从未中断。霍姆斯说：

> 那些法官很少提及，而总是为其辩护的那些考虑，恰恰就是法律抽取生命之液的秘密根茎。我指的当然就是对于相关共同体来说什么才是最便利的这样的考虑。每一个通过诉讼发展出来的重要原则，……是直觉偏好和无法言说的信念的无意识结果，而归根到底，这些偏好和信念依然可以追溯到公共政策。由于法律是由一些能干而有经验的人掌管，这些人清楚地知道，不应为了三段论而牺牲解决问题的智慧。[2]

运用经验就能够听懂法律与生活的对话。经验从实践中来，又回到实践中去，所以，“实践性的判断是一种关于事物对于达到某个期望目的的相对重要性的感觉，这才是能够支配世界的东西”[3]。怎样形成经验？社会科学是认识生活的工具。霍姆斯鼓

---

〔1〕［美］霍姆斯：《法律的道路》，载［美］小奥利弗·温德尔·霍姆斯著，刘思达译：《霍姆斯读本：论文与公共演讲选集》，上海三联书店 2009 年版，第 25 页。

〔2〕［美］小奥利弗·温德尔·霍姆斯著，冉昊、姚中秋译：《普通法》，中国政法大学出版社 2006 年版，第 32 页。

〔3〕［美］霍姆斯：《男孩想要的东西》，载［美］小奥利弗·温德尔·霍姆斯著，刘思达译：《霍姆斯读本：论文与公共演讲选集》，上海三联书店 2009 年版，第 3 页。

励法律学人摆脱就法论法的窠臼，向新工具敞开胸襟：“如果你的专业是法律，那么通向人类学（也就是研究人类的科学）、政治经济学、立法理论、伦理学的道路都是清晰的。”〔1〕他预言，“对法律的理性研究而言，现在所需要的或许是精通文字的人，而未来所需要的则是精通统计和经济学的人”。〔2〕时至今日，霍姆斯的预言已经开始成真。

如果经验的形成是一场球赛，社会科学就是外援，它如何融入本土的队伍之中？霍姆斯并没有把本土球员统统赶走，而是提出了三种方法的综合——逻辑的、历史的和现实的：

> 首先，是借助法理学根据现存的原理体系导出其最高程度的概括；其次，是从历史中发现它如何演变至今；而最后，是尽你所能去考虑，这些规则所试图达到的目的，追求这些目的的理由，为了获得它们放弃了什么，以及是否值得为它们付出这样的代价。〔3〕

概言之，要在理解逻辑的基础上，运用历史打破“逻辑从不

---

〔1〕［美］霍姆斯：《法律职业》，载［美］小奥利弗·温德尔·霍姆斯著，刘思达译：《霍姆斯读本：论文与公共演讲选集》，上海三联书店2009年版，第60页。

〔2〕［美］霍姆斯：《法律的道路》，载［美］小奥利弗·温德尔·霍姆斯著，刘思达译：《霍姆斯读本：论文与公共演讲选集》，上海三联书店2009年版，第29页。

〔3〕［美］霍姆斯：《法律的道路》，载［美］小奥利弗·温德尔·霍姆斯著，刘思达译：《霍姆斯读本：论文与公共演讲选集》，上海三联书店2009年版，第39页。

改变”的迷思，[1] 再利用社会科学确定改变的方向。如此一来，就建立了与朗代尔分庭抗礼的新法律科学：法律不仅是逻辑，而且是经验。

法官运用新的法律科学，洞悉了法律背后的利益斗争，如何以判决做出回应？关键在于权衡不同主体的利益，以实现公共利益。霍姆斯举例说：既然劳资双方的自由竞争符合公共利益，那么，为了确保劳资之间的“战争以公正平等的方式进行”，法律就要允许劳动者采取联合行动，对抗资本的集权。[2] 虽然判决在客观上对劳动者有利，但是，法官在主观上决不能徇公枉私，为了劳方的私益服务，正如不能充当资方的打手一样。“如果一个法官将他对于诉讼某一方的有意识或无意识的同情灌输到法律里，而忘记了对他而言是第一准则的东西他的同胞里有一半人都认为是错误，这将是非常不幸的。”[3] 在霍姆斯看来，洛克纳案中的法院意见就是不幸的写照。

英雄造时势，时势造英雄。霍姆斯之所以能够开风气之先，引领法律现实主义的新思潮，关键原因在于法律现实主义契合了

---

〔1〕 霍姆斯注重历史，但是并不同意让历史束缚当下，而是希望历史“解放”当下，即师古而不泥古。［美］霍姆斯：《科学中的法律与法律中的科学》，载［美］小奥利弗·温德尔·霍姆斯著，刘思达译：《霍姆斯读本：论文与公共演讲选集》，上海三联书店 2009 年版，第 145、159 页。

〔2〕 Vegelahn vs. Guntner, 167 Mass. 92 (1896) (Holmes, J.).

〔3〕 ［美］霍姆斯：《法律与法院》，载［美］小奥利弗·温德尔·霍姆斯著，刘思达译：《霍姆斯读本：论文与公共演讲选集》，上海三联书店 2009 年版，第 186 页。

进步运动的诉求。他看得很明白："一个伟大的人代表了社会的一个重要神经中枢，或者换一个比喻，代表了历史战役中的一个战略转折点，而他之所以伟大，部分原因恰恰在于他处在那里。"[1] 霍姆斯处在人心思变的时代。进步主义者捕捉到了劳资战争的时代主题，这与霍姆斯的斗争生活观相吻合；他们要求通过变法来回应这场战争，这与霍姆斯的经验法律观相一致；为了缓和战争，他们要求国家确保劳资公平竞争，这与霍姆斯笔下作为利益权衡者的法官形象相重叠。霍姆斯本人未必服膺进步主义，却无疑是进步主义者的同路人。在 20 世纪头 20 年里，他们同声相求，并肩战斗。

第三节　交锋：洛克纳案与法院内战

洛克纳案是形式主义与现实主义两大思潮的激烈碰撞。争议的焦点是一项工时立法的合宪性。1895 年，在工会的推动下，纽约州出台法律，规定面包师的日工时不得超过 10 小时、周工时不得超过 60 小时。这引起了面包店主协会的不满。鉴于州政府倾向进步立场，协会寄望于在联邦政府寻找盟友，借助联邦干预改变州内政治态势。洛克纳案就是协会刻意制造的时机。约瑟

〔1〕［美］霍姆斯：《约翰·马歇尔》，载［美］小奥利弗·温德尔·霍姆斯著，刘思达译：《霍姆斯读本：论文与公共演讲选集》，上海三联书店 2009 年版，第 178 页。

夫·洛克纳（Joseph Lochner）是位面包店主，他与工会不和，曾经两次违反工时规定。第二次违法时，洛克纳被捕受审。为了把官司打到联邦最高法院去，协会说服洛克纳放弃辩护。州法院遂判决洛克纳罪名成立，处以50天监禁，并科罚金。经过两次上诉，州内各级法院都拒绝支持洛克纳。协会向每位会员收取1美元，凑够了到华盛顿打官司的费用。1905年4月17日，最高法院做出了闻名遐迩的判决——洛克纳诉纽约州案。佩卡姆、哈兰和霍姆斯分别发表意见，展开了法院内斗。〔1〕

一

洛克纳案的判词共有三份，包括佩卡姆大法官发表的法院意见，哈兰大法官领衔三位法官发表的异议，以及霍姆斯大法官单独发表的异议。佩卡姆的判词早已被钉在宪法史的耻辱柱上，沦为所谓“负面正典（anticannon）”〔2〕。可是，他当真错了吗？时隔百年，心平气和地重读判词，不难发现佩卡姆远非面目狰狞、蛮不讲理之辈。他的开篇很稳健：工时立法限制了劳资双方协商确定工时的自由，而契约自由获得宪法正当程序的保护，州政府

---

〔1〕 洛克纳案的经过取自大卫·E. 伯恩斯坦撰：《洛克纳诉纽约州案的故事：规制国家成长道路上的障碍》，载［美］迈克尔·C. 道夫主编，李志强、牟效波译：《宪法故事（原书第二版）》，中国人民大学出版社2012年版，第220—229页。

〔2〕 Jamal Greene, *The Anticanon*, 125 Harv. L. Rev. 379 (2011). 作者列举的四大负面正典案件是：间接导致内战的斯科特案（Dred Scott vs. Sandford）、支持种族隔离的普莱西案（Plessy vs. Ferguson）、大规模监禁日裔的是松案（Korematsu vs. United States）及洛克纳案。

的干预不得越权。〔1〕这些论述无非表明了自由主义的基本立场。佩卡姆进而认为，检验州政府的干预是否越权，不但要看干预的目的是否正当，更要看干预的手段与目的之间的关联是否紧密。〔2〕如今，目的—手段框架仍然广泛应用于实体性正当程序案件的审理。人们至多就审查的宽严存在不同看法，却很少质疑审查框架本身。〔3〕佩卡姆梳理先例，总结出四个正当的干预目的："公众的安全、健康、道德和整体福利。"〔4〕他的用语很抽象，并不缺少从宽解释的空间。

迄今为止，一切都好（so far, so good）。而当佩卡姆开始考察目的与手段的关联，他的好日子就结束了。立法能否促进某个目的？为了回答这个问题，现实主义者会寻找实证，而形式主义者会查阅判例。有趣的是，佩卡姆的形式主义倾向主要并不表现在拘泥成例，而是表现在拒绝认真对待现实。他一共展开了三组目的—手段审查：

——纽约州的立法能否促进公众的安全、道德或福利？当时盛行的观点是：妇女不够理性，缺乏自由意志，无力通过缔约维

〔1〕 Lochner vs. New York, 198 U. S. 45, 52-53 (1905).

〔2〕 Lochner vs. New York, 198 U. S. 45, 53, 57-58 (1905).

〔3〕 当代大部分实体性正当权利案件的审查标准是所谓"合理依据审查"（rational basis test）：只要法律有正当目标，且立法者可能考虑过增进这个目标，就是合宪的。[美] 阿兰·艾德斯与 [美] 克里斯托弗·N. 梅著，项焱译：《美国宪法：个人权利——案例与解析》，商务印书馆2014年版，第69页。

〔4〕 Lochner vs. New York, 198 U. S. 45, 53 (1905).

护自身利益，如果放任她们受害，也有损公共道德；所以需要国家干预，例如，限制女工的工时。[1] 佩卡姆据此推论：纽约州立法所扶持的人并不缺乏理性，这与先例不符，所以不能促进公共利益。[2] 形式主义观点束缚了他的视野，致使他在先例之外再也看不到劳动法促进公益的其他途径，更遑论考察纽约州立法的实效。

——纽约州的立法能否促进面包业从业者的健康？在这个问题上，佩卡姆起初抱有现实主义的态度。他审阅了当事人提交的统计调查信息，但无法从中得出结论。问题需要更多的调研，而佩卡姆的现实主义却到此为止。他草草下定结论："根据通常理解，面包师从没有被视作不健康的行当。"[3] 这个"理解"远谈不上"通常"：如果面包业是否健康已成常识，争议双方为何会聚讼不决呢？

——纽约州的立法能否促进面包业消费者的健康？纽约州一方认为，限制面包师的工时，有助于减少因过度劳累而放松卫生规范的现象，生产出的面包更干净，有利于消费者的健康。佩卡姆无心考察这种联系是否属实，径自宣称工时与面包卫生的关系"不可能搞清"。既然查不清，就理应存疑，而佩卡姆却咬定：

---

〔1〕 截至19世纪末，已经有16个州出台了女性工时立法。William E. Forbath, *The Shaping of the American Labor Movement*, 102 Harv. L. Rev. 1109, 1142 (1989).

〔2〕 Lochner vs. New York, 198 U.S. 45, 57 (1905).

〔3〕 Lochner vs. New York, 198 U.S. 45, 59 (1905).

即使这种联系存在，也“过分模糊和薄弱”。脱离实际到了主观臆断的程度，难怪会引来法律现实主义者的批判。

图穷匕见。在逐一否定纽约州立法与公共利益的关联之后，佩卡姆宣布：该法侵犯了劳资双方就工时缔约的自由，违反了宪法的正当保护。他的判词将法律形式主义立场显露无余，而判决结果完全站在资本一边，不禁让人怀疑：形式主义只是表面的工具，自由放任、支持资本才是佩卡姆内心的目标。果真如此吗？且看哈兰和霍姆斯如何见解。[1]

二

佩卡姆虽然代法院立言，却只算得上险胜：他的意见仅获得5位大法官支持，刚过半数。据考证，佩卡姆起初居于少数地位，多数派则由约翰·马歇尔·哈兰大法官领衔；只是由于有人临时反水，哈兰才落到了异议的地位。[2] 攻守易势，却歪打正

〔1〕 关于法律代表资本利益的最著名论证来自进步时期的历史学家查尔斯·比尔德。他回顾美国制宪史，认为宪法并不是“我们人民”制定的，而是有产精英追逐狭隘私益的产物。[美] 查尔斯·A. 比尔德著，何希齐译：《美国宪法的经济观》，商务印书馆1984年第二版。

〔2〕 [美] 伯纳德·施瓦茨著，毕洪海、柯翀、石明磊译：《美国最高法院史》，中国政法大学出版社2005年版，第211页。

着，坐实了哈兰“伟大异议者”的称号。[1] 三份判词的角色全然不同：佩卡姆提供靶子，霍姆斯立下名言，而哈兰则寻找正解——他的地位被低估了。事实上，与霍姆斯相比，哈兰的判词甚至更突出地反映了法律现实主义的特征：尊重立法判断，认真对待现实。

尊重立法是现实主义者的公论。他们深知：解决社会问题需要运用社会科学，展开调查研究，这是立法者的专长；而法官的长处在于精研法律，让他们审查社会立法就是以短击长。所以，法官应当对立法保持谦逊，自行抑制审查权。正如哈兰所言：“联邦或州的立法举措除非确定无疑、直截了当且显而易见地超越了立法权限，否则决不可不加理会或判决无效。”[2] 佩卡姆搞不清工时与面包卫生的关系，于是转向猜测；而哈兰则指出，不知道的时候不能猜：“如果立法的合法性存疑，那么疑问的处理必须支持合法判断，而法院必不得插手，让立法机关去承担立法

---

[1] 联邦最高法院有过两位同名的哈兰大法官：约翰·马歇尔·哈兰（John Marshall Harlan, 1833—1911）由海耶斯总统任命，他在最高法院支持种族歧视和反对政府规制的案件中持反对意见，因而被称为“伟大异议者”（Great Dissenter）；他的孙子、约翰·马歇尔·哈兰二世（John Marshall Harlan II, 1899—1971）由艾森豪威尔总统任命，活跃于沃伦法院时期，和爷爷一样以发表重要异见而闻名，故被称为“沃伦法院的伟大异议者”。Tinsley E. Yarbrough, *Harlan, John Marshall* (1833-1911), in Roger K. Newman (ed.), The Yale Biographical Dictionary of American Law, New Haven: Yale University Press, 2009, at pp. 251-253；[美] T. E. 亚伯勒著，徐爱国、林一飞等译：《约翰·马歇尔·哈伦：沃伦法院伟大的异议者》，法律出版社2004年版。

[2] Lochner vs. New York, 198 U. S. 45, 68 (1905).

不明智的责任。”[1]

与佩卡姆相比，哈兰对待现实证据的态度要重视得多。为了支持纽约州的立法，他大段引用了体系书中的调查结论、纽约劳动统计局（New York Bureau of Statistics of Labor）的年度报告，以及各国法律对工时的规定。不惟如此，他的态度也更富有科学精神。哈兰指出，“政治经济学上的问题极少，甚至从来不能立足于彻底的确定性”，所以法官务必放下对于确定性的执念。[2]确定性是法律形式主义标榜最多的价值，而在改革的时代，唯一确定的或许就是不确定性本身。

三

霍姆斯无疑站在哈兰一边。他像哈兰那样呼吁法官尊重立法，甚至走得更远，主张只要“理性且公正的人”认为立法不违宪即可；他也像哈兰那样反对形式主义，而且毫不隐晦：“一般命题并不解决具体案件。裁判取决于判断或直觉，这比任何人为设定的大前提都要微妙得多。”[3] 既然有战友出头，霍姆斯何必单独发声？答案或许存在于他的名篇——《法律的道路》

〔1〕 Lochner vs. New York, 198 U. S. 45, 68 (1905).
〔2〕 Lochner vs. New York, 198 U. S. 45, 70-72 (1905).
〔3〕 Lochner vs. New York, 198 U. S. 45, 76 (1905).

(The Path of the Law)。[1]

《法律的道路》写于1897年，作者当时还在麻省最高法院法官任上。它是先知霍姆斯的预言书，不仅预见了现实主义法学的兴盛，而且为洛克纳案中的异议做足了铺垫。霍姆斯这样展望未来的判决过程：

我认为，对于权衡社会利益的各种考量的职责，法官自身的认识还不够。这份义务无可回避，而司法经常宣称厌烦应对这些考量，这只会导致裁判的真正理由和依据未被宣之于口，往往也不被察觉，就像我之前所说的那样。……我不能不认为，针对社会利益所制定的规则必须获得证立，而如果通过训练，让法律工作者习惯更加肯定、更加直白地考量社会利益，他们有时就会对

〔1〕 O. W. Holmes, *The Path of the Law*, 10 Harv. L. Rev. 457 (1897). 该文的中译本颇多，依发表顺序开列如下：①［美］奥利弗·温德尔·霍姆斯撰，张千帆、杨春福、黄斌译：《法律的道路》，载《南京大学法律评论》2000年第2期；②［美］霍姆斯撰，陈新宇译：《法律的道路》，载《研究生法学》2001年第4期；③［美］小奥利弗·温德尔·霍姆斯撰，陈绪纲译：《法律的道路》，载［美］斯蒂文·J. 伯顿主编，张芝梅、陈绪纲译：《法律的道路及其影响：小奥利弗·温德尔·霍姆斯的遗产》，北京大学出版社2005年版；④［美］霍姆斯：《法律的道路》，载［美］霍姆斯著，明辉译：《法律的生命在于经验——霍姆斯法学文集》，清华大学出版社2007年版；⑤［美］奥利弗·温德尔·霍姆斯撰，汪庆华译：《法律的道路》，载冯玉军选编：《美国法学最高引证率经典论文选》，法律出版社2008年版；⑥［美］霍姆斯撰，韩永初、姚远译：《法律之道》，载姚远主编：《学术中国》（网刊）第2辑，2009年；⑦［美］霍姆斯：《法律的道路》，载［美］小奥利弗·温德尔·霍姆斯著，刘思达译：《霍姆斯读本：论文与公共演讲选集》，上海三联书店2009年版；⑧［美］奥利弗·温德尔·霍姆斯撰，许章润译：《法律之道》，载许章润组织编译：《哈佛法律评论法理学精粹》，法律出版社2011年版；⑨［美］奥利弗·温德尔·霍姆斯著，李俊晔译：《法律的道路》，中国法制出版社2018年版。

自己眼下确信的立场感到踌躇，并且认识到他们其实在有争议且往往亟待解决的问题上有所偏袒。[1]

简言之，对于不同的社会利益，判决中应当公开权衡，而不应该隐晦偏袒。在霍姆斯看来，佩卡姆恰恰充当了反面教材：他没有权衡劳资双方的利益，而是不露声色地偏袒资方。或许正是为了重申《法律的道路》所展望的判决过程，霍姆斯决定单独对佩卡姆发起指控。

佩卡姆到底有没有偏袒资方？霍姆斯断定，佩卡姆罪无可逃，因为，“本案判决所依据的是国内许多人不敢苟同的一种经济学说”[2]，即自由放任学说。这个判断早在《法律的道路》中就已经形成了：

在人们谈论社会主义之初，共同体中的小康人群非常恐惧。我怀疑，这种恐惧已经影响到我国和英国的司法判决，但是这个因素在我提及的判决中并未被察觉到。我认为，类似的因素让那些不再寄望于控制立法的人们转而指望法院解释宪法，而一些法院已经在宪法的文本之外开发出新的原则，这些原则总体而言接受了过去50年间盛行的经济学说，并且批量禁止了法庭认为不

〔1〕 本段由笔者自行译出。
〔2〕 Lochner vs. New York, 198 U.S. 45, 75 (1905).

正确的做法。[1]

斯宾塞的《社会静力学》初版于1850年，所谓“过去50年盛行的经济学说”，就是指斯宾塞的学说。霍姆斯认为，佩卡姆的判决无非是社会主义恐惧症在司法部门的继续，而这种恐惧不应该带到判决中来，因为，“第十四修正案并不实施赫伯特·斯宾塞先生的《社会静力学》”[2]。

面对霍姆斯的诛心，佩卡姆如何自辩？最佳策略是：承认自己是形式主义者，但是否认自己支持自由放任。佩卡姆可以辩称，形式主义的信仰要求他遵从先例，而判决支持资方不过是遵从先例的客观效果，并非主观意愿所致。这个策略很可能成功，因为，霍姆斯的指控虽然不难找到蛛丝马迹，却缺少定案证据。举例来说，如果佩卡姆为了支持放任政策，宁可违反先例，那就明白无误地证明：自由放任才是他的真实目的。既然抓不到铁证，那么，与其说形式主义者与资本家存在串谋，不如说他们的观点恰好符合资本的需要，被当了枪使。

进攻是最好的防守。佩卡姆与其自辩，不如反讥霍姆斯食言

---

〔1〕 本段由笔者自行译出。

〔2〕 Lochner vs. New York, 198 U.S. 45, 75 (1905). 霍姆斯对斯宾塞的批评可以追溯到从事法律职业之初。例如，霍姆斯：《“雇主与工人”：汽炉工人的罢工》，载［美］霍姆斯著，明辉译：《法律的生命在于经验——霍姆斯法学文集》，清华大学出版社2007年版，第265页。

而肥，并未如《法律的道路》所言，公开权衡劳资利益，而是几乎不加论证地站到劳方一边。霍姆斯支持纽约州的立法，把它当做“全面规制工时的第一步”，却只提出了一个理由：只要是“我肯定不能宣称不理性的人”，就会这么看。[1] 霍姆斯也许认为，详细的论证已经由哈兰做出，无需赘言。但是他的惜墨如金却授人以柄。因为论证单薄，他与佩卡姆的争论不像法律之争，却似政治之战；缺少持平之论，充斥立场之别。这无疑让争论的价值打了折扣。

争论中人早已作古，纠结胜负没有意义。在 20 世纪之初，霍姆斯、哈兰与佩卡姆三位大法官联袂上演了形式主义与现实主义的经典对决，把劳动法推向了法学思想交锋的中心。精彩的战斗吸引了最杰出的法律头脑，正是他们抬高了劳动法学的起点，确立了一个学科的品位。

结　语

时间进入 20 世纪，美国劳动法研究形成了对峙局面。学术共同体的发育明显加速，学界、业界和政界翘楚纷纷贡献劳动法思想。而起步阶段的混沌已然澄清，共同体内的两派观点势同水

〔1〕 Lochner vs. New York, 198 U. S. 45, 76 (1905).

火，剑拔弩张，在洛克纳案碰撞出耀眼的思想火花。仍以盖房比喻劳动法学的建立，朗代尔与霍姆斯两位设计大师投标竞争，老罗斯福与威尔逊两位工程专家指挥奠基，而洛克纳案则堪称开工盛典。他们的智识作业承上启下，既延续了之前三个世纪所埋下的伏笔，又开启了劳动法研究的新时代。

就学术组织体系而言，业界、政界与学界互动的传统得到延续和光大。朗代尔与霍姆斯都是律师出身，后来分别做了教授和法官。他们在各种法律工作之间切换自如，而工作性质并不影响他们思考劳动法，只是提供了更多的角度和资源。老罗斯福和威尔逊身为政界领袖，集合进步力量，尤其注意扶持法律界的同道。霍姆斯获得老罗斯福提名而出任大法官，就是这种扶持关系的集中写照。而在学界内部，由于领军人物的关注，劳动法从法学研究的边缘走向中心，显露出成长为法学独立分支的潜质，促使更多学人投入这一新兴领域。同时，法学开始在各门社会科学之间发挥枢纽作用。泰勒的管理学思想、萨姆纳的社会学思想，以及威尔逊的政治学思想，都在劳动法的研究平台上切磋、论争、聚合。

就学术思想体系而言，劳动法研究的根本追问——劳动法是什么？——获得了新的解答。与过去300年的结论一样，劳动法仍然是建构和维护劳动身份的法律。而这种身份的内容、表达与维护，无不带上了新时代的色彩：

其一，劳动身份的内容。以德布斯为代表的激进派试图根本改变工资工人的身份，夺回工人的生产自主权，旋即遭到扑灭。保守派与进步派无论有多大分歧，都从未触及“资本雇佣劳动、劳动从属资本”这一共识。双方的不同看法仅限于从属性的轻重：进步派希望将工人地位提升到与资本“公平竞争”的程度，而保守派则认为，竞争本身就是最大的公平。

其二，劳动身份的表达。19 世纪末，自由话语已经统治了劳动身份的想象，而 20 世纪初的自由则发生了分裂。保守派从自由放任的经济政策出发，主张契约的自由，反对工会和国家干预个别劳动关系；进步派则着眼于改革，主张民主的自由，希望通过国家干预缓和资本的过度集权，通过工会结社缓和劳动的过度分权，从而建立起资本与劳动的大致均衡。

其三，劳动身份的维护。面对工人运动突破和重建劳动身份的诉求，压制的声音仍然占据主导，而妥协之声则日益高涨。在洛克纳案中，两种声音都被用来解释宪法正当程序的实体面向，它们分别对应着形式主义和现实主义的不同推理模式。如果将形式主义说成压制工运的托辞，可能有失公允，然而，形式主义与压制工运、现实主义与向工运妥协之间，存在历史的耦合关系，则是不争的事实。形式主义者打赢了洛克纳案的战斗，而战争才刚刚开始；由洛克纳案引发的智识反弹，才昭示了整场战争的前景。两种力量的相持，必将以决胜而告终。

转

引　言

本章是上一章的延续。洛克纳案的交锋打破了形式主义与现实主义之间的胶着状态。之后40年间，战斗非但没有结束，反而高潮迭起：

——法庭之争蔓延到象牙塔内，以庞德为代表的法社会学派清理了形式主义的由来和危害，主张面对现实，权衡劳资利益，实现社会合作。

——在书斋与社会之间，布兰代斯和康芒斯发展了进步主义的民主自由观，将工业民主设定为劳资关系的新愿景，并身体力行地推动愿景的落实。新愿景由布兰代斯的助理们进一步阐发：哈佛法学院的兰迪斯院长主张通过行政国家维护工业民主，而耶鲁的舒尔曼院长则强调，维系民主的关键在于通过内部仲裁解决日常纠纷。在小罗斯福总统的主持下，兰迪斯和舒尔曼都参与新政，工业民主的理念赢得了立法的接纳，获得了政府的推行，又因为最高法院的及时转向而取得了宪法的承认。

——在学界与政界之间，弗兰克福特发挥了人际枢纽的作用。他做过哈佛教授，也当过最高法院大法官；他曾经是庞德理论的推崇者，是布兰代斯的挚友、小罗斯福的亲信，还是兰迪斯与舒尔曼的恩师。在弗兰克福特的主持下，哈佛大学始终是劳动法的智识中心，而耶鲁法学院则因为舒尔曼的加盟而力量大增，逐步崛起为劳动法研究的重要基地。

随着第二次世界大战的落幕，劳动法学漫长的奠基阶段走到了终点。美国赢了，新政赢了，现实主义赢了，劳动法赢了。朗代尔的正统退场，新的正统走上历史舞台。

第一节　续战：法社会学与工业民主

一

洛克纳案的交锋迅速传导到学界，而时年 35 岁的罗斯科·庞德（Roscoe Pound）教授起到了导线的作用。[1] 庞德是位奇

---

〔1〕 除非特别说明，庞德的事迹取自 Michael H. Hoeflich, *Pound, Roscoe* (*1870-1964*), in Roger K. Newman (ed.), The Yale Biographical Dictionary of American Law, New Haven: Yale University Press, 2009, at pp. 434-435。

才。身为法社会学（sociological jurisprudence，一译“社会学法学”）的主要创立者，庞德的学术训练却几乎全在植物学领域完成，他仅在哈佛法学院有过短暂的求学经历。投身热爱的事业乃人生至幸，而庞德既爱法律、又爱植物，分身两处，极为高产。到28岁的时候，庞德已经出版了一本植物学专著，发表了7篇法学论文和至少25篇植物学论文。植物学给庞德研究法学提供了参照系，帮助他建立了跨学科的视角，而这正是他对劳动法学的重要贡献之一。

法学研究需要平台。毕业以后，朗代尔走向华尔街，霍姆斯则留在波士顿。他们都选择了大都市，而庞德却眷恋内布拉斯加的故乡。他在内布拉斯加大学林肯分校深造，又领导了本州的植物普查，之后回到母校任法学教授并兼做律师，还曾到本州最高法院工作。法官和律师的经历让庞德了解了法律的实际运作，帮助他看清了书本之法与行动之法的分歧。[1] 庞德对于劳动法的全部思考，都可以看作弥合这种分歧的努力。

1906年，庞德走出家乡，以一篇关于行政程序改革的演讲而闻名于世，登上全国舞台。他先后任教于西北大学和芝加哥大学，不惑之年到哈佛落脚，6年后即出任院长。庞德执掌哈佛法学院长达20年，而行政工作丝毫没有拖累他的写作。总其一生，

---

〔1〕［美］罗斯科·庞德撰，御风译：《文本中的法与行动中的法》，载《法律方法与法律思维》第5辑，2008年。

庞德发表的著述超过千种，举凡法理、法史、比较法、部门法，乃至关于犬类的法律,[1] 都留下了他的见解。而劳动法在庞德的研究中地位特殊：劳动法实践为法社会学提供了丰富的素材，法社会学为劳动法研究铺就了理论的基石。劳动法成全了庞德，庞德也成全了劳动法。

法社会学是什么？庞德说：

> 法学的社会学运动支持将实用主义作为法律的哲学；支持根据原则和司法学说所治理的人类状况来调整原则和学说，而不是假定原则在先；支持将人的因素放在中心位置，而将逻辑降格到作为手段的本来地位。[2]

简言之，法社会学将法律看作实现社会目标的手段，这是它与形式主义法学的根本分歧。庞德与霍姆斯交情甚笃，他与霍姆斯一样呼吁法律走出逻辑的城堡，面对现实，发现需求，平衡利益，解决冲突。法社会学是现实主义法学的第一阶段。除了庞德以外，霍姆斯与著名的汉德法官都被公认为法社会学思想家。

劳动法是法社会学的灵感之源。1905 年，形式主义在洛克

---

〔1〕 Roscoe Pound, *Dogs and the Law*, 8 Green Bag 172 (1896).

〔2〕 Roscoe Pound, *Mechanical Jurisprudence*, 8 Colum. L. Rev. 605, 609-610 (1908). 该文中译见［美］罗斯科·庞德撰，杨晓畅译：《机械法理学》，载姚远主编：《学术中国》（网刊）第 2 辑，2009 年。

纳案中占了上风，而庞德在判决次月就发表论文，以工时立法为例，探讨建立新法理学的可能。[1] 3年以后，最高法院继续高擎契约自由的大旗，支持雇主以员工参与工会为由实施解雇。[2] 判决引起了庞德的激烈反对。就在同一年，庞德连续发表了《机械法理学》和《契约自由》两篇论文，[3] 对案件中的形式主义倾向做深入剖析。

在庞德看来，最高法院的判决标志着概念法学衰变（decay）成了形式主义状态："概念固定下来。前提不再被检验。一切都被简化为从前提简单演绎而来。原则不再重要。法律变成了规则的集合。"[4] 而判决的前提显然与实情不符：法院坚称，雇主与雇员"权利平等"，罔顾"事实上的不平等"。[5] 法律与生活的背离令人震惊，法官对于生活的无视更引人深思。庞德发出一连串紧迫的追问：

> 那么，法院为什么坚持谬论呢？面对实践中的不平等情形，为什么有那么多法院将不切实际的平等理论强加到立法上？我们发现，时至1908年，一座伟大而博学的法院为了处理铁路运输

---

〔1〕 Roscoe Pound, *Do We Need a Philosophy of Law*?, 5 Colum. L. Rev. 339 (1905).

〔2〕 Adair vs. United States, 208 U. S. 161 (1908).

〔3〕 Roscoe Pound, *Mechanical Jurisprudence*, 8 Colum. L. Rev. 605 (1908); Roscoe Pound, *Liberty of Contract*, 18 Yale L. J. 454 (1908).

〔4〕 Roscoe Pound, *Mechanical Jurisprudence*, 8 Colum. L. Rev. 605, 612 (1908).

〔5〕 ［美］罗斯科·庞德著，邓正来译：《法律史解释》，商务印书馆2013年版，第165页。

业雇主与雇员的关系，却走了漫长的回头路——仿佛当事各方是就出售马匹而讨价还价的农民一般，这是为什么？法律关于雇主与雇员关系的观念为何与人的常识迥异？[1]

这些问题的答案当然是复杂的。作为法史学家和比较法学家，庞德为答案引入了历史和比较的视角，这是他超越同代学人的独到贡献。庞德知识渊博，连霍姆斯都感叹："这家伙所知道的许多事情让我显得愚蠢。"[2] 他精通德语，和欧陆法学家过从甚密，欧洲各国学者题献给他的著作摆满了图书馆。历史和比较研究恰可发挥庞德的长处，因而成为他最常用的进路。

从历史的角度看，形式主义的统治地位并非从来就有，而是法律发展到一定阶段的产物。开国之初，从英国继受而来的普通法存在大量不适合新国家之处。法律工作者从现实需要出发，调适成法，创造新法，其中尤以马歇尔大法官开创司法审查制度为最。只是到了所谓"成熟"阶段，法律的目光才变得内向，开始衰变。[3] 用后世学人的话来说，美国法从"发现的时代"进入了"信仰的时代"。[4] 衰变也并非美国法的特例，而是普遍存

---

〔1〕 Roscoe Pound, *Liberty of Contract*, 18 Yale L. J. 454, 454 (1908).

〔2〕 纳尔·汉密尔顿、马赛厄斯·艾尔弗雷德·杰瑞恩撰：《商业版序言》，第10页。载［美］罗斯科·庞德著，唐前宏、高雪原、廖湘文译：《普通法的精神》，法律出版社2010年中文修订版。

〔3〕 Roscoe Pound, *Mechanical Jurisprudence*, 8 Colum. L. Rev. 605, 611-612, 615 (1908).

〔4〕 ［美］格兰特·吉尔莫著，董春华译：《美国法的时代》，法律出版社2009年版。

在于19世纪的三大法学思潮之中：历史法学将民族的习惯视作“万古不易之常经”，认为法律只能遵从习惯，不可根据当下情形而移风易俗；哲理法学尊奉形而上学的自然法，认为法律只能宣示自然法，不可按照人间的需求而更动；分析法学则无条件服从造法者的权威，认为法律只能亦步亦趋，不可特立独行。[1] 到了19世纪末，每一种思潮“都确立了自己的法律之神，作为支撑法律律令的不容置疑的权威和法律发展中的终极动因”。[2] 如何打碎神像、走出衰变，已经成为法学的普遍课题。

从比较的角度看，摆脱形式主义并非法学的特殊需求，而是各门科学的共通经验。正如庞德所言，“阻碍各门科学进步的障碍之一，便是已逝巨匠的幽灵的统治。他们的卓越方法已被忘却，而他们并不卓越的结论却被奉为真理”。[3] 为了论证这一点，庞德触类旁通，发现了植物学与法学的共同特征。在达尔文以前，统治生物起源理论的是林奈的神创论。林奈认为，一切物种都由上帝一次性创造出来，此后的变化则微不足道。而“分析法学的教科书就像法律的标本集一样”，里面充斥着由权威创制、不容置疑、更不容改动的法律。[4] 林奈的学说已经被达尔文的

---

〔1〕［美］罗斯科·庞德著，陈林林译：《法律与道德》，商务印书馆2016年版，第14—22页。

〔2〕［美］罗斯科·庞德著，邓正来译：《法律史解释》，商务印书馆2013年版，第29页。

〔3〕Roscoe Pound, *Mechanical Jurisprudence*, 8 Colum. L. Rev. 605, 606-607 (1908).

〔4〕［美］罗斯科·庞德著，邓正来译：《法律史解释》，商务印书馆2013年版，第173—174页。

演化论所取代，“对有机体本身的研究已经推翻了他的根本命题”，而法律学说的改朝换代却拖后了。庞德焦虑地看到，无论在哲学、自然科学还是政治思想领域，推翻形式主义的斗争都已经取得了决定性胜利，甚至欧陆的法学也迈出了改革的步伐。[1]劳动法由此肩负起重大的使命，要帮助美国法学跟上队伍，在世界法学和科学大家庭里争得一席之地。

那么，劳动法该如何走出险境？庞德大致同意霍姆斯的路线图：从外部看法律，运用社会科学建立经验认识，以经验连结法律与生活，权衡各种利益，实现公共利益。比霍姆斯更进一步的是，庞德指明了利益权衡的方法。在形式主义者眼中，利益的范围由法律划定，而且一经确定即永久不变。例如，无论工时立法对于社会有多大好处，佩卡姆大法官都视若无睹，他死守契约自由的传统疆界，拒不妥协。而在庞德看来，法定的疆界必须根据现实需要而不断调整，法律工作者“最好不要成为法律卫道士”。[2] 划界的方法是权衡，权衡的原则是“在丝毫无损于整个利益方案的条件下使各种冲突和重叠的利益得到调整”，[3] “尽量少地牺牲其他要求来满足尽可能多的愿望”。比如，法律强制

---

〔1〕 Roscoe Pound, *Mechanical Jurisprudence*, 8 Colum. L. Rev. 605, 608-611 (1908).

〔2〕 ［美］罗斯科·庞德撰，御风译：《文本中的法与行动中的法》，载《法律方法与法律思维》第5辑，第210页。

〔3〕 ［美］罗斯科·庞德著，沈宗灵译：《通过法律的社会控制》，商务印书馆2010年版，第66—67页。

雇主以现金方式付酬，虽然牺牲了雇主选择工资支付形式的自由，但是可以“保护矿工的人类尊严并使他们能够过一种文明社会的人类生活”,[1] 因而应获支持。这便是权衡的结果。

利益权衡的观点反映了社会矛盾的现实。形式主义者以为，只要运用教条，就能够一劳永逸地解决矛盾。而在生活中，包括劳资矛盾在内的许多利益博弈具有零和性质，无法终极解决，只能一事一议。如此一来，法律还有什么普遍性、确定性可言呢？庞德认为，在总结经验的基础上，利益权衡必将超越一事一议，建立一般标准。劳动法上的一般标准正在发育之中，例如，工伤损害由企业负担，为此建立工伤补偿制度；老病残孕等生活风险由社会负担，为此建立社会保险制度。[2] 当然，一般标准绝非一成不变，而是要接受实践的检验，否则就会沦为新的教条。

各个领域的一般标准如果都通过了实践的考验，就会拼接成理想社会的图景。诚如杰斐逊所言，“大地属于生者”,[3] 死人不能压倒活人。庞德对当时盛行的社会图景早已不耐烦：

对这样一幅图画——自足的个人处在经济自足的近邻关系中

---

〔1〕［美］罗斯科·庞德著，唐前宏、高雪原、廖湘文译：《普通法的精神》，法律出版社2010年中文修订版，第117页。

〔2〕［美］罗斯科·庞德著，沈宗灵译：《通过法律的社会控制》，商务印书馆2010年版，第69—70页。

〔3〕Bruce Ackerman, We the People, Volume III: The Civil Right Revolution, Cambridge: Harvard University Press, 2014, at p. 1.

并且在以自由竞争式的占有为基础的经济秩序中同他的邻人自由地进行着竞争，我们当然是不满意的。这种理想在上一世纪占有支配地位，它很容易适应一个垦荒式的、乡村的和农业的社会。我们完全不知道这是不是今天社会的真实图画。[1]

新的图画是什么？劳动在其中扮演怎样的角色？庞德没有详细描绘，只确定了图画的主题——社会合作。早在介入劳动法讨论之初，他就意识到：司法机关把个人主义推到了极端程度，夸大私权、敌视立法，牺牲了公共利益。[2] 古稀之年，庞德再次呼吁用社会合作去除个人主义中的极端成分。只有在“自由的个人主动精神、个人的自发的自我主张”之中，加入“合作的、有秩序的、组织起来的活动”，社会才是可控的。庞德强调，合作并非空想，更非教条，而是工业和城市生活的现实[3]——他的法社会学最终落脚于现实主义。

二

如果说，庞德勾勒出了社会合作的图景，那么，路易斯·布

〔1〕［美］罗斯科·庞德著，沈宗灵译：《通过法律的社会控制》，商务印书馆2010年版，第9页。

〔2〕Roscoe Pound, *Liberty of Contract*, 18 Yale L. J. 454, 457 (1908).

〔3〕［美］罗斯科·庞德著，沈宗灵译：《通过法律的社会控制》，商务印书馆2010年版，第77—79页。

兰代斯和约翰·康芒斯就在其中描摹了劳动的角色。进步主义者建立了新的劳动自由观——民主的自由，而布兰代斯和康芒斯把新的名字赋予这种自由——工业民主（industrial democracy）。从此以后，民主成为人们构想职场秩序的灵感之源。

布兰代斯是位完美的学生。他的家族自布拉格西渡美利坚，5 年后，布兰代斯出生。中学时代的一份成绩单显示，15 岁的布兰代斯在所有科目都取得了最高成绩，且操行毫无瑕疵。他从不缺课，也是班上唯一没有挨过教鞭的学生。16 岁时，布兰代斯随家人短暂返回欧陆，独自求学于德国的德累斯顿。当地学校命令他参加入学考试，并提供出生证明和疫苗接种证明。年轻的布兰代斯念书心切，愤然表示："我站在这儿这个事实就表明我出生了，你看看我的胳膊就知道我接种过了！"校方大受触动，破例收下了他。这个决定无比正确：布兰代斯在校共 3 个学期，绝大多数课程都获得了特优等成绩，没有任何一门课的评价低于优等。18 岁时，布兰代斯回到美国，入读哈佛法学院。他用两年时间完成学业，平均成绩高达 97 分，是学院有史以来成绩最佳的学生。此时的布兰代斯刚满 20 岁，甚至没有达到学校要求的最低毕业年龄![1] 锦绣前程已经铺就：完成学业的布兰代斯留在波士顿，加盟校友开办的律师行，之后自立门户，并很快成长

---

〔1〕 布兰代斯的以上事迹取自 Melvin I. Urofsky, Louis D. Brandeis: A Life, New York: Schocken Books, 2009, at pp. 3-31。

为新英格兰地区业务最大、收入最高的律师之一。[1]

然而，布兰代斯并不满足于学业和商业的成功。他在规则下胜出，却更希望改变规则。1912 年，布兰代斯应邀在布朗大学的毕业典礼上致辞。面对即将投身业界的年轻人，他表达了一份特别的期待。他希望毕业生们不要满足于端起饭碗（occupation），而是勇于开辟志业（profession）——不仅学习技能，更要增长智识；不仅谋求利己，更要追求利他；不仅计较收入，更要衡量贡献。[2] 他身体力行，虽然收入丰厚，却生活简朴；虽然工作繁忙，却拿出一大半时间投身公益；虽然业务精湛，却免去穷人的费用，由此获得了“人民律师”的赞誉。[3]

这一切是为了什么？如果有人问布兰代斯，他的回答大概是“自由”。作为好学生，他循规蹈矩，却从未安之若素。在德国读书时，当地学校的纪律僵化，管理中有浓厚的军事色彩，学生见到老师时必须脱帽致敬，这让布兰代斯很不舒服。一天晚上，布兰代斯回到住处，发现没带钥匙，于是在窗外向室友吹口哨。

---

〔1〕 Ernest Poole, *Brandeis: A Remarkable Record of Unselfish Work Done in the Public Interest*, in Louis D. Brandeis, Business-A Profession, Boston: Hale, Cushman & Flint Publishers, 1927, at p. ix.

〔2〕 Brandeis, *Business-A Profession*, in Louis D. Brandeis, Business-A Profession, Boston: Hale, Cushman & Flint Publishers, 1927, at p. 2.

〔3〕 Ernest Poole, *Brandeis: A Remarkable Record of Unselfish Work Done in the Public Interest*, in Louis D. Brandeis, Business-A Profession, Boston: Hale, Cushman & Flint Publishers, 1927, at pp. ix-xiv; Philippa Strum, *Brandeis, Louis D.* (*1856-1941*), in Roger K. Newman (ed.), The Yale Biographical Dictionary of American Law, New Haven: Yale University Press, 2009, at pp. 69-71.

不料，口哨声引来了警察，布兰代斯遭到了训诫。那一刻，他想家了。[1] 在他的心底，美利坚才是自由的乡土。

布兰代斯爱自由，而自由在危急中。1902 年，无烟煤矿工人大罢工爆发，老罗斯福总统组建仲裁委员会。受委员会邀请，布兰代斯参与调查罢工的起因，这是他介入劳动法问题的起始。布兰代斯发现，煤矿用工的时间很不规律，工人虽然全职受雇，年均工作日却只有 181 天，而工资却按照工作量计算，这是导致工人收入偏低的主要原因。[2] 劳动者困窘至此，谈自由何其虚伪！布兰代斯沉痛地指出：

> 在政治上，美国劳动者是自由的——至少法律可以让他自由。然而，他真的自由吗？如果一个人为生计所迫，随时面临着依附他人，或者自己努力和行动之外的因素的危险，那么，他真的自由吗？[3]

答案是否定的。布兰代斯将矛头指向了经济依附，呼吁突破

---

〔1〕 Ernest Poole, *Brandeis: A Remarkable Record of Unselfish Work Done in the Public Interest*, in Louis D. Brandeis, Business-A Profession, Boston: Hale, Cushman & Flint Publishers, 1927, at p. xi.

〔2〕 Melvin I. Urofsky, Louis D. Brandeis: A Life, New York: Schocken Books, 2009, at pp. 230-233.

〔3〕 Brandeis, *Industrial Democracy*, in Alfred Lief (ed.), The Social and Economic Views of Mr. Justice Brandeis, New York: The Vanguard Press, 1930, at p. 369.

19 世纪末所划定的“自由劳动”的边界。依附就是不自由，而“控制与合作对于工业自由而言都至关重要”。[1] 所谓控制，就是要约束大企业；所谓合作，就是要鼓励工人结社。通过控制来瓦解资方的集权，通过合作来促进劳方的集权，从而改变劳资力量对比，减少专制、增进民主。至此，布兰代斯的自由观，与进步主义者所主张的“民主的自由”完成了会师。在他的词典里，“工业自由”与“工业民主”几乎是同义词。

和自由一样，民主也是美国宪法所追求的根本价值。然而，传统的宪法观念将民主局限在政治领域之内，而与社会生活绝缘。政治与社会的二分法源自社会契约论：宪法对政治讲民主，对社会讲自由，既不准政治人物自由专断，也不在社会领域搞民主决策。甚至，政治民主正是为了保卫社会的不民主而存在，这反映了资产阶级共和国的本性。布兰代斯要把民主从政治扩展到社会，自然犯了忌讳，但是他无所畏惧。他认为，工业民主是政治民主的前提：“除非兼具某种程度的工业自由，否则，你就得不到真正的美国公民身份，你就无法保有政治自由，你就无法确保美式生活标准。”所以，“政治民主最终会伴生出工业民主”。[2] 布兰代斯反复揭露政治民主与工业不民主之间的落差。

---

〔1〕 Solomon Goldman (ed.), The Words of Justice Brandeis, New York: Henry Schuman, 1953, at p. 58.

〔2〕 Solomon Goldman (ed.), The Words of Justice Brandeis, New York: Henry Schuman, 1953, at pp. 99, 102.

他把资方的强势比作“工业专制”，抨击美国民主“半是自由，半是奴役”[1]——同样的话语曾被林肯总统用来抨击南方的黑奴制。[2] 如今，布兰代斯希望美国像对待内战那样，正视国家撕裂的危险，拿出解放黑奴的勇气，赋予劳动者以真正的自由。

政治民主依靠政府来实施。类比而论，为了实施工业民主，就要建立工业政府（industrial government）。[3] 所谓工业政府，并非让政府接管劳资关系，而是建立劳资自治。对于布兰代斯而言，工业政府的灵感来自 1910 年的一段重要经历。当年夏天，纽约纺织业工人举行罢工。纺织业工厂规模小、工作条件差、工人待遇低，矛盾酝酿已久，本书起首所记述的三角工厂火灾就是真实的写照。罢工者除了要求提高工资待遇和改善工作环境以外，还希望雇主承诺今后只雇佣工会会员，也即建立所谓“会员排他雇佣制”（closed shop）。这下触碰到了资方的底线：如果只雇佣会员，不仅意味着工会势力坐大，而且可能错过那些虽未加入工会、能力却强于会员的求职者，损失生产效率，导致竞争劣势。双方僵持不下，罢工旷日持久，殃及下游产业。在服装零售商的请求下，布兰代斯赶赴纽约，主持劳资谈判。最终，双方接

---

〔1〕 Solomon Goldman (ed.), The Words of Justice Brandeis, New York: Henry Schuman, 1953, at pp. 91-92, 97.

〔2〕［美］詹姆斯·麦克弗森著，田雷译：《林肯传》，中国政法大学出版社 2016 年版，第 28 页。

〔3〕 Solomon Goldman (ed.), The Words of Justice Brandeis, New York: Henry Schuman, 1953, at p. 53.

受了布兰代斯提出的折中方案：在若干求职者能力相当的前提下，雇主必须雇佣其中的工会会员。这个方案被称作“会员优先雇佣制”（preferential shop），而布兰代斯善于建立共识、促成妥协的长处显露无余。更重要的是，双方还建立起长效的纠纷解决机制。如果再有纠纷发生，工会承诺不发动罢工，而是通过双方共同组成的申诉委员会解决；解决不成，则将纠纷提交给仲裁委员会。委员会由 3 人组成，除劳资双方各自指定一名代表以外，另有一席留给中立第三方。布兰代斯获得一致推戴，出任第三方委员。[1]

纽约之行堪称布兰代斯在劳动法舞台上演的经典。在余生里，布兰代斯不仅津津乐道于这段经历，更深入思考了劳动法的“纽约经验”。一张工业政府的完整图景浮现出来，而蓝本是宪政的三部曲：启蒙、制宪、行宪。

宪政的起点是启蒙。开国一代从欧洲启蒙运动汲取养料，唤醒了北美殖民地人民求自主、争自由的愿望，为建国制宪奠定了思想基础。[2] 自由精神是美国成为工业头羊的秘诀所在：“我们的工业领先世界，与其说是因为自然资源取之不竭，不如说是因

〔1〕 Melvin I. Urofsky, Louis D. Brandeis: A Life, New York: Schocken Books, 2009, at pp. 243-252.

〔2〕 参见任裕海：《苏格兰启蒙思想与美国宪政生成关系简论》，载《学海》2012 年第 3 期。

为人的才智和抱负相对较少拘束。”[1] 如今，建国已成往事，工人们日日为生计操劳，辛苦麻木。如何张扬自由精神，唤醒工人对自由的渴望？既要靠自觉，也要靠教育。布兰代斯鼓励工人独立思考：“只有在思考的人们中间，才可能建立民主，包括工业民主；……而思考并非天生之物，智识也并非天赋异禀。他是男人和女人为自己制作的礼物。……头脑就像手一样，因使用而成长。”[2]

为了让工人们自觉参与到工业政府中来，“当下的严重任务在于教育［工人］”；[3] 而为了给思考和教育腾出时间和精力，工人必须享有一定的闲暇。限制工时不但有利于工人健康，还服务于民主大计。布兰代斯挺身而出，在保守的法官面前捍卫工时立法的合宪性。他采取现实主义的思路，不从先例出发，而是呼吁法院考虑工时立法的社会效果。在著名的穆勒诉俄勒冈一案[4]中，布兰代斯搜集各州和外国限制妇女工时的立法，摘录关于工时对妇女身心影响的社科资料，写成长达 113 页的案件摘

[1] Solomon Goldman (ed.), The Words of Justice Brandeis, New York: Henry Schuman, 1953, at p. 101.

[2] Brandeis, *Industrial Co-operation*, in Osmond K. Fraenkel (ed.), The Curse of Bigness: Miscellaneous Papers of Louis D. Brandeis, New York: The Firing Press, 1934, at p. 36.

[3] Brandeis, *On Industrial Relations*, in Osmond K. Fraenkel (ed.), The Curse of Bigness: Miscellaneous Papers of Louis D. Brandeis, New York: The Firing Press, 1934, at p. 83.

[4] Muller vs. Oregon, 208 U. S. 412 (1908).

要，提交给最高法院，并最终获胜。[1] 他穷追不舍，连战连捷，帮助多个州的工时立法通过司法考验；而他提交的摘要也不断丰富，在某起案件中竟然长达605页！[2] 以翔实的社科资料论证宪法纠纷，这一思路为布兰代斯所首创；后世加以广泛运用，并尊为“布兰代斯摘要”。[3]

启蒙之后，就要制宪。在1787年那个炎热的夏天，各州派出代表，齐集费城协商，拟定《美利坚合众国宪法》。类似地，在工业民主中，劳方结成工会，工会与资方谈判，签署“宪法”——集体谈判协议。为了制宪，必须保障工人的结社权。布兰代斯认为，工会不但对工人有好处，而且有益于资方和社会：“雇主需要工会‘使自己免于堕入自大之中’；雇员需要工会保护自己；共同体则需要工会提升公民的水准”。[4] 结社、谈判、签约依次完成之后，制宪就告一段落。

---

〔1〕 Louis D. Brandeis, *Women in Industry: Decision of the United States Supreme Court in curt Muller vs. State of Oregon Upholding the Constitutionality of the Oregon Ten Hour Law for Women and Brief for the State of Oregon*, New York: The National Consumers' League, 1908.

〔2〕 Ernest Poole, *Brandeis: A Remarkable Record of Unselfish Work Done in the Public Interest*, in Louis D. Brandeis, Business-A Profession, Boston: Hale, Cushman & Flint Publishers, 1927, at pp. xxx-xxxii.

〔3〕 参见 Alan B. Morrison, *The Brandeis Brief and 21st Century Constitutional Litigation*, 18 Lewis & Clark L. Rev. 715 (2014)。

〔4〕 Solomon Goldman (ed.), The Words of Justice Brandeis, New York: Henry Schuman, 1953, at p. 173. 布兰代斯担任最高法院大法官以后维护工人结社的判决书，见 Hitchman Coal Co. vs. Mitchell, 245 U. S. 229 (1917) (Brandeis, J., Dissenting)。

“宪法的生命在于实施，宪法的权威也在于实施。”[1] 制宪只是宪政的第一步，真正的挑战在于行宪。劳资一时停战不难，永久和平不易。布兰代斯展望道：

集体谈判要修成工业民主的正果，必须更进一步，切实建立工业政府——在雇主与雇员的关系里，问题每天、每月、每年都在发生，这些问题都要提交给工业政府，加以考虑并解决，正如我们政治政府所面对的问题那样。[2]

换言之，工业政府就是和平解决劳资日常纠纷的机制。有趣的是，工业政府的结构与政治政府极为类似。在国会举行的听证会上，布兰代斯这样向议员们介绍工业政府的方案：

行政人员定期获酬，他们每天都要针对所面临的问题采取措施，就像市或州政府的行政官员那样。不过，与此同时，经常会出现更加严重、牵涉更广的问题，这和提交给我们法院的问题类似。还会发生其他问题，就像我们提交给立法机关的问题那样。雇主和雇员的这些代表齐聚一堂，决定业内问题，其方式完全等

---

〔1〕 中共中央文献研究室编：《习近平关于全面依法治国论述摘编》，中央文献出版社 2015 年版，第 42 页。

〔2〕 Brandeis, *On Industrial Relations*, in Osmond K. Fraenkel (ed.), The Curse of Bigness: Miscellaneous Papers of Louis D. Brandeis, New York: The Firing Press, 1934, at pp. 78-79.

同于立法机关成员和法院的法官一起决定国务、州务或市政问题。……他们的仲裁委员会由我担任主席，……这可比作司法问题上的最高上诉法院，偶尔也可比作立法问题上的国会。[1]

工业政府的结构有两个显著特点。一是机构分权。不但立法、行政和司法机关分立，而且终审机关从司法中独立出来。在政治政府里，分权是为了制衡；而在工业政府里，分权的目的在于解决纠纷。工人有所不满时，可以要求行政机关（通常为企业人事部门）处理；对处理结果不满意的，可以向法院（通常为申诉委员会）申诉；认为法院无法解决的，可以向议会（通常为规章委员会）陈情；如果事关重大，还可以向终审法院（通常为仲裁委员会）提告。环节越多，纠纷解决的机会就越大；而随着程序的推进，纠纷的动能逐步释放，烈度不断降低，破坏明显减小。当然，作为现实主义者，布兰代斯并不迷信工业政府的效能。一旦分歧无法解决，工人就需要动用终极武器——集体行动。“劳工不能为了任何条件而将罢工权拱手相让。作为最后手段，这是唯一有效的抗争方式。”[2] 因此，法律不能简单地把集

---

〔1〕 Brandeis, *On Industrial Relations*, in Osmond K. Fraenkel (ed.), The Curse of Bigness: Miscellaneous Papers of Louis D. Brandeis, New York: The Firing Press, 1934, at p. 84.（着重号系引者所加）

〔2〕 Brandeis, *How Far Have We Come on the Road to Industrial Democracy? -An Interview*, in Osmond K. Fraenkel (ed.), The Curse of Bigness: Miscellaneous Papers of Louis D. Brandeis, New York: The Firing Press, 1934, at p. 43.

体行动看作乱源，而是要保障正当的罢工、杯葛等权利。[1]

工业政府结构的另一个特点是劳资合作。在工业政府中，各委员会都为工会设有专门席位，工会不但有议政权（voice），还有参政权（vote）。大权在手，工人不仅分享企业发展的成果，更要谨慎用权，承担责任。个体往往自私短视，一旦成群，又往往群情激愤。工会如何驾驭民情，秉持公心，理性行事？对于任何工会领导人而言，这个挑战都绝不轻松。为了增强工人的责任感，布兰代斯与劳联领袖公开辩论，呼吁工会登记为法人团体（corporation），承担法定责任，却被工会以执法者敌视工运为由加以拒绝。[2] 布兰代斯深感忧虑："工业自由必须立足于理性。如果用劳工的暴政代替资本的暴政，我们将一无所获。对于恣意的诉求，必须不惜代价，断然拒绝。"[3]

为了坚持理性，布兰代斯不惜与工会为敌。1904 年，波士顿排字工的工会举行罢工。罢工的理由非常勉强：劳资双方在工时、工作环境等方面都没有矛盾，仅就周薪的涨幅有分歧。企业

---

〔1〕布兰代斯担任最高法院大法官以后维护工人集体行动的判决书，见 Duplex Printing Press Co. vs. Deering, 254 U. S. 443 (1921) (Brandeis, J. , Dissenting); Bedford Cut Stone Co. vs. Sont Cutters' Ass' n, 274 U. S. 37 (Brandeis, J. , Dissenting)（保障杯葛的权利）; Truax vs. Corrigan, 257 U. S. 312 (1921) (Brandeis, J. , Dissenting)（保障在工厂周围放置警戒线的权利）。

〔2〕Louis D. Brandeis & Samuel Gompers, *The Incorporation of Trade Unions*, 1 Green Bag 2d 306 (1998) .

〔3〕Solomon Goldman (ed.), The Words of Justice Brandeis, New York: Henry Schuman, 1953, at p. 102.

同意将周薪从16.5美元提高到17美元，而工会索要19美元未果，随即翻脸。这意味着，每罢工一周，工人就会损失17美元；即使企业妥协后复工，两个月增加的薪水才能弥补罢工一周的损失。理由不充分，经济不划算，这样的罢工怎能得到支持呢？为了争取同情，排字工的工会试图贿赂印刷工和装料工，要求他们发起同情罢工，并许诺支付超过他们工资的补偿金。工会的不理智震惊了布兰代斯。他代理资方向法院申请禁制令，制止了罢工。[1] 事情顺利解决，资方设宴庆祝，布兰代斯应邀致辞。本是欢乐的场合，布兰代斯却丝毫轻松不起来。他重申了坚决抵制劳方非法和恣意诉求的必要性，但也强调了劳动者组建工会、获得代表的权利。为了防止类似事件的重演，布兰代斯呼吁，资方的老板要亲自和工会商谈，“必须遵循的精神是，‘让我们都来以理服人’（Come, let us reason together）”。[2]

20世纪初，面对劳资战争的严峻形势，美国各界纷纷开出药方，一时颇有乱花迷眼之态。工业民主只是方案之一，何以胜出呢？布兰代斯不遗余力地为自己的方案辩护。他认为，其他方案只可做补充，而工业民主才是基础：

——备选方案之一是科学管理。在布兰代斯看来，科学管理

[1] Melvin I. Urofsky, Louis D. Brandeis: A Life, New York: Schocken Books, 2009, at pp. 235-238.

[2] Brandeis, *The Employer and Trades Unions*, in Louis D. Brandeis, Business-A Profession, Boston: Hale, Cushman & Flint Publishers, 1927, at pp. 16-27.

有利于提高生产效率，把蛋糕做大——这个观点得罪了劳方；却无益于工人分享成果，把蛋糕切好——这个观点得罪了资方。[1] 他的观点虽然两面开罪，但是持中衡平，无损于他的威望和声誉。

——备选方案之二是外部仲裁。纠纷存在于劳资内部，如果诉诸外人，虽然可能一时定纷止争，却让双方失去了深入沟通、交流的机会，难以消除争议的根源。并且，外部仲裁人不了解情况，容易误判，后果更糟。[2] 相比之下，纽约纺织业仲裁委员会包含劳资双方的代表，只有一名外人参加，较好地避免了外部仲裁的缺点。

——备选方案之三是员工入股。员工成为股东，虽然可以分享企业利润，但是由于股份占比极低，几乎不可能影响到企业决策，反而会养成只取好处、不负责任的观点，而这与民主的需要背道而驰。并且，员工作为小股东势单力薄，根本无法制约大股东，也就不能指望企业的控制者会关照员工利益。[3]

——备选方案之四是劳动基准，特别是由国家规定最低工

---

〔1〕 Brandeis, *On Industrial Relations*, in Osmond K. Fraenkel (ed.), The Curse of Bigness: Miscellaneous Papers of Louis D. Brandeis, New York: The Firing Press, 1934, at pp. 86-87.

〔2〕 Brandeis, *How Far Have We Come on the Road to Industrial Democracy? -An Interview*, in Osmond K. Fraenkel (ed.), The Curse of Bigness: Miscellaneous Papers of Louis D. Brandeis, New York: The Firing Press, 1934, at pp. 44-45.

〔3〕 Brandeis, *Absolutism in Industry*, in Alfred Lief (ed.), The Social and Economic Views of Mr. Justice Brandeis, New York: The Vanguard Press, 1930, at p. 384.

资。这种方案的干涉太多、自治太少，虽然可以托底，却不可能成为主流。

不靠谱的备选方案如此之多，而在布兰代斯看来，工业民主的一项重要补充却被忽视了。民主可以保障在职工人的权益，可是一旦离开岗位，工人该如何是好？布兰代斯一气列举了6种离岗情形："事故、疾病、伤残、早亡、退休、失业"。[1] 当时，社会保险刚刚起步，工人主要依靠商办的所谓"工业保险"来弥补离岗的损失。他们每周都要从微薄的薪水中支付保费，而保险公司却片面追逐利润，腐败丛生，其运营消耗了超过40%的保费收入。布兰代斯投身保险业改革，取得了圆满成功。[2] 为了避免工人的季节性失业，他还给生产商出谋划策，让厂方引导经销商尽早下单，以利通盘考虑生产计划，防止出现一时突击生产、一时停工赋闲的局面。对此，布兰代斯做过一个朴素的比喻："一个人可以今天吃六顿、明天不吃饭，算下来平均每天吃三顿，但是这种生活方式并不好。"[3]

---

〔1〕 Brandeis, *Industrial Democracy*, in Alfred Lief (ed.), The Social and Economic Views of Mr. Justice Brandeis, New York: The Vanguard Press, 1930, at pp. 369-370.

〔2〕 Ernest Poole, *Brandeis: A Remarkable Record of Unselfish Work Done in the Public Interest*, in Louis D. Brandeis, Business-A Profession, Boston: Hale, Cushman & Flint Publishers, 1927, at p. xxvi; Melvin I. Urofsky, Louis D. Brandeis: A Life, New York: Schocken Books, 2009, at pp. 155-180.

〔3〕 Melvin I. Urofsky, Louis D. Brandeis: A Life, New York: Schocken Books, 2009, at pp. 63-65. 布兰代斯担任最高法院大法官以后针对季节性失业的判决，见 Adams vs. Tanner, 244 U.S. 590 (1917) (Brandeis, J., Dissenting)。

布兰代斯坚信，工业民主才是美国劳动法的正途。他心中早有实现工业民主的路线图：

我们已经处在工业专制之中。随着工会获得承认，专制正在转变为立宪君主制，雇主从前的独裁大权受到了清晰的限制。之后是利润分享。但这只是过渡性的、局部的步骤。紧随其后的便是责任分担，……最终可期的成果是成熟的工业民主。[1]

这条道路注定是曲折的。1916 年，威尔逊总统提名布兰代斯担任最高法院大法官，引发了巨大的争议。保守派认为，布兰代斯的工业民主论挑战宪法传统，其人断不能委以解释宪法的重任。几经周折，参议院最终以 47 票赞成、22 票反对、29 票弃权的投票结果，勉强通过了提名。[2] 上任以后，布兰代斯虽然敛起锋芒，但是在劳动法案件中毫不退让，频繁发表异议。在最高法院这座精英的殿堂里，“人民律师”经常是孤独的，只有一个人与他并肩战斗——大法官霍姆斯。

而在法院之外，布兰代斯并不孤单。他的工业民主观与制度

---

〔1〕 Brandeis, *How Far Have We Come on the Road to Industrial Democracy? -An Interview*, in Osmond K. Fraenkel (ed.), The Curse of Bigness: Miscellaneous Papers of Louis D. Brandeis, New York: The Firing Press, 1934, at p. 47.

〔2〕 Gene Teitelbaum, Justice Louis D. Brandeis: A Bibliography of Writings and Other Materials on the Justice, Littleton, Colorado: Fred B. Rothman & Co., 1988, at p. xii.

经济学大师约翰·康芒斯不谋而合。康芒斯比布兰代斯小 6 岁，他生于俄亥俄，在印第安纳长大。高中毕业以后，因为家贫，康芒斯四处打工才攒够大学的学费，入读欧柏林学院（Oberlin College），又到约翰·霍普金斯大学研习经济学。他是个优秀的学生，却不善于处理学界的关系。初入职场，康芒斯的生活就陷入动荡：从 1890 年到 1901 年，他先后任教于卫斯理安学院、欧柏林学院、印第安纳大学和雪城大学，之后甚至离开学界，到斯蒂姆森服务的工业委员会任职。这份工作大致是康芒斯关注劳动问题的起点。1904 年，康芒斯总算在威斯康星大学麦迪逊分校安顿下来。[1] 他用余生开创了制度经济学的威斯康星学派；而在劳动经济学、劳动关系学和劳动法学上，他的贡献让“威斯康星”这个词获得了特殊的含义。

作为学者，康芒斯的工业民主观有着清晰的思想源头。1901 年，康芒斯受工业委员会指派，参加采矿业工会与雇主的协商。他随身带着英国学者韦布夫妇的新书《工业民主》[2]，而会议的实况堪称韦布观点的演习：

---

〔1〕 康芒斯的以上事迹取自威斯康星历史协会的介绍，*John R. Commons*, 1862-1945: *The Spiritual Father of Social Security*, available at https://www.wisconsinhistory.org/Records/Article/CS507 (last visited Aug. 20, 2017)。

〔2〕 Sidney Webb & Beatrice Webb, Industrial Democracy, London: Longmans, Green & Co., 1897. 列宁与克鲁普斯卡娅被流放在西伯利亚时，曾合作将该书翻译为俄文。Albert Resis, *Vladimir Lenin: prime minister of Union of Soviet Socialist Republics*, Encyclopedia Britannica, available at https://www.britannica.com/biography/Vladimir-Lenin (last visited Aug. 20, 2017).

> 让我震惊的是，[会议] 像极了英国议会的起源。大厅一侧是地方工会的近千名代表，也即民选代表机构。另一侧是大约70位雇主，他们身为煤矿主，不经选举而直接参会。这显然是工业上的平民院和贵族院，只是没有国王。我将这命名为“工业宪制政府”……[1]

在结构上，康芒斯的工业宪制政府与布兰代斯的工业政府大致相当。集体谈判就是召开“议会”，产生的协议就是宪法。职场宪法以法治代替人治，并且保护员工非经正当程序不被剥夺工作利益。执行生产纪律的企业人事部门相当于行政机关，受理员工申诉的委员会相当于初审法院，而员工如果对委员会决定不服，可以上诉到仲裁委员会，即“厂内的最高法院——该机构裁决法律问题、解释宪法，从而制定法律”。[2]

工业宪制政府服务于新的民主理想——工业民主。康芒斯认为，旧式的、片面强调政治的民主观早就破产了：“1837年的工业破产暴露了政治民主的无能，致使后者破产。它维护平等权利，可是面包和黄油在哪儿?”新的民主观应该取而代之：从政

---

〔1〕 John R. Commons, Myself, New York: The Macmillan Company, 1934, at pp. 71-72.

〔2〕 John R. Commons, Industrial Goodwill, New York: McGraw-Hill Book Company, 1919, at pp. 106-108.

治民主扩展到社会和经济民主，从消极民主扩展到“建设性民主”（积极民主）。他为新民主制定了座右铭：“改革，而非取消改革；管起来，而非不管；做起来，而非放任别人去做。”[1]

和布兰代斯类似，康芒斯的工业民主观也广受质疑。为了自辩，康芒斯就如庞德那样，引入了历史和比较的进路。从历史的角度来看，工业民主虽然未入主流，但也并非从无先例。[2] 从比较的角度来看，工业民主虽然不适用于政治领域，但仍然是代议民主的一种。康芒斯比较了三大革命的民主遗产：法国大革命崇尚“无政府主义民主”，主张个人绝对自由，劳工组织因为限制会员的自由而遭到禁止；俄国革命创造了“社会主义民主”，主张劳工组织绝对自由，资本家因为限制劳工组织的自由而遭到铲除。美国革命则建立了“代议制民主”，纠正了法国与俄国民主中的绝对倾向，堪称二者的合题：劳工组织和资本家分别代表劳方和资方，实现“劳资均衡——组织起来的资本与组织起来的劳工为公共利益而结成阶级伙伴关系”。[3] 通过比较，康芒斯把工业民主抬升到了美国的国本地位，有力地捍卫了这种新生的民主观。

---

〔1〕 John R. Commons, Labor and Administration, New York: The Macmillan Company, 1913, at p. 29.

〔2〕 John R. Commons, Labor and Administration, New York: The Macmillan Company, 1913, at p. 30.

〔3〕 John R. Commons, Industrial Goodwill, New York: McGraw-Hill Book Company, 1919, at pp. 37-43.

康芒斯与布兰代斯的缘分很长。1908 年，在契约自由论甚嚣尘上之际，布兰代斯虎口拔牙，打赢了穆勒诉俄勒冈案，捍卫了工时立法。这次意外胜利极大地鼓舞了康芒斯，促使他在工业民主之外，开始强调保护性立法的作用。他认为，保护性立法有独到的优势：和集体谈判相比，立法的保护不以会员的身份为前提；和雇主提供福利相比，立法的保护不因雇主的更换而改变。[1] 康芒斯参与组建全国性的劳动立法游说机构——美国劳动立法协会（American Association of Labor Legislation），而他的主要舞台在威斯康星州。1932 年，康芒斯参与起草了威斯康星的失业补偿法，在全国开风气之先，而担任助手的正是他的高足、布兰代斯的小女儿——伊丽莎白·布兰代斯。[2]

在康芒斯眼中，工业民主与保护性立法从来不是对立的。他最得意的改革作品把两者完美地结合在一起。1911 年，根据康芒斯的建议，威斯康星州建立了工业委员会（Industrial Commission）。这是全国第一个政府建立的三方制纠纷解决机构：资方和劳方各出一人，另有一名委员代表公众，共同处理重大的劳资争议。康芒斯受邀担任公众代表。他认为，新的机制比诉讼成本低、耗时短，而且让劳资双方均有机会发声，因而能够更有效率

---

〔1〕 Bruce E. Kaufman, *John R. Commons and the Wisconsin School on Industrial Relations Strategy and Policy*, 57 Indus. & Lab. Rel. Rev. 3, 7-9 (2003).

〔2〕 Bruce E. Kaufman, *John R. Commons and the Wisconsin School on Industrial Relations Strategy and Policy*, 57 Indus. & Lab. Rel. Rev. 3, 20 (2003).

地解决纠纷。[1] 三方制的结构既坚持了劳资之间的对话、维护了民主，又引入了国家干预、实现了保护。这是康芒斯超越布兰代斯的独特贡献。

终其一生，康芒斯特立独行，毁誉参半。学界曾将他的观点放逐到边缘，而历史却将他从边缘拉回中心。新政以后，康芒斯所设想的工业民主、保护性立法等都变为现实，他本人被尊为"新政的先知"。[2] 他幸运地看到了理想开花的一刻，而距离丰收的日子还很漫长。丰收的景象是什么模样？康芒斯的学生这样讲：

> 民主——真正的民主——不仅意味着每年一度地投票选举某人来治理我们。它意味着获得自我提升的机会，闲暇要能够将自己训练成好公民，收入要足够体面地生存，工作环境要合理安全、健康且有吸引力，无需时时担心由于不可控的工业意外而沦为慈善对象。除非赢得这些，我们的民主就只能是片面的。[3]

---

〔1〕 Bruce E. Kaufman, *John R. Commons and the Wisconsin School on Industrial Relations Strategy and Policy*, 57 Indus. & Lab. Rel. Rev. 3, 10 (2003).

〔2〕 Bruce E. Kaufman, *John R. Commons and the Wisconsin School on Industrial Relations Strategy and Policy*, 57 Indus. & Lab. Rel. Rev. 3, 17 (2003).

〔3〕 John B. Andrews, Labor Problems and Labor Legislation (4th ed.), New York: American Association for Labor Legislation, 1932, at p. 7.

第二节 决斗：新政改革与司法转向

一

庞德、布兰代斯与康芒斯的劳动法之旅都很漫长，而旅程的高潮都由洛克纳案促发：庞德针对判决写下了《机械法理学》和《契约自由》两篇檄文，解析了最高法院的形式主义；为了挑战形式主义，布兰代斯将社科资料编纂为“布兰代斯摘要”，在3年后的穆勒诉俄勒冈案中大放光芒；穆勒案的胜出启发了康芒斯，让他重新思考工业民主与保护性立法的关系，探索二者的合题。尤为可贵的是，思想者们知行合一，投身于进步主义运动，推动改革，为沉闷的职场秩序带来了些许清凉。改革成果颇为显著：1916年，威尔逊总统邀请劳联领袖萨缪尔·冈波斯参加劳动咨询理事会（Advisory Council on Labor）和国防理事会（Council on National Defense），提升了劳动者的议政权；次年，美国加入大战，冈波斯率领众工运领袖宣誓不在战时罢工。[1]劳资休战帮助国家经济平稳转入战时轨道，而一旦美国释放出世界第一的工业产能，战争的胜负就失去悬念。1918年，“一战”

〔1〕 Melvin Dubofsky, The State & Labor in Modern America, Chapel Hill: The University of North Carolina Press, 1994, at pp. 61-63.

结束。美国首次以头等列强的身份，登上了世界政治的舞台。理念推动改革，改革带来红利，红利回报理念，这是多么乐观的图景！随着外战落幕，劳资内战似乎也露出了永久和平的曙光。

然而，曙光一闪而逝。大战导致通胀，引发劳方不满；战时妥协过甚，引发资方不满。情绪的对撞迅速点燃了冲突的大火。战后第一年，工人运动攀上史无前例的高峰，共有超过400万工人参加了3000多起罢工。与以往不同的是，美国正笼罩在“红色恐慌”之中。大战尚未告终，十月革命就取得胜利，世界上第一个社会主义国家——苏俄——宣告诞生；大战甫一结束，落败的匈牙利、德国就爆发了社会主义革命；很快，第三国际成立，大大加强了各国共产党的联合。虽然隔着大西洋，美国人还是感受到了革命的灼热气浪，并错误地认为：国内的工潮是颠覆资本主义制度的阴谋。威尔逊总统的一位密友目睹了当年2月的西雅图总罢工，他说：“我很清楚，这是苏维埃在我国的首次现身。”[1]

恐慌逆转了政局。1920年大选，共和党以一场大胜夺回执政权，沃伦·哈定出任总统。一般认为，哈定的胜利标志着进步主义改革的结束。作为保守派的代表，哈定以让经济回归“常态”（normalcy）为口号，减支减税，放松干预，阻止了经济萧

〔1〕 Melvin Dubofsky, The State & Labor in Modern America, Chapel Hill: The University of North Carolina Press, 1994, at pp. 76-79.

条的发生。[1] 工人运动却遭到了重创。从 1917 年到 1920 年，工会成员数量从 297.6 万攀升到 503.4 万；而仅仅过了一年，工会就流失了 150 万会员。[2] 工运被迫转入守势。

进步主义改革的成果在迅速流失。塔夫脱曾经在老罗斯福下野后出任总统，险些中断改革，迫使老罗斯福再度出马参选，把他挤下台去。然而，哈定上任伊始，却任命塔夫脱担任首席大法官。他还把乔治·萨瑟兰（George Sutherland）和皮尔斯·巴特勒（Pierce Butler）送进最高法院，这两位后来成了新政的死硬反对派。人事调整的效果立竿见影。1923 年，最高法院就阿德金斯诉儿童医院一案[3]发表判决，宣布联邦女工工时立法侵犯契约自由，违反宪法正当程序。如此一来，布兰代斯在穆勒诉俄勒冈案中的成功就离废纸不远了。[4] 事实上，最高法院已经把工人运动当作敌人来对待。工人设置纠察线的行为被说成“普遍禁运……和全国封锁”，而这些术语本来用于描述军事对抗。[5]

阿德金斯案下判不久，哈定因病去世，副总统加尔文·柯立芝扶正。柯立芝坚决主张自由放任。他看不惯霍姆斯的斗争哲

---

〔1〕［美］史蒂文·F. 海沃德著，方鲁娜、张文倩译：《总统记：从威尔逊到奥巴马》，中国政法大学出版社 2014 年版，第 66—69 页。

〔2〕Melvin Dubofsky, The State & Labor in Modern America, Chapel Hill: The University of North Carolina Press, 1994, at pp. 74, 79.

〔3〕Adkins vs. Children's Hospital, 261 U. S. 525 (1923).

〔4〕布兰代斯此时已经出任大法官，但是他没有参与本案的审理。

〔5〕Julius G. Getman, The Supreme Court on Unions: Why Labor Law Is Failing American Workers, Ithaca: Cornell University Press, 2016, at p. 6.

学，认为“特殊利益集团或不同群体间几乎没有冲突”，劳资合作实乃天经地义，罢工大概属于无事生非。[1] 这样的总统当然不是工运的福音。不过，整个国家都无暇聆听工人的呼声，而是忙着享受“柯立芝繁荣”。从 1922 年到 1929 年，股票指数增长了 108%，企业利润增长了 76%。由于新技术的应用，劳动成本下降了 10%，而工资却提高了 33%。1929 年，全国售出了 4455100 辆代步车，这一纪录直到 1950 年才被打破。[2] 经济繁荣给共和党换来了政治回报。做满第二个任期之后，柯立芝顺利交棒给商务部长赫伯特 · 胡佛。[3]

胡佛命不好。1929 年 10 月 29 日，距离胡佛上任不过半年，美国股市暴跌，拉开了大危机的序幕。纽约时报指数从 452 点一路走低，1932 年下探至 58 点。龙头企业美国钢铁公司（U. S. Steel）的股价指数从 262 点惨跌至 22 点，通用汽车（General Motors）的指数则从 73 点跳水至 8 点。危机从股市传导到实体部门，工业生产指数从 1929 年 8 月的 114 点下降到 1933 年 3 月的 54 点，其中制造业萎缩了 77%。国内生产总值从 1929 年的 1044

---

〔1〕［美］史蒂文 · F. 海沃德著，方鲁娜、张文倩译：《总统记：从威尔逊到奥巴马》，中国政法大学出版社 2014 年版，第 87—90 页。

〔2〕Frank Freidel & William L. O’ Neill, *The United States from 1920 to 1945*, Encyclopedia Britannica, avaible at https://www.britannica.com/place/United-States/The-United-States-enters-the-Great-War (last visited Aug. 24, 2017).

〔3〕赫伯特 · 克拉克 · 胡佛（1874—1964）是美国第 31 任总统，约翰 · 埃德加 · 胡佛（1895—1972）是联邦调查局的首任局长，两人不是亲戚，更不是同一个人。

亿美元，下滑到1930年的911亿、1931年的763亿、1932年的585亿，3年间累积下跌达44%。失业率则从3.2%迅速上扬到1933年的24.9%，以及次年的26.7%。城市里超过3400万人失去收入来源，这还没有计入同样陷入困境的农民。[1] 工资下跌了40%，其中工业界的工资下跌了60%。[2] 美国经济坠入了前所未见的深渊。

面对危机，胡佛左顾右盼，进退失据。后世评价，他“对保守派来说太进步，对激进派来说太保守”，此言不虚。一方面，他竭力劝说企业不要裁员和降薪，还支持立法规制由政府投资的建筑业，要求后者的工资不得低于行业一般水平。这些措施有进步意义，但收效甚微。[3] 另一方面，胡佛拒绝拨款救济失业者，反对工会化的建议，甚至派兵镇压请求救助的退伍军人。就在犹豫之间，民意支持流失。1930年，民主党与进步派共和党人控制了众议院，而共和党在参议院中的多数优势也不复存在。国会抛开总统，发动改革措施。1932年，参议院以75票对5票、众议院以362票对14票通过了《诺里斯—拉瓜迪亚法》（Norris-La-

---

〔1〕 Murray N. Rothbard, America's Great Depression (5th ed.), Auburn: The Ludwig von Mises Institute, 2000, at pp. xiii-xv, 341.

〔2〕 Frank Freidel & William L. O' Neill, *The United States from 1920 to 1945*, Encyclopedia Britannica, avaible at https://www.britannica.com/place/United-States/The-United-States-enters-the-Great-War (last visited Aug. 24, 2017).

〔3〕 ［美］史蒂文·F. 海沃德著，方鲁娜、张文倩译：《总统记：从威尔逊到奥巴马》，中国政法大学出版社2014年版，第103页。

Guadia Act）。迫于群情激愤，胡佛不敢否决，只好听任该法生效。新法继《克雷顿法》之后，再次严厉限制了法院针对工运签发禁制令的权限，还宣布支持工人自由结社和集体谈判是一项国策。[1] 国策既变，国家就再不能徘徊。一场声势浩大的新政即将展开。

二

1933 年 3 月，富兰克林·德拉诺·罗斯福接替胡佛，开始了长达 12 年的总统生涯。与老罗斯福一样，小罗斯福生于殷实之家。作为独子，他自小有家庭教师陪伴，无需离家上学。9 岁时，小罗斯福的父亲心脏病发，从此缠绵病榻。为了鼓励父亲，小罗斯福学会了克制情绪，保持冷静乐观，这种性格对于他长大以后带领国家走出危机颇有帮助。后来，小罗斯福从名校格罗顿高中毕业，入读哈佛。他迷上了远房兄弟老罗斯福的进步主义，还迎娶了老罗斯福的侄女。

大学毕业以后，小罗斯福进入哥伦比亚大学法学院，通过纽约州的律师考试，获得律师行的录用，随即步入政坛。31 岁时，威尔逊总统任命他担任助理海军部长。小罗斯福在任内参与解决了海军造船厂的劳工问题，为自己赢得了名声，这也是他接触劳

〔1〕 Melvin Dubofsky, The State & Labor in Modern America, Chapel Hill: The University of North Carolina Press, 1994, at pp. 102-105.

动问题的起始。眼看仕途顺遂，不料晴天霹雳，39 岁的小罗斯福患上了小儿麻痹症，从此丧失了行走能力。蛰伏数年之后，他于 1928 年当选纽约州长，旋即遭遇大危机。作为全国最早发起自救行动的政治家之一，小罗斯福组建临时紧急赈济署（Temporary Emergency Relief Administration），帮助失业工人，并对农民减税。地方改革为小罗斯福赢得了全国声誉，帮助他在 1932 年击败胡佛，登上总统大位。[1]

小罗斯福是位勇敢的改革家。他在第一次总统就职演说上宣布："我们唯一值得恐惧的事情就是恐惧本身（the only thing we have to fear is fear itself）。"[2] 在劳动领域，当务之急是解决失业问题。小罗斯福双管齐下，一面拨款赈济失业人口，一面以工代赈，创造工作机会。工作（workfare）而非福利（welfare）才是小罗斯福的主要着力点。他建立了一连串就业促进机构：

——联邦紧急救助署（Federal Emergency Relief Administration），成立于小罗斯福上任之初的"百日新政"期间，负责向各州拨付救助款项。其中，部分用于直接赈济，部分用于鼓励各

〔1〕 小罗斯福的以上事迹取自 Sharon M. Hanes & Richard C. Hanes, Great Depression and New Deal: Biographies, Detroit: Thomson & Gale, 2002, at pp. 197-204。

〔2〕 *First Inaugural Address of Franklin D. Roosevelt* (*Saturday, March 4, 1933*), The Avalon Project of the Yale Law Library, available at http://avalon.law.yale.edu/20th_century/froos1.asp (last visited Aug. 24, 2017).

州创造工作岗位。[1]

——民间维护队（Civilian Conservation Corps），同样成立于“百日新政”期间，面向年轻未婚男性，采取半军事化管理，组织队员植树、修堤、扑救山火、维护林间道路等。存在不足10年，最多时雇佣达50万人，共创造了300万份工作。[2]

——公共工程署（Public Works Administration），同样成立于“百日新政”期间，招募失业人员修建公共建筑，包括学校、法院、市政厅、污水处理厂、医院、道路、桥梁、地铁等。[3]

——民用工程署（Civil Works Administration），成立于1933年，招募失业人员修建了超过80万公里道路，以及学校、机场、运动场等，最高峰时雇佣了大约400万人。[4]

——工程推进署（Works Progress Administration），成立于1935年，招募失业人员修建了超过100万公里道路，以及大量的公共建筑、桥梁、公园、机场等，还为数以千计失业的艺术、写

---

〔1〕 Peter Fearon, *Federal Emergency Relief Administration (FERA)*, in Robert S. McElvaine (chief ed.), Encyclopedia of the Great Depression, Vol. 1, New York: Thomson & Gale, at pp. 340-344.

〔2〕 *Civil Conservation Corps (CCC): United States history*, Encyclopedia Britannica, available at https: //www. britannica. com/topic/Civilian-Conservation-Corps (last visited Aug. 24, 2017).

〔3〕 *Public Works Administration (PWA): United States history*, Encyclopedia Britannica, available at https: //www. britannica. com/topic/Public-Works-Administration (last visited Aug. 24, 2017).

〔4〕 Jeff Singleton, *Civil Works Administration (CWA)*, in Robert S. McElvaine (chief ed.), Encyclopedia of the Great Depression, Vol. 1, New York: Thomson & Gale, at pp. 182-183.

作和表演工作者提供了饭碗，创造就业岗位达850万个。[1]

——国家青年局（National Youth Administration），成立于1935年，是工程推进署的下设机构。该局为在校生提供勤工俭学岗位，组织未就业的毕业生从事清扫公共建筑、建设本地公园等劳动，后来更为国防工业提供了大量人手。[2]

上述机构都是临时设立，而总统的眼光并不止于救急，他还有长远打算。失业只是危机的结果，那么，危机的根源何在？经济学界爆发了争论。传统观点认为，危机的根源在于工会人为抬高了工资水平，妨碍了市场自发调解功能的发挥；为了走出危机，国家应当排除工会对市场的干扰，压低过高工资。以当时工资水平之低、工人生活之苦，学者尚且能提出这种建议，可见其信念之强烈。与传统立场相反，英国经济学家约翰·凯恩斯主张，一个国家的总产值、国民收入、就业量都取决于消费和投资，如果消费意愿不足、投资不旺，就会同时发生经济危机和就业危机。[3]“危机是什么？是生产过剩，生产的商品不能实现，

〔1〕 *Works Progress Administration (WPA): United States History*, Encyclopedia Britannica, available at https://www.britannica.com/topic/Works-Progress-Administration (last visited Aug. 24, 2017).

〔2〕 John A Salmond, *National Youth Administration (NYA)*, in Robert S. McElvaine (chief ed.), Encyclopedia of the Great Depression, Vol. 2, New York: Thomson & Gale, at pp. 692-694.

〔3〕 高鸿业：《译者导读》，载［英］约翰·梅纳德·凯恩斯著，高鸿业译：《就业、利息和货币通论（重译本）》，商务印书馆1999年版，第9—13页。

找不到需求。"[1] 小罗斯福的一系列就业促进措施，究其实质，都是以国家投资扩大内需之举。从这个意义上讲，总统虽然没有公开支持凯恩斯，但是采纳了凯恩斯主义的方案。凯恩斯主义也成为了1970年代以前西方各国的主流经济政策。

投资和消费是就业的两根支柱。一旦把视角从投资转向消费，劳动关系与危机的连结就凸显出来：由于劳资力量失衡，导致劳动者待遇过低，限制了消费意愿和购买力，引发了生产的相对过剩，这是危机的根源。为了摆脱危机，就要扩大消费；为了扩大消费，就要提高劳动者的待遇；为了提高劳动者的待遇，就要改善劳资力量对比；为了改善力量对比，就要引入国家的平衡之手。所以，劳动法和劳动政策的改革，乃是根除危机的不二之选。

理论是简洁的，生活却无比复杂。愿望是美好的，政治却无比肮脏。身处漩涡的中心，小罗斯福有过数不清的动摇、犹豫、反复，甚至后撤。然而，改革的意志终究占据了主导。在总统的支持下，劳动法的改革拉开了帷幕。"百日新政"终了之际，《国家工业复兴法》（National Industrial Recovery Act）出台。该法第7（a）节规定：

---

〔1〕［苏联］列宁：《评经济浪漫主义——西斯蒙第和我国的西斯蒙第主义者》，载《列宁全集（第二卷）》，人民出版社1959年版，第135页。

> 根据本章批准、规定或签发的所有公平竞争守则、协议和许可均应包含以下条款：（1）雇员有权组织起来，并通过他们自己选择的代表进行集体谈判，在指定上述代表、自我组织及为集体谈判或其他互助或保护目的而进行的其他协同行动中，均不受雇主的干涉、限制或胁迫；（2）不得要求任何雇员或求职者将参加任何企业兴办的工会，或不参加、不组织、不协助他自己选择的劳工组织，作为受雇的前提；且（3）雇主须遵守总统批准或规定的最高工时、最低工资及其他就业条件。[1]

这一规定被工运领袖称作《解放黑人奴隶宣言》以来人权领域的最大进步。[2] 与1914年的《克雷顿法》相比，新法重申了工会合法化的政策，更明确地保障了劳动者的结社权。

新法出台不久，小罗斯福就建立了执法机构——国家劳动委员会（National Labor Board）。在结构上，新委员会参考了1911年成立的威斯康星州工业委员会：设委员7人，其中劳资双方各3人，另有1人代表公众。康芒斯是威斯康星的公众代表，而在新委员会中，这个角色由参议员罗伯特·华格纳（Robert Wagner）扮演。华格纳出身纽约州，他曾经主持调查三角工厂火灾，

---

〔1〕 48 Stat. 195, 198-199 (1933).

〔2〕 Melvin Dubofsky, The State & Labor in Modern America, Chapel Hill: The University of North Carolina Press, 1994, at p. 112.

从此立下了保护劳工的志愿。后来，华格纳出任州法官，他命令雇主遵从集体谈判协议，打破了禁制令只用于限制劳方的传统。华格纳入职参议院以后不久，大危机爆发。作为新政的主力，他动议实施了众多以工代赈的举措，更担当了《国家劳动关系法》和《社会保障法》的发起人。《国家劳动关系法》因而被冠以《华格纳法》之名。[1]

国家劳动委员会甫一成立，就面临重大考验。宾夕法尼亚州里丁（Reading）市的上万名针织工人举行大罢工，委员会当即介入，并采取四步法解决纠纷：首先叫停罢工；然后让参与罢工的工人复职，禁止雇主歧视他们；再后举行选举，产生集体谈判代表；最后授权谈判代表就工资、工时和工作条件与雇主达成协议。纠纷成功化解，四步法也被命名为“里丁准则”（Reading Formula）。为了增强委员会的权威，小罗斯福发布行政命令，建立了所谓多数代表制：只要大多数员工投票支持成立工会，雇主就必须和工会代表谈判，否则移送执法机关处理。[2] 从此以后，雇主再也不能以员工内部存在意见分歧为由拒绝谈判了。

里丁准则和多数代表制是国家劳动委员会的宝贵遗产。与此

---

〔1〕 华格纳的事迹取自 Donald A. Ritchie, *Wagner, Robert Ferdinand (1877-1953)*, in Roger K. Newman (ed.), The Yale Biographical Dictionary of American Law, New Haven: Yale University Press, 2009, at pp. 565-566。

〔2〕 Fred Witney, Government and Collective Bargaining, Chicago: J. B. Lippincott Company, 1951, at pp. 199-201.

同时，委员会也暴露出执法权力弱的缺陷。如果雇主拒不服从委员会的命令，执法机关的应对措施并不多，而司法机关更是放任不管。[1] 怎样弥补缺陷?《华格纳法》就是答案。

1935 年 2 月 21 日，华格纳参议员动议制定《国家劳动关系法》。7 月 5 日，经总统签署，新法正式落地。《华格纳法》共分为 16 节（section）。[2] 根据《国家工业复兴法》的经验教训，《华格纳法》主要做了三方面规定：

第一，支持工运。《华格纳法》吸纳了《国家工业复兴法》第 7（a）节的内容，重申雇员有自我组织、集体谈判及协同行动（包括罢工）的权利。[3] 新法还确认了多数代表制：只要多数雇员投票结成工会，该会就成为全体雇员的排他代表。[4] 换言之，不仅投票反对结社的雇员也被代表，而且任何其他工会都不能分享代表权。这样可以避免工会割据，防止工会被雇主各个击破。《华格纳法》还开列了雇主违法行为的清单，总称为“不公劳动行为”（unfair labor practice）：

(1) 对雇员行使第 7 节所保障的权利进行干预、限制或胁

---

〔1〕 Fred Witney, Government and Collective Bargaining, Chicago: J. B. Lippincott Company, 1951, at pp. 199-203.

〔2〕 49 Stat. 449 (1935).

〔3〕 49 Stat. 449, 452, 457 (Sec. 7 & Sec. 13) (1935).

〔4〕 49 Stat. 449, 453 (Sec. 9 (a)) (1935).

迫；（2）控制或干预任何劳动组织的建立和运行，或者给予其财务或其他支持；……（3）通过在聘用和任何劳动条件方面实施歧视，鼓励或阻止取得任何劳工组织的成员资格；……（4）因为雇员根据本法提起申诉或作证而解雇或以其他方式歧视之；（5）拒绝与……其雇员代表举行集体谈判。[1]

第二，加强行政。正如后世学者所言，“该法是在对于行政机关的潜力的信念达到顶点时出台的”。与司法机关相比，行政机关的内部管控更严，有利于统一裁决标准，防止法院画地为牢、各自为政；行政机关的成员专业性更强，有利于促进公共利益，防止法院固执己见、影响法律；行政机关的权力也更小，有利于执行既定方针，防止法院挑战政策、推翻立法。[2] 这些优势都被国家劳动委员会所验证。《华格纳法》建立了新的国家劳动关系委员会（National Labor Relations Board）。委员会有 3 名成员（现为 5 名），均由总统提名、参议院批准。委员任期 5 年，连任不限，但须专职。[3] 和康芒斯的方案不同的是，《华格纳法》没有坚持三方制原则，并不要求委员会里有劳资双方的代表。

---

〔1〕 49 Stat. 449, 452-453 (Sec. 8) (1935).

〔2〕 Julius G. Getman, The Supreme Court on Unions: Why Labor Law Is Failing American Workers, Ithaca: Cornell University Press, 2016, at pp. 7-8.

〔3〕 40 Stat. 449, 451 (Sec. 3 & Sec. 4 (a)) (1935).

国家劳动关系委员会享有强大的行政权力，这是《华格纳法》规定的重心。委员会的权力主要包括调查权和决定权：[1]

——调查权。调查程序只能依雇员举报启动，雇主无权举报，委员会也不得自行立案。接到举报以后，委员会向被举报的雇主提起指控（complaint），展开调查，并举办听证（hearing）。雇主有权利做出答辩，有义务配合调查并出席听证。如果妨害公务，将被处以 5000 美元以下罚款和（或）1 年以下监禁；如果拒绝提供证据或者出席听证，委员会可以发出传票，并由联邦法院强制执行。

——决定权。经过调查，委员会如果认定雇主实施了不公劳动行为，将就事实做出裁决（findings of fact），并下令停止违法（cease-and-desist order），还可以要求雇主采取“积极行动”，例如给涉事员工复职。根据委员会的命令，雇主需要报告纠正违法的进度。如果雇主拒不执行，委员会有权向联邦法院起诉，要求强制执行；雇主如果对委员会的决定不服，也可以起诉，但是诉讼期间通常不停止决定的执行。这些规定初步弥补了原国家劳动委员会执法权力弱的缺陷。

第三，限制司法。信任行政的反面就是怀疑司法。为了防止司法机关推行自由放任、破坏国家干预，《华格纳法》将法院的

---

〔1〕 49 Stat. 449, 453-457 (Sec. 10, Sec. 11 & Sec. 12) (1935).

角色缩减到了最小。首先，雇主如对委员会的决定有异议，必须首先在行政过程中提出，不可以到法院提出新的异议事项或理由；其次，委员会的事实裁决一般具有终局性，法院不得审查，只能讨论法律问题；再次，委员会在调查时无需遵循司法上的证据规则，法院不可以拿这些规则去约束行政；最后，工会代表权纠纷由委员会处理，法院无权管辖。[1]

为了防止最高法院质疑《华格纳法》的合宪性，起草者精心雕琢措辞，反复论证了新法的宪制基础。[2] 首先，他们把规制劳动关系和维护州际贸易扯上了关系。根据宪法，只要事涉州际贸易，联邦就有权干预。贸易是贸易，劳动是劳动，明明是两回事，怎样说合到一起呢？《华格纳法》开篇就解释说：因为雇主否定雇员的结社权，拒绝参加集体谈判，导致了一系列工业冲突，这些冲突会妨碍贸易。[3] 这个逻辑，最高法院在德布斯案曾经用过，起草人可谓“以其人之道还治其人之身”。然后，起草人把规制劳动关系和维护契约自由扯上了关系。按照洛克纳案的逻辑，劳动法就是反自由，明明是敌人，怎样说合到一起呢？《华格纳法》解释道，因为雇主与雇员之间的“谈判力量”（bargaining power）不平等，导致雇员并不享有“充分的结社自由和

---

〔1〕 49 Stat. 449, 453, 454 (Sec. 9 & Sec. 10 (b) (e)) (1935).

〔2〕 参见 Peter H. Irons, The New Deal Lawyers, Princeton: Princeton University Press, 1982, at pp. 229-230。

〔3〕 49 Stat. 449, 449 (Sec. 1) (1935).

真正的契约自由”，所以需要干预劳资关系。[1] 真正的自由——从庞德到布兰代斯，类似的修辞不断涌现，如今终于写入了立法。1937 年，《华格纳法》果然被推到了最高法院的审判席前。由于法院已经打定主意支持新政，法律并没有经受严酷考验，但是起草者的匠心仍令人称叹。

《华格纳法》奠定了当代美国集体劳动关系法的基础。而个别劳动关系领域紧随其后，于 1938 年出台《公平劳动基准法》(Fair Labor Standards Act)。[2] 法律旨在保障劳动者的最低生活之需，为此规定了最低工资、最高工时及童工保护。最低工资标准由行政机关负责调整，法院的审查权受到严格限制，这和《华格纳法》类似；[3] 而雇主违法的制裁则全部交给司法机关，这与《华格纳法》相反。雇主一旦违反劳动基准，不仅需要缴纳罚金，而且可能入狱半年；不仅要赔偿雇员遭受的损失，而且要加付相当于实际损失 50% 的惩罚性赔偿金；不仅可能面临集体诉讼，而且要承担雇员一方的律师费。[4] 严厉的制裁保障了法律的实施，而“劳动基准”一词也进入了劳动法学的词典，成为术语。

作为劳动风险的对冲手段，社会保障法也发展起来。1935

[1] 49 Stat. 449, 449 (Sec. 1) (1935).
[2] 52 Stat. 1060 (1938).
[3] 52 Stat. 1060, 1064-1066 (Sec. 8 & Sec. 10) (1938).
[4] 52 Stat. 1060, 1069 (Sec. 16) (1938).

年出台的《社会保障法》(Social Security Act)[1] 设置了两种保障模式：一种模式由联邦自行经办保障项目，主要是指养老保险；另一种模式则由联邦拨款给各州和地方，由各州和地方经办，主要用于补助年老、年幼、怀孕、生病、失业、失怙、失明的劳动者。为了争取拨款，各州和地方必须制定用款计划，请求联邦批准。以服从换拨款——全新的分权观诞生了：联邦不但享有宪法规定的直接干预权，而且可以通过财政手段实施间接干预。无论采取何种模式，都需要筹集大量资金，这通过向雇主和雇员开征新税来解决。以缴税换保障——全新的自由观诞生了：公民不但享有免于政府干涉的消极自由，还享有获得政府保障的积极自由。

《国家劳动关系法》、《公平劳动基准法》和《社会保障法》并称新政三大劳动立法。它们继承了进步时代的改革精神，坚定了庄严无畏的现实立场，改变了劳资格局，重建了职场秩序，更深刻塑造了公民与国家、联邦与各州、行政与司法之间的关系——而这恰恰是宪法的主题。和威尔逊一样，小罗斯福胸中怀有宏大的宪法愿景，劳动法居于愿景的一角。1944 年初，小罗斯福向国会发表国情咨文，把这幅愿景描述为“第二权利法

---

〔1〕 49 Stat. 620 (1935).

案”:[1]

眼下，为了赢得长期和平，并建立比以往任何时候都要高的美式生活标准，我们有义务开始制订计划、确定战略。而无论总体生活标准有多高，只要我们人民中还有一小部分——无论是三分之一、五分之一还是十分之一——吃不好、穿不好、住不好、不安全，我们就不能满意。

这个共和国自开国以来，发展壮大至今，始终保护某些不可剥夺的政治权利——包括言论自由、出版自由、信仰自由、陪审团审判的权利，以及免遭不合理搜查和扣押的自由。它们是我们的生命权和自由权。

而随着我们的国家体量增长、身材变高——随着我们工业经济的扩张——这些政治权利被证明不足以确保我们追求幸福时的平等。

我们已经充分认识到了事实：离开了经济安全和独立，真正的个人自由就无法存在。“困窘之人非自由人。”饥饿和失业的人正是打造专制的材料。

在我们的时代，这些经济真理不证自明，获得了接受。可以说，我们已经接受了一部第二权利法案（second Bill of Rights），它可以

---

[1] Franklin D. Roosevelt, *State of the Union Message to Congress*, January 11, 1944, F. D. R. Library, available at http: //www. fdrlibrary. marist. edu/archives/pdfs/state_ union. pdf (last visited Aug. 29, 2017).

为所有人的安全和繁荣奠定新的基础，无论身份、种族或信仰。

其中包括：

在我国的工厂、商店、农场或矿山拥有一份能够胜任的有偿工作的权利；

获得足够收入以提供充足的食品、衣服和娱乐的权利；

每位农民种植和销售其产品，回报能够让他和他的家庭过上体面生活的权利；

每位商人无论大小，在免于不公平竞争和垄断组织主宰的氛围中，从事国内和国外贸易的权利；

每个家庭享有体面住所的权利；

充分的医疗保健和拥有实现并享受健康的机会的权利；

获得充分保障，免于年老、疾病、事故和失业所造成的经济之忧的权利；

获得良好教育的权利。

所有这些权利都会带来安全。赢得战争以后，我们必须做好准备，继续前行，落实这些权利，实现人类幸福安康的新目标。

在很大程度上，美国本身在世界上的正当地位取决于这些和类似的权利多么充分地被落实到我们的公民身上。因为，除非国内是安全的，否则世界上不会有持续的和平。

第二权利法案从未写入宪法，却统治了战后宪法学的核心议程。[1] 它浓缩了新政的遗产：社会经济的权利，积极作为的政府，大幅扩权的联邦，以及领导世界的地位。从克服危机到打赢“二战”，临到人生尽头，小罗斯福终于将执政路线和盘托出：劳资休战带来国内安宁，国内安宁带来世界和平。路线留下遗产，遗产改变宪法，而宪法的变革必须得到司法的承认。新政的焦点转向了最高法院。

三

最高法院对新政的态度并不友善。国家干预的进程如火如荼，而司法放任的执念却冰冷无比。1935 年 5 月 27 日，最高法院对新政发起了总攻。在谢克特家禽公司诉美国一案[2] 中，最高法院宣告《国家工业复兴法》违宪。这部法律只存活了 2 年，劳动法改革才刚起步，就一脚踏空，跌入深渊。国家劳动委员会随即停摆，而更严峻的考验还在后面：《国家劳动关系法》和《社会保障法》很快也将被推上被告席，如果它们遭到相同的厄运，劳动法的大厦岂不要轰然倒塌？

小罗斯福有足够的理由担心。他上任时间还短，任内只有霍

〔1〕 参见［美］凯斯·R. 桑斯坦著，毕竞悦、高瞰译：《罗斯福宪法：第二权利法案的历史与未来》，中国政法大学出版社 2016 年版。

〔2〕 Schechter Poultry Corp. vs. United States, 295 U. S. 495 (1935).

姆斯大法官退休，补入了总统信得过的人选。剩下的 8 位大法官之中，虽然有布兰代斯和本杰明·卡多佐（Benjamin Cardozo）这样的进步人士，但是多数意见由所谓“四骑士”（Four Horsemen）把持。这 4 位大法官分别是塔夫脱任命的范德冯特、威尔逊任命的麦克雷诺兹，以及哈定任命的萨瑟兰和巴特勒。他们观点保守、阵营严整，堪称抵制新政的中坚力量。大法官一职实行终身制，小罗斯福没法将保守派赶出法院。无奈之下，他转而采取“掺沙子”的办法，向法院输送新人，稀释保守派的影响。

1937 年 2 月 5 日，小罗斯福宣布了司法改革设想——填塞法院计划（court-packing plan）。方案可谓石破天惊：任何一位大法官都必须在年满 70 岁后的半年内退休；每有一位拖着不退，大法官员额就增加一人，由总统任命，最多可增加 6 人。保守派大法官普遍年事已高，方案明显是针对他们制定。如此公然的政治操作，一旦获得国会通过，司法还有什么独立可言？反对声音如潮也就在情理之中。不过，小罗斯福并没有失去信心。就在刚结束不久的大选之中，他以压倒优势获得连任，这凸显了民意对于新政的支持。而在支持者的行列里，最值得信任的是工人，因为他们厌恶法院对于工运的阻挠。当时，劳联中分裂出了产业组织委员会（Committee for Industrial Organization），后者发明了新的集体行动方式——静坐罢工（sit-down strike）。以往，罢工者为了阻止其他工人上工，或者雇主另雇他人替工，往往在厂外设置纠察线；现在，罢工者直接占领工厂，无需在厂外设防，行动成本更低，效果也更有保障。2 月 11 日，经过漫长的静坐罢工，全美最强大的企业——通用汽车终于熬不住，承认了汽车工人联合会（United Auto Workers）的谈判对手资格。后来，产业组织委员会易名为产业组织联合会（Congress of Industrial Organization），成为了新政的坚强盟友。[1] 有民意打底，有盟友撑腰，小罗斯福放胆挑战司法独立，誓要改变法院格局。[2]

大法官们屈服了。3 月 29 日，最高法院就西滨旅店诉帕里什一案[3]做出判决，直接推翻了 1923 年的阿德金斯案，这标志着司法态度的根本转变。本案中，接受违宪审查的是华盛顿州的女工最低工资立法。与阿德金斯案一样，保守派主张立法侵犯了女工的契约自由，违反了宪法正当程序条款。而法院意见则敲响了契约自由论和正当程序论的丧钟。契约自由当然要受到保护，但是，“这个自由是什么含义？”法院自问自答：

宪法在禁止剥夺［自由的正当程序保护］时，并不承认绝

〔1〕 Frank Freidel & William L. O’Neill, *The United States from 1920 to 1945*, Encyclopedia Britannica, avaible at https: //www. britannica. com/place/United-States/The-United-States-enters-the-Great-War (last visited Aug. 24, 2017).

〔2〕 填塞法院计划的情况取自 Jamie L. Carson & Benjamin A. Kleinerman, *A Switch in Time Saves Nine: Institutions, Strategic Actors, and FDR´s Court-Packing Plan*, 113 Pub. Choice 301 (2002)。

〔3〕 West Coast Hotel Co. vs. Parrish, 300 U. S. 379 (1937).

对的、不受控制的自由。自由在各个时期各有其历史和内涵。而宪法所保障的自由处在社会组织中，它要求法律保护其远离威胁人民健康、安全、道德和福利的恶。[1]

换言之，自由不是抽象的、永久的，而是具体的、历史的；自由不属于孤立的个体，而是要放在组织当中去理解。契约自由曾经万古不易、坚不可摧，被形式主义者奉为法律推理的大前提，至此不复存在。

那么，在大危机的历史条件下，在美利坚民族的共同体之中，如何界定女工的契约自由，如何确定政府干预的边界呢？最高法院并没有放弃洛克纳案以来的目的—手段分析框架，但是对于何种干预目的才合法、何种干预手段才适当，均不再严格把关，而是放手让政府去裁量："在处理雇主与官员的关系时，立法机关为了给健康和安全提供恰当的保护，必然享有广泛的裁量权。"[2] 甚至，"即便政策是否明智存有争议、政策效果尚不确定，立法机关仍然有权作出判断"[3]。审查如此宽松，几乎所有国家干预均可过关。实体性正当程序不再充当经济政策的绊脚石。

---

〔1〕 West Coast Hotel Co. vs. Parrish, 300 U. S. 379, 391 (1937).
〔2〕 West Coast Hotel Co. vs. Parrish, 300 U. S. 379, 393 (1937).
〔3〕 West Coast Hotel Co. vs. Parrish, 300 U. S. 379, 399 (1937).

最高法院不仅不再严格审查经济政策，而且更进一步，为政策背书。大法官们认为，女工最低工资立法至少有两方面的依据。一是女工的特殊地位：

州的立法机关显然有权考量妇女的就业状况，即以下事实：她们处在收入最低的人群之中，她们的谈判力量相对薄弱，而她们的贫困境况很容易被利用。立法机关有权采取措施减轻“血汗体系”之恶，后者以无法糊口的工资剥削劳工，使她们在伤害最大的竞争中落入非常无助的境地。[1]

二是大危机的特殊环境：

剥削［女工］……不仅有害于她们的健康和幸福，而且直接将扶助她们的负担加诸社会。纳税人不得不支付这些工人所损失的工资。……从司法角度，我们注意到最近时期的萧条带来了前所未有的救济需求，尽管经济已有复苏，这种需求仍在延续，值得警醒。……社会没有义务在事实上为无良雇主提供补贴。[2]

西滨旅店案是法律现实主义的决定性胜利。最高法院终于睁

〔1〕 West Coast Hotel Co. vs. Parrish, 300 U. S. 379, 398-399 (1937).
〔2〕 West Coast Hotel Co. vs. Parrish, 300 U. S. 379, 399 (1937).

眼看现实：劳工的困境、工运的浪潮、危机的持续、总统的威胁……并且将这些因素或明或暗地纳入审判考量之中。该案宣判两周以后，现实主义在国家劳动关系委员会诉琼斯和劳林钢铁公司案[1]中再下一城。西滨旅店案中的形式主义堡垒是契约自由，而在琼斯钢铁案里，堡垒换成了州际贸易。钢铁公司坚称，劳资关系与州际贸易不相干，《华格纳法》授予了联邦超越宪法的权限。而法院的反驳逻辑则与西滨旅店案如出一辙。什么是“州际贸易”？它不是抽象的：“州际贸易本身是一个实践的概念。同样正确的是，评估对这种贸易的干预时，不得无视实情而做出判断。”形式主义者死守着狭隘的、一成不变的州际贸易概念，而法院认为，这些人“要求我们闭上眼睛，无视我们国家生活最直白的现实，并且在智识的真空中处理问题的直接和间接影响”[2]。大法官们拒绝被教条愚弄，他们的双眼一旦睁开，就再不会轻易闭上。

那么，如何在国家当下的情势之中，判断州际贸易的边界呢？和西滨旅店案一样，最高法院赋予立法机关以广泛的裁量权。他们拒绝严格审查立法，而是尽量放立法过关：“解释立法的基本原则在于拯救而非摧毁。我们反复指出，如果立法存在两种可能的解释，一种违宪，另一种合宪，那么，我们的义务显然

〔1〕 National Labor Relations Board vs. Jones & Laughlin Steel Corp., 301 U. S. 1 (1937).
〔2〕 National Labor Relations Board vs. Jones & Laughlin Steel Corp., 301 U. S. 1, 41-42 (1937).

在于采纳拯救立法的解释。"[1] 进一步地，大法官们表态支持《华格纳法》的政策："经验充分表明，承认雇员自我组织，并为集体谈判而自行选择代表的权利，往往是工业和平的关键前提。拒绝协商和谈判已经成为冲突的最常见的原因之一"，[2] 只有立法加以规制，才能实现工业和平，保护贸易畅通。

西滨旅店案和琼斯钢铁案确立了最高法院的崭新立场。后世认为，司法"及时转向，救了［最高法院的］9 人"（switch in time that saved nine）。这次转向过于戏剧化，背后的真相至今存疑。有学者宣称，现实因素在两起判决中的权重并不大，大法官们更多考虑的是先例和逻辑，所以形式主义并没有输。[3] 即使现实的考量确实占了上风，大法官们这么做就一定是正确的吗？并非所有人都给出了肯定答案。形式主义者会说，只要考虑现实就是错的；霍姆斯会说，只要权衡利益，考虑现实就是对的；而另一位大法官费利克斯·弗兰克福特（Felix Frankfurter）也许会说，法院没有能力驾驭现实，案件根本不该获得受理。[4] 这场讨论一直持续到今天。

无论争议多少，结果才具有决定意义：最高法院不再充当劳

---

〔1〕 National Labor Relations Board vs. Jones & Laughlin Steel Corp., 301 U.S. 1, 30 (1937).

〔2〕 National Labor Relations Board vs. Jones & Laughlin Steel Corp., 301 U.S. 1, 42 (1937).

〔3〕 G. Edward White, The Constitution and the New Deal, Cambridge: Harvard University Press, 2000, at pp. 21-23.

〔4〕 弗兰克福特的观点详见本章第三节。

动法改革路上的拦路虎。时间站在了小罗斯福一边：打赢决胜之战以后，大法官们纷纷离任，留下了多达7个职缺，由总统指派自己人一一填补。[1] 填塞法院计划虽未实施，目的却达成了。司法障碍既除，工运发展迅速。1920年，全国工会会员共有500万出头，之后一路走低；颓势被新政扭转，至1941年，会员达到了1050万人，1947年更高达1200万人。[2]

1941年12月7日，日寇偷袭珍珠港，美国正式加入第二次世界大战。国难当头，工运领袖仿效"一战"旧例，宣誓暂停罢工；由于军工生产高涨，失业现象几乎消失；因为物价管控得力，工人的收入水平有所上升。这一切都促进了劳资和平，而和平迅速释放出巨大的红利：美国崛起为反法西斯阵营的兵工厂。至1944年初，美国的生产力达到了敌国总和的两倍之多。[3] 千百万劳动者被动员起来，搁置内斗，一致对外，这注定了法西斯势力失败的命运。1945年8月15日，在停泊于东京湾的美军"密苏里"号战列舰上，日本向盟国无条件投降。踏着汗水、血水与泪水，美利坚合众国登上了西方世界的霸主地位，劳动关系

---

〔1〕 详见 Peter H. Irons, The New Deal Lawyers, Princeton: Princeton University Press, 1982, at pp. 291-292。

〔2〕 Julius G. Getman, The Supreme Court on Unions: Why Labor Law Is Failing American Workers, Ithaca: Cornell University Press, 2016, at p. 8.

〔3〕 Frank Freidel & William L. O' Neill, *The United States from 1920 to 1945*, Encyclopedia Britannica, avaible at https://www.britannica.com/place/United-States/The-United-States-enters-the-Great-War (last visited Aug. 24, 2017).

和劳动法也迎来了新的时代。

第三节 扎营：哈佛中心与耶鲁学人

洛克纳案之后的40年间，劳动法一直占据国家政治舞台的中心。从威尔逊改革，到柯立芝繁荣，再到罗斯福新政，劳资关系领域大事不断，引人瞩目。而劳动法研究也从法学的边缘走向核心。从庞德的法社会学，到布兰代斯和康芒斯的工业民主，劳动法研究产生了较为深刻、系统的理论成果，汇集了愈加丰富的学术资源，凝聚了初具规模的学人群体。洛克纳案宣判后，宪法学家爱德华·考文、行政法学家恩斯特·弗罗因德、侵权法学家勒尼得·汉德、法律史家弗雷德里克·波洛克等都发表了评论文章，[1] 这反映出劳动法研究的多学科特征。阿德金斯案宣判后，全国消费者联盟（National Consumers' League）将学界批评汇集成书，作者当中既有哈佛、耶鲁、哥伦比亚、普林斯顿等全国性大学的学者，也有加利福尼亚、佛蒙特、伊利诺伊等州立大学的

---

〔1〕 Edward S. Corwin, *The Supreme Court and the Fourteenth Amendment*, 7 Mich. L. Rev. 643 (1909); Ernst Freund, *Constitutional Limitations and Labor Legislation*, 4 Ill. L. R. 609 (1910); Learned Hand, *Due Process of Law and the Eight-Hour Day*, 21 Harv. L. Rev. 495 (1908); F. P., *The New York Labour Law and the Fourteenth Amendment*, 21 L. Q. Rev. 211 (1905). 关于弗罗因德的学术，参见宋华琳：《恩斯特·弗罗因德与美国早期行政法学》，载《华东政法大学学报》2012 年第 5 期。

专家，[1] 这反映出劳动法研究向各地的扩散。劳动法研究在法学内部站稳脚跟，安营扎寨。其中，哈佛法学院积累起厚重的传统，成长为劳动法研究的中心；耶鲁法学院则乘着现实主义的东风，发展成劳动法研究的基地。

一

从19世纪末开始，哈佛大学就是劳动法研究当之无愧的中心。哈佛法学院诞生了第一位劳动法专职教授斯蒂姆森，培养了霍姆斯、布兰代斯两位学者型大法官；而朗代尔与庞德合计执掌学院长达四十多年，更是为劳动法研究提供了一方沃土。两位罗斯福总统都是劳动法的改革家，他们虽然不曾入读哈佛法学院，却都在哈佛度过了大学时光。毫不夸张地说，没有哈佛，就没有美国现代劳动法，更不会有美国劳动法学。

在济济一堂的学人中间，弗兰克福特学术精湛、实践有方、人脉宽广，堪称20世纪二三十年代的劳动法学术领袖。弗兰克福特生于维也纳，12岁时随家人移民美国，到纽约城落脚。[2] 因为家贫，他只能读公立学校。虽然起初一句英文也不会讲，但

〔1〕 National Consumers' League (ed.), The Supreme Court and Minimum Wage Legislation: Comment by the Legal Profession on the District of Columbia Case, New York: New Republic Inc., 1925.

〔2〕 除非特别说明，弗兰克福特的童年和求学经历取自 Michael E. Parrish, Felix Frankfurter and His Times: The Reform Years, New York: The Free Press, 1982, at pp. 7-22。

是弗兰克福特迅速展现出学习天赋。他以优异的成绩被哥伦比亚大学附属实验中学录取，可惜交不起学费，只好作罢。毕业以后，弗兰克福特入读纽约城市学院（City College of New York）。他和大多数同学一样出身贫寒，半工半读，辛苦非常。

弗兰克福特有志气。谋生不易，更要好学不倦，正所谓“穷且益坚，不坠青云之志”。大纽约是个万花筒，各类人士同声相求，各种思潮自由翻涌，智识资源密集，聚会、演说不断。“这座移民的都会有各种景观、声响、气息，会聚了无与伦比的人群，成为了费利克斯最丰富的教室。”纽约就是弗兰克福特的大学，他在这里学知识、长见识、明志向。“他最终决定要做个法律工作者，而不做记者、诗人、革命党或者虚无派。”现实主义的立场在那时就确定下来，坚守一生。

1902 年，弗兰克福特获得哈佛法学院录取。他赶上了形式主义的盛行期。某些教授墨守先例，“言必称希腊”，不越雷池一步。学生编顺口溜揶揄道：

布兰南教授起床穿上了鞋——

（密歇根案例汇编第 50 卷第 42 页）。

他罩上了外套出门上大街——

（威斯康星案例汇编第 20 卷第 64 页）。

身为典型的好学生，弗兰克福特如鱼得水，成绩连续 3 年领先全班，还在《哈佛法律评论》谋得了编辑职位。不过，学业的成就并未改变他的心性。弗兰克福特心仪的学者都属于现实主义阵营：主张权衡实际利益的霍姆斯，反对法官恣意滥权的约翰·奇普曼·格雷（John Chipman Gray），[1] 鼓吹限制司法审查社会政策的詹姆斯·塞耶（James Thayer），[2] 等等。弗兰克福特深谙社会现实的复杂与苦难，对法学院内劲吹的拜金之风不以为然。“人们指望学院的毕业生赚大钱、勇于尊重法律和司法机关，并促进正义——大致上越靠前越优先。”毕业以后，弗兰克福特顺利加盟华尔街的大律师行，但是很快转战政坛，在纽约和华盛顿为联邦政府工作。比起赚钱，他更在乎改变现实。

1914 年，弗兰克福特回母校任教，旋即投入形式主义与现实主义的战斗之中。他推崇庞德的观点，认为朗代尔“看上去像位神学家——他生活在既定的形式框架之内，是一位意气难平的逻辑学家、才华出众的推理专家”。[3] 神学属于天国，而法学属于人间，“法律并不外于生活；它是生活的一部分”。[4] 为了认

〔1〕 参见［美］约翰·奇普曼·格雷著，马驰译：《法律的性质与渊源（原书第二版）》，中国政法大学出版社 2012 年版。

〔2〕 参见［美］詹姆斯·赛尔撰，张千帆译：《美国宪政理论的渊源与范围》，载《环球法律评论》2005 年第 2 期。

〔3〕 Felix Frankfurter, *The Conditions for, and the Aims and Methods of, Legal Research*, 15 Iowa L. Rev. 129, 132 (1930).

〔4〕 Felix Frankfurter, *The Law and the Law School*, 38 Annu. Rep. A. B. A. 365, 367 (1915).

识现实生活，法学不能拘泥于逻辑，必须引入社会科学："我们仍然沉醉在……啜饮美酒之中，不过是从社会科学的新爱杯里。"[1]

诚然，逻辑的削弱会降低法律的确定性，但是绝对的确定性并非法律和法学的追求。弗兰克福特用医学作比喻："医学的全部历史表明，它是一门关于可能性而非确定性的科学……正因如此，医学院成为了有组织的实验基地，用来提出理论，再由实务工作者加以应用、检测和校正。法律和法学院也必须这么办。"[2] 当然，这并不意味着法学必须学以致用。恰恰相反，弗兰克福特对重实效、轻理论之风深感忧虑，他呼吁将理论的创造与采纳区分开来，让理论工作者享有"免于承担压力的自由，无需顾虑理论的实效，无需依赖委员会、学术会议或基金的批准，无需一时满足这个希望、一时减轻那个担忧"。[3] 放下担子之后，学术才能回归单纯的好奇，才能实现弗兰克福特定下的三大标准——"原创性、自发性和多样性"。[4]

身处形式主义与现实主义的对战之中，弗兰克福特比普通战

---

〔1〕 Felix Frankfurter, *The Conditions for, and the Aims and Methods of, Legal Research*, 15 Iowa L. Rev. 129, 133 (1930).

〔2〕 Felix Frankfurter, *The Law and the Law School*, 38 Annu. Rep. A. B. A. 365, 371 (1915).

〔3〕 Felix Frankfurter, *The Conditions for, and the Aims and Methods of, Legal Research*, 15 Iowa L. Rev. 129, 135-136 (1930).

〔4〕 Felix Frankfurter, *The Conditions for, and the Aims and Methods of, Legal Research*, 15 Iowa L. Rev. 129, 130, 139 (1930).

士看得更远。理论之争、方法之争，既要拿得起，更要放得下，因为真正要紧的是生活。“方法须得从问题中来”，而问题是多面的，所以，“方法必须是灵活的”。弗兰克福特呼吁斗争双方不要执着于分出高下：“让我们不要为了何者优先、特别是何种方法优先而做无谓的争斗，也不要在地位的荣耀中迷失自我。”〔1〕比起形而上的争论，弗兰克福特更关注形而下的变革。他抨击劳工禁令，支持失业保险。〔2〕他批评洛克纳案的判决，总结穆勒诉俄勒冈案的成就，认为司法正在发生重大转变：从形式主义到关注现实，从个人利益本位到维护共同体利益。〔3〕为了加速这种转变，弗兰克福特身体力行，代理劳动案件，撰写“布兰代斯摘要”，去最高法院捍卫劳动保护立法。〔4〕他的传记描绘了这生动的一幕：

“［每天只工作］10 小时！10 小时！10 小时！”麦克雷诺兹高踞庭上怒斥道。“如果 10 小时可行，为什么不规定成 4 小时?”

〔1〕 Felix Frankfurter, *The Conditions for, and the Aims and Methods of, Legal Research*, 15 Iowa L. Rev. 129, 139-140 (1930).

〔2〕 Felix Frankfurter & Nathan Greene, The Labor Injunction, New York: The Macmillan Company, 1930; Felix Frankfurter, "*A Distinctively American Contribution*", 23 Am. Lab. Legis. Rev. 169 (1933).

〔3〕 Felix Frankfurter, *Hours of Labor and Realism in Constitutional Law*, 29 Harv. L. Rev. 353, 366-367 (1916).

〔4〕 例如，Felix Frankfurter, *Brief for Defendants in Error upon Re-Argument* (*Frank c. Stettler vs. Edwin v. O' Hara & Elmira Simpson vs. Edwin v. O' Hara*), New York: National Consumers' League, 1916。

弗兰克福特戴着眼镜，不失冷静地回应说："法官大人，如果凑巧……您的医生发现您吃肉太多，他并没有必要强烈要求您变成素食主义者。"这个反驳逗乐了霍姆斯，他私下大声说："干得漂亮!"虽然麦克雷诺兹出语压人，但是弗兰克福特的论辩最终胜出。[1]

各个具体领域的改革——废除劳工禁令、建立失业保险、支持劳工保护——拼接起来，构成了劳动法的总体愿景。同为心怀愿景之人，弗兰克福特对愿景的描绘比庞德更清晰、更具体：

当代社会建立在特定的假设之上：社会进步取决于经济福利；我们的经济体系奠基于自由竞争法则，并接受法则的得与失；资本的大规模聚集并不与自由竞争法则相悖，事实上不可避免，且对社会而言是可欲的；个体的劳工必须联合起来，才有可能与集中的资本展开自由竞争。[2]

弗兰克福特支持工人结社，这与布兰代斯相投和；但是他并不反对资本集中，这比布兰代斯更温和。

---

〔1〕 Michael E. Parrish, Felix Frankfurter and His Times: The Reform Years, New York: The Free Press, 1982, at p. 74.

〔2〕 Felix Frankfurter & Nathan Greene, The Labor Injunction, New York: The Macmillan Company, 1930, at pp. 203-204.

身在象牙塔中，弗兰克福特深知：唯有依靠政治力量，方能将愿景变为现实。他摸索出了一幅影响政治的路线图：利用哈佛讲坛，发现和培养青年学生；结交霍姆斯、布兰代斯和卡多佐等进步大法官，推荐门生担任他们的助理；结交小罗斯福总统，推荐门生到行政系统任职。[1] 弗兰克福特是个热情的人，“每时每刻，他的所思、所爱、所感，都比常人更丰、更炽、更烈”。[2] 热情换来信任。1917 年，弗兰克福特短暂离开校园，到战时劳动政策委员会（War Labor Policies Board）工作，负责解决与军工生产有关的劳资纠纷。作为海军部的代表，小罗斯福也在委员会中，由此结识了弗兰克福特。[3] 小罗斯福当选总统之后，弗兰克福特虽未入阁，却是总统最重要的私人顾问之一。他的学生更占据了新政机关的要津。例如，国家劳动关系委员会成立之初，延揽人才的工作由两位年轻人负责：一位是托马斯·埃莫森，他在耶鲁法学院读书时，正好赶上弗兰克福特前来访学，于是被看中、栽培，辗转推荐到委员会工作；[4] 另一位是内森·维特，他在弗兰克福特的行政法课堂上被看中，经过实务历练后

〔1〕 Mark Silverstein, *Frankfurter, Felix* (1882-1965), in Roger K. Newman (ed.), The Yale Biographical Dictionary of American Law, New Haven: Yale University Press, 2009, at p. 205.

〔2〕 Alexander M. Bickel, *Felix Frankfurter*, 78 Harv. L. Rev. 1527, 1527-1528 (1965).

〔3〕 Peter H. Irons, The New Deal Lawyers, Princeton: Princeton University Press, 1982, at p. 9.

〔4〕 埃莫森参与新政的经历，见 Thomas I. Emerson, Young Lawyer for the New Deal: An Insider's Memoir of the Roosevelt Years, Savage: Rowman & Littlefield Publishers, Inc., 1991。

被送入委员会。[1] 总统的青睐、法官的交谊、门生的帮衬，为弗兰克福特换来了法律工作者的至高荣誉。1939 年 1 月，弗兰克福特就任最高法院大法官，直到 1962 年退休。

大功告成，毁誉参半，虽然残酷，却是常态。“费利克斯·弗兰克福特获得了通常只属于总统、将军、影星和怪人富翁的敬畏、热爱、仇恨和猜忌，尽管他从未当选公职，从不公开施惠，而去世时几乎一文不名。”[2] 对弗兰克福特的批评主要集中在他担任大法官之后的表现。从洛克纳案这部反面教材里，现实主义者学到了不同的教训：霍姆斯和庞德认为，法院错在死守教条，只顾及契约自由这一种利益，缺乏利益权衡；而弗兰克福特认为，利益权衡固然重要，但是法院根本缺乏这样做的能力，应该让贤给立法机关。他认为，法院要知难而退，“承认我们在权衡利益，我们在做出判断，而这种判断除非足够清楚、毫无争辩余地，否则完全应当由立法机关做出”。[3] 他以司法机关的能力局限为由，主张司法谦抑，这种观点被法律过程学派继承。鉴于最高法院自 19 世纪后期以来一贯保守反动，弗兰克福特企图给大法官套上枷锁，委实无可厚非。然而，国家政治生态在战后发生

〔1〕 Peter H. Irons, The New Deal Lawyers, Princeton: Princeton University Press, 1982, at pp. 236-237.

〔2〕 Peter H. Irons, The New Deal Lawyers, Princeton: Princeton University Press, 1982, at p. 2.

〔3〕 Felix Frankfurter, *Hours of Labor and Realism in Constitutional Law*, 29 Harv. L. Rev. 353, 367 (1916).

剧变，民权取代劳权成为时代的呼声，而最高法院冲在了争取民权的斗争前列。弗兰克福特偏要唱反调，把法院往回拽，自然不得人心。[1]

争议之人往往有多面性格。有的面向讨喜，有的面向讨嫌，千人千面，众口难调。而在弗兰克福特身上，多面的性格浑然一体，是那样的独特，又是那样的迷人。正如他的门生、杰出的宪法学家亚历山大·毕克尔所言：

从没有人像他这样，领悟和反驳都如此迅速，同情与愤怒都如此火热，对他人的弱点如此纵容、又如此严苛，如此冷静、又如此不安，如此绅士、又如此粗鲁。从没有人像他这样，既是倾听者、又是言说者，既是话语的斗士、又是音乐的情人。从没有人像他这样，既喜欢大笑、又保有智识的严谨，既投身政治、又保有道德的端正。[2]

二

弗兰克福特在学界的势力毫不逊于政界。仅就劳动法研究而

---

〔1〕 弗兰克福特的司法角色观在劳动争议中的表现，见 Clyde W. Summers, *Frankfurter, Labor Law and the Judge's Function*, 67 Yale L. J. 266 (1957)。

〔2〕 Alexander M. Bickel, *Felix Frankfurter*, 78 Harv. L. Rev. 1527, 1527-1528 (1965).

论，他两位学生都成果丰硕：詹姆斯·兰迪斯担任哈佛法学院的院长，哈里·舒尔曼担任耶鲁法学院的院长。排名最靠前的两所法学院都由弗门弟子执掌，这既反映了弗兰克福特的影响力，也折射出劳动法学术地位的提升。

兰迪斯是位复杂的人。他的教育履历就像乃师一样完美。[1]兰迪斯生于东京，父母都是传教士。在普林斯顿大学读本科的第一年，他就在《密歇根法律评论》发表了法学论文，展现出过人的学术天赋。他的成绩居全班之冠，可是父亲要求过苛，总要揪着成绩单上的个别“B”不放，让他心情郁闷。研究者认为，紧张的父子关系给兰迪斯晚年的精神困扰种下了根由。后来，兰迪斯到哈佛法学院深造，学业继续领先。读法学士（LL. B.）学位时，他的各科平均分为 81 分，全级第一；读法博士（S. J. D.）学位时，他的平均成绩达到 87 分，很可能创下了历史纪录。他进入了《哈佛法律评论》编辑部，却在竞争主编职位时败给了弗兰克福特支持的候选人。年轻气盛的兰迪斯为了证

---

〔1〕除非特别说明，兰迪斯的生平取自：Michael R. Beschloss, *The Life of James Landis*, 95 Harv. L. Rev. 1179 (1982); Duncan Farthing-Nichol, *Book Review: The Triumph, Tragedy and Lost Legacy of James M. Landis*, 65 J. Legal Educ. 661 (2016); Erwin N. Griswold, *James McCauley Landis, 1899-1964*, 78 Harv. L. Rev. 313 (1964); Milton Katz, *James M. Landis*, 78 Harv. L. Rev. 317 (1964); Louis L. Jaffe, *James Landis and the Administrative Process*, 78 Harv. L. Rev. 319 (1964); Donald A. Ritchie, *Landis, James McCauley (1899-1964)*, in Roger K. Newman (ed.), The Yale Biographical Dictionary of American Law, New Haven: Yale University Press, 2009, at pp. 322-323; Harvard Law School Library, *Landis, James McCauley, 1899-1964. Papers, 1924-1945: Finding Aid.*, Cambridge: Harvard Law School, 1973, available at http://oasis.lib.harvard.edu/oasis/deliver/~law00025 (last visited Sept. 1, 2017)。

明自己，专门选修弗兰克福特的课程。他的表现果然获得了老师的青睐。毕业以后，弗兰克福特推荐兰迪斯担任布兰代斯大法官的助理。1926 年，兰迪斯回到母校任教，时年不足 27 岁。

作为学者，兰迪斯被公认为行政法学的开山祖师之一。在他生活的时代，行政国家飞速崛起，深刻改变了三权分立的格局。而他既是变局的观察者、记录者，更是参与者、推动者。行政国家由规制机构（regulatory agency）组成。在兰迪斯看来，规制机构绝不仅仅是行政权力的载体，而是三权的集合：既有规章制定权，又有行政执法权，还有纠纷裁决权。为什么要在三大政府分支以外，建立这样一个“第四分支”呢？兰迪斯说，这是因为它们比司法机关更专业、人手更充裕，比立法和行政机关更少受政治影响，能够更好地遂行干预经济生活的任务。[1] 在弗兰克福特的安排下，兰迪斯参与新政，担任《证券交易法》（Securities and Exchange Act）的起草人。根据该法，成立了新的规制机构——证券交易委员会（Securities and Exchange Commission）。1935 年，兰迪斯出任委员会主席。

两年后，年仅 38 岁的兰迪斯接替庞德，执掌哈佛法学院，成为学院有史以来最年轻的院长。在任 9 年间，他几度出任公职，既曾主持国家民防局（National Office of Civil Defense），又

---

〔1〕 兰迪斯的规制机构学说，见 Charles H. Koch, Jr., *James Landis: The Administrative Process*, 48 Admin. L. Rev. 419 (1996)。

曾出使中东。繁忙的学术和公共事务之中，劳动法是经常现身的主题。毕竟，劳动法与行政法之间存在密切的关联：劳资战争是国家干预经济生活的重要动因，而国家劳动关系委员会也是规制机构之一。劳动法学人中的翘楚，无论是庞德、弗兰克福特，还是兰迪斯，都参与了行政法学科的构建。[1] 在哈佛，兰迪斯开设劳动法课程，撰写案例教材，[2] 培养了一批学术后备军。1938 年，全国铁路工人举行大罢工，小罗斯福建立应急委员会商讨对策，兰迪斯也位列其中，负责撰写关于工资纠纷的调查报告。次年，美国政府企图以通共为由驱逐工运领袖，兰迪斯受劳动部委托，担任行政法官审理该案，判决驳回指控，并获得了最高法院的支持。而他对劳动法研究最大的贡献或许在于用人：1945 年，兰迪斯说服考克斯回校任教。战后的 20 年间，正是考克斯开创了劳动法学。

延揽考克斯很可能是兰迪斯职业生涯的最后一抹亮色。1946 年，兰迪斯辞去了院长职务，连教席都没有保留，和哈佛一刀两断。此前，他和弗兰克福特决裂，又和秘书传出绯闻，离婚、再娶，招来非议，这或许是他弃母校而去的动因。杜鲁门总统指派

---

〔1〕 庞德关于行政法的论述，见 Roscoe Pound, Administrative Law: Its Growth, Procedure and Significance, Pittsburgh: University of Pittsburgh Press, 1942；弗兰克福特关于行政法的论述，见 Felix Frankfurter, *The Task of Administrative Law*, 75 U. Pa. L. Rev. 614 (1927)。

〔2〕 Peter H. Irons, The New Deal Lawyers, Princeton: Princeton University Press, 1982, at p. 8; James M. Landis, Cases on Labor Law, Chicago: The Foundation Press, Inc., 1934.

他负责民用航空局，他却得罪了航空巨头，失去了连任机会。人到中年，走投无路，兰迪斯从零开始，参加律师资格考试，为肯尼迪家族处理法律事务。肯尼迪当选总统本该是兰迪斯的人生转机。他奉命提出规制机构改革方案，虽然获得总统首肯，却因为国会抵制而流产。心灰意冷的兰迪斯酗酒无度，神经受损，竟然连续 5 年忘记缴纳个税。事发之后，他不仅丢了公职，遭到律协除名，而且被判入狱 1 个月。次年，兰迪斯溺死在自家的游泳池里，时年不过 65 岁。直到今天，母校还没有与他和解，在哈佛法律图书馆悬挂的历任院长画像之中，仍然看不到兰迪斯的身影。正如他的一位继任者所言，兰迪斯的职业生涯始终处在“燃烧”状态——火焰有时弥足珍贵，有时却会失去控制。

舒尔曼的性格与兰迪斯正相反。[1] 他经历过参选院长失败，更无数次面对劳资双方的剑拔弩张，却从不失措，更不盲动。舒尔曼看上去并不努力，但是他“不浪费一个动作，不写错一个笔画”，用力精准，照样成果丰硕，惹得弗兰克福特打趣道：“哈里，我不知道你究竟是因为犯懒才节约用脑，还是因为节约用脑才犯懒!”[2] 沉稳的性格也让舒尔曼更善于处理人际关系。从布朗大学毕业以后，舒尔曼入读哈佛法学院，并很快获得了弗兰克

---

〔1〕 除非特别说明，舒尔曼的经历取自 Arnold Zack, *Shulman, Harry (1903-1955)*, in Roger K. Newman (ed.), The Yale Biographical Dictionary of American Law, New Haven: Yale University Press, 2009, at pp. 496-497。

〔2〕 Felix Frankfurter, *Harry Shulman*, 64 Yale L. J. 799, 800 (1955).

福特的赏识。他像兰迪斯一样被推荐给布兰代斯，而大法官认准了这棵学术苗子，亲自说服耶鲁聘用舒尔曼，并“包办”了舒尔曼的接受函。[1] 身为哈佛毕业生，舒尔曼赢得了耶鲁法学院的接纳，不但学生视他为偶像，而且教员称赞他是“智识混血的绝佳范例：哈佛的工匠精神……结合了耶鲁的胸怀和远见”。[2] 1940 年，哈佛的出身让他与院长职位失之交臂，而母校不失时机地伸出了橄榄枝。舒尔曼温和而坚定地拒绝了邀请，证明了自己的忠诚。1954 年，舒尔曼成为了耶鲁法学院的掌门人。[3]

在 20 多年的学术生涯里，劳动法始终是舒尔曼关注的焦点。和弗兰克福特的许多弟子一样，他参与新政，担任铁路退休委员会（Railway Retirement Board）的律师，负责铁路工人的退休福利；“二战”爆发后，他又为战时劳动委员会（War Labor Board）工作，并短暂投入行政程序改革之中。[4] 而他的主要贡献则在于劳动仲裁的理论和实践。当时，产业巨头福特公司与工会巨头汽车工人联合会关系不睦，虽然签订了集体谈判协议，但是龃龉不断。受双方共同委托，舒尔曼担任常设仲裁员，负责裁决双方

[1] Melvin I. Urofsky, *Louis D. Brandeis and His Clerks*, 49 U. Louisville L. Rev. 163, 175-176 (2010).

[2] Laura Kalman, Legal Realism at Yale, 1927-1960, Chapel Hill: The University of North Carolina Press, 1986, at p. 141.

[3] Laura Kalman, Legal Realism at Yale, 1927-1960, Chapel Hill: The University of North Carolina Press, 1986, at p. 197.

[4] Eugene V. Rostow, *Dean Harry Shulman*, 64 Yale L. J. 802, 803 (1955).

无法通过协商解决的纠纷。布兰代斯的助理走上了布兰代斯曾经的岗位。

舒尔曼的工作很繁重。仅在任内头3年里，他就处理了大约1100宗案件。其中，既有“男工因打倒工头踹脸而被开除”之类严重事件，也有“女工因着装鲜亮勾人而被罚半小时工资”之类琐碎小事；[1] 某些案件的标的小到某员工一刻钟的工资，某些却涉及6万名员工的近800万美元午餐费。[2] 在案件的丛林中，舒尔曼人和的长处得到了充分展现。他的裁决“粗鲁、敏锐、犀利，却又时常诙谐”，颇有布兰代斯的神韵，深得劳资双方认可。舒尔曼把裁决汇集成册，又精选各地劳动仲裁资料编辑成书，[3] 为起步阶段的劳动仲裁业提供了标杆。

天妒英才。担任院长才一年，舒尔曼就因病去世。在生命的最后时刻，舒尔曼回到母校讲座，总结了自己的劳动仲裁理论。他认为，劳动仲裁员必须认清自己的身份：“他不是最高当局加诸［劳资］双方的公共审判庭……而是双方建立并约束的自治体系的一部分。”[4] 所以，仲裁的目的不仅在于解决纠纷，更在

---

〔1〕 E. Merrick Dodd, *Book Review*, 60 Harv. L. Rev. 486, 488 (1947).

〔2〕 Harry Shulman, *Reason*, *Contract*, *and Law in Labor Relations*, 68 Harv. L. Rev. 999, 1008 (1955).

〔3〕 Harry Shulman, Opinions of the Umpire, Ford Motor Co. and UAW-CIO, 1943-1946, 1946; Harry Shulman & Neil W. Chamberlain, Cases on Labor Relations, Brooklyn: The Foundation Press, 1949.

〔4〕 Harry Shulman, *Reason*, *Contract*, *and Law in Labor Relations*, 68 Harv. L. Rev. 999, 1016 (1955).

于维护自治；仲裁员的眼光不能局促于当下的个案，更要为劳资关系做长远打算。从长期自治的需求出发，仲裁工作既与司法有相似之处，又存在明显的差异，这反映在裁判权限和裁判过程两个方面。

就裁判权限而言，司法权有法律做后盾，而仲裁权来自当事人的授予，其范围受仲裁合同的限制。劳资双方往往约定：仲裁员只有集体谈判协议的解释权，而协议的修改则只能通过重新谈判来实现。与此相反，普通法国家的法官享有广泛的造法权。可是，仲裁员如果过分墨守解释与创设的分界，反而可能破坏劳资和平。比如，一旦遇到协议约定的空白点，保守的仲裁员会以无权创设规则为由，将案件发回劳资双方协商；而协商根本解决不了纠纷，否则双方何必要把案件诉诸仲裁呢？纠纷不能及时化解，就会积累起来，最终爆发，不可收拾。为了避免这种后果，仲裁员需要仿效法官，他的“角色是解释性的，更是创造性的”。[1] 这个观点与布兰代斯和康芒斯不谋而合。既要遵从协议的授权，又要填补协议的阙漏，此中尺度甚为微妙。能否拿捏准确，取决于仲裁员对裁判过程的掌控。

就裁判过程而言，法官值得仲裁员学习的地方也有不少。比如，在同一仲裁员的管辖范围之内，为了给后续案件的当事人建

---

〔1〕 Harry Shulman, *Reason, Contract, and Law in Labor Relations*, 68 Harv. L. Rev. 999, 1007, 1010 (1955).

立稳定的预期，有必要仿效司法先例，建立仲裁先例制度；为了让当事人信服裁决，有必要仿效司法判决，建立裁决说理制度。[1] 另一方面，从职场的长治久安着眼，仲裁要比司法更接地气。“［集体谈判协议的］解释无论在抽象上多么正确，如果其日常应用引发了更多争端和怒火，就会适得其反，害及双方。”[2] 舒尔曼列举了接地气的各种方法：首先，仲裁员要主动收集尽量多的信息，不能像法官那样坐等当事人举证；其次，仲裁员要考虑资方的生产率和成本，以及劳方的利益和态度，不能像法官那样只关注法律因素；再次，仲裁员要顾及裁决的可行性，不能像法官那样只关心判决的合法性；最后，仲裁员要根据当事双方的接受度来把握裁决时机，不能像法官那样简单遵循法定时限。[3]

舒尔曼认为，仲裁只要汲取司法的长处，发挥自身的优势，就会比司法更适合解决劳资纠纷。在讲座的最后，他呼吁法院尊重劳资自治，不要干涉仲裁活动。和布兰代斯一样，他坚信仲裁的地位不可替代。打比方说，这就像不该用货运马车代替运输飞

〔1〕 Harry Shulman, *Reason*, *Contract*, *and Law in Labor Relations*, 68 Harv. L. Rev. 999, 1019-1022 (1955).

〔2〕 Harry Shulman, *Reason*, *Contract*, *and Law in Labor Relations*, 68 Harv. L. Rev. 999, 1018 (1955).

〔3〕 Harry Shulman, *Reason*, *Contract*, *and Law in Labor Relations*, 68 Harv. L. Rev. 999, 1017-1019, 1022 (1955).

机。[1] 在5年以后的钢铁工人三部曲案[2]中，最高法院根据舒尔曼的理论，认可了仲裁在处理劳资争议方面的比较优势，为仲裁员履行职责提供了司法保障。[3] 学术荣耀，莫过于此。

舒尔曼是第一代耶鲁劳动法学人的杰出代表。新政前后，耶鲁法学院汇聚了现实主义的领军人物，从一所地方性法学院跃升为全美法学的重要智识中心，而劳动法无疑是这次跃升的重要跳板。舒尔曼的同事兼同行主要包括（Walter Nelles）沃尔特·奈里斯和弗莱德·罗戴尔（Fred Rodell）。奈里斯是弗兰克福特的同代人，早年投身民权活动，后来到耶鲁任教。他运用现实主义视角重新解释早期劳动法，不仅钩沉史实，更关照当下，赢得了学术声望。不幸的是，奈里斯只活到1937年就去世了。[4]

罗戴尔则与舒尔曼同代。此人乃学界异数，身在最高法学殿堂，却公开发文与法律评论作别，反而把精力花在写歌、写诗、写讲稿和编杂志上。他著书抨击最高法院，所谓“四骑士”的蔑称就是他的发明；[5] 他又写书抨击法律职业，直言“法律工

---

〔1〕 Harry Shulman, *Reason, Contract, and Law in Labor Relations*, 68 Harv. L. Rev. 999, 1024 (1955).

〔2〕 United Steelworkers of Am. vs. Am. Mfg. Co., 363 U. S. 564 (1960); United Steelworkers of Am. vs. Warrior & Gulf Navigation Co., 363 U. S. 574 (1960); United Steelworkers of Am. vs. Enter. Wheel & Car Corp., 363 U. S. 593 (1960).

〔3〕 Julius Getman, *Was Harry Shulman Right?: The Development of Arbitration in Labor Disputes*, 81 St. John's L. Rev. 15, 18-19 (2007).

〔4〕 Norman L. Meyers, *Walter Nelles*, 46 Yale L. J. 1279 (1937).

〔5〕 G. Edward White, The Constitution and the New Deal, Cambridge: Harvard University Press, 2000, at p. 19.

作者，你要倒霉喽!”他把教室搬到家里、酒馆甚至墓园，嬉笑怒骂，毫无顾忌。去世以后，他的第三任妻子把他和爱犬的骨灰一道抛进了大巴黎的塞纳河。[1] 这样一位通身散发着反叛魅力的学者，却是耶鲁开设劳动法课程最早的教员之一。[2] 其实这并不奇怪——劳动法正处在反叛形式主义正统的最前沿。到“二战”结束时，反叛者赢得了胜利，建立起新的正统。

结　语

洛克纳案以后的40年，现实主义者奋勇反击，形式主义者节节败退，虽然战局偶有反复，但是结局确定无疑。胜利属于法律现实主义，而形式主义不仅输在脱离现实，也输在逻辑本身。在朗代尔的世界里，先例之所以应当获得遵从，是因为它运用了原则；而原则之所以应当获得遵从，是因为它总结了先例。先例与原则互相赋予权威，这本质上是循环论证，难以服人。[3] 如果法律不过是车轱辘话来回说，那么为什么要听法官说呢？难道

---

〔1〕 Ronald Goldfarb, *Rodell, Fred (1907-1980)*, in Roger K. Newman (ed.), The Yale Biographical Dictionary of American Law, New Haven: Yale University Press, 2009, at pp. 463-464.

〔2〕 Robert W. Gordon, *Professors and Policymakers: Yale Law School Faculty in the New Deal and After*, in Anthony T. Kronman (ed.), History of the Yale Law School: The Tercentennial Lectures, New Haven: Yale University Press, 2004, at p. 119; Laura Kalman, Legal Realism at Yale, 1927-1960, Chapel Hill: The University of North Carolina Press, 1986, at p. 96.

〔3〕 参见［美］托马斯·格雷撰，屠凯译：《兰代尔的正统》，载托马斯·格雷著，黄宗智、田雷选编：《美国法的形式主义与实用主义》，法律出版社2014年版，第55—58页。

是因为他们更聪明、更熟练、更可靠？论聪明，法官未必比得过科学家；论熟练，法官恐怕比不过计算机；论可靠，法官很难比得过卫道士。某种法律外部的权威来源几乎是不可或缺的，而在现实主义者看来，这种权威就是现实的需求。法律如果不回应这种需求，就会沦为“没有岩石的地质学，没有星辰的天文学”。[1]

即使抛开循环论证的缺陷，形式主义所谓从先例中归纳原则的做法也并不现实，因为，先例太多了。1871 年，朗代尔出版了《契约法案例选》，该书正文长达 1008 页，而作者坚持认为：“如今，对［总结原则］这一目标有用且必要的案例，在全部公报案例中只占极小部分。”[2] 即便他所言不虚，“极小部分”的案例也已经膨胀到了难以驾驭的规模。1810 年，美国判例汇编只有 18 卷；1848 年增至 800 卷，1885 年达到 3798 卷，1910 年更超过了 8000 卷。[3] 庞德戏言：就算是犬类法这种小题目，“体系书尚有可能压缩到一卷，而评注书绝对做不到！”[4] 判例太多，就写评注书来提炼；评注太长，就写体系书来压缩；如果

〔1〕［美］劳伦斯·M. 弗里德曼著，苏彦新等译：《美国法律史》，中国社会科学出版社 2007 年版，第 686 页。

〔2〕C. C. Langdell, A Selection of Cases on the Law Contracts, Boston: Little, Brown & Company, 1871, at p. vi.

〔3〕［美］劳伦斯·M. 弗里德曼著，苏彦新等译：《美国法律史》，中国社会科学出版社 2007 年版，第 690 页。

〔4〕Roscoe Pound, *Dogs and the Law*, 8 Green Bag 172, 174 (1896).

体系书太长怎么办？朗代尔想出个妙招：给体系书写综述。[1] 至于综述书太长怎么办，就不是形式主义者能够并且愿意回答的了。

形式主义尽管输掉了战斗，却并未完全退出历史舞台。真实的历史更接近霍姆斯的设想：逻辑的、历史的和现实的视角分工协作。任何时代的主流方法，都不过是在综合的基础上有所侧重罢了。法律就像艺术，既源于生活，又高于生活；现实主义是法律伸向生活的双手，而形式主义是法律超越生活的步伐。生活剧烈变化时，现实主义引领法律不掉队，是谓“天行健，君子以自强不息”；而生活平静时，形式主义稳住法律不动摇，是谓“天不变，道亦不变”。

生活在变局与定局的交错中前行，法律在现实主义与形式主义的交替中演化。从19世纪后期到20世纪中期，两大主义之间的恢弘战斗，不过完成了一次交替而已。历史并没有终结。正如学者所敏锐觉察到的：变局激发艺术的浪漫主义，定局凝聚艺术的古典主义；现实主义与形式主义法学的循环，正与浪漫主义与古典主义艺术的循环相契合。[2] 古人言：“天道三千五百岁，一

---

〔1〕 C. C. Langdell, A Summary of the Law of Contract, Boston: Little, Brown & Company, 1880.

〔2〕 [美] 格兰特·吉尔莫撰，曹士兵、姚建宗、吴巍译：《契约的死亡》，载梁慧星主编：《为权利而斗争——梁慧星先生主编之现代世界法学名著集》，中国法制出版社2000年版，第154页。

治一乱，终而复始，如环之无端，此天之常道也。”[1] 生活的演变规律贯穿了古今中西，而法律无非是生活智慧的总结。

形式主义是正题，现实主义是反题。劳动法学即将诞生在合题之处。

---

[1] 张玉书：《佩文韵府》卷九十七，清文渊阁四库全书本。

合

引　言

从第二次世界大战结束到1960年前后，是美国劳动法学的创生时代。大战终结，物价松绑，工潮爆发，引起舆论反弹；加之冷战揭幕，主义对垒，工运蓬勃，招致朝野顾忌。限制工运的《塔夫脱—哈特利法》随即出台。工会坐大以后，内部权力失控，腐化现象迭出，促使国家颁布《兰德鲁姆—格里芬法》，推行会内民主。至此，美国集体劳动关系法律制度趋于成熟稳定。战后15年间，经济繁荣再现，发展成果更多惠及劳工阶级，而这与集体劳动关系的扩展关系密切。通过集体谈判，既能实现产业和平，又能提升分配正义，这已经成为各界共识。人们对妥协更加包容，对共赢充满信心，对和平饱含眷恋，对未来无限憧憬。

劳动法学就在这样的政治、经济和心理基础上应运而生，而诞育劳动法的理论机缘则是法律过程学派。作为法律形式主义与现实主义的合题，法律过程学派将多元主义民主设定为法律不可动摇的目标，将过程或程序设定为实现目标的手段，要求法律维护多元、促进协商、支持妥协。杰出的法学家考克斯运用法律过程学派改造劳动法思想，提出工业多元主义学说，确立了劳动法研究的价值基础、研究对象及研究方法。他的观点成为一代学人的共识，这标志着劳动法学的诞生。考克斯出版《法律与国家劳动政策》的1960年，是美国劳动法学的元年。

为了叙述这段历史，本章分为两节：第一节讨论战后初期劳动法治的完善，这既包括制度架构的扩张和稳定，也包括法律运行的社会政治环境的变迁；第二节聚焦于开创劳动法学的思想进程，这既包括法律过程学派的兴起和统治，也包括工业多元主义的酝酿和展开。以诗法而论，本章描述形式主义与现实主义在职场所达成的合题，是起承转合的“合”。

第一节　福祸：战后政争与劳动立法

一

美国打赢了“二战”。对于劳动者而言，这是福，还是祸？

答案似乎不该有悬念。“二战”取胜，胜在产能飞跃；产能飞跃，源于劳资和平；劳资和平，得自新政立法。总结战胜的经验，《华格纳法》居功甚伟，理应发扬光大。美国政府也确实这样做了。战后的岁月里，尽管敌视工会的总统、议员和大法官层出不穷，但是废除《华格纳法》的企图从未得逞，甚至绝少付诸实施。《华格纳法》承诺给劳动者的一切——结社自由、集体谈判、罢工权，虽然打过折扣，但是从未停止兑现。1943 年，美国非农业部门的劳动者加入工会的比例首次超过 30%，1945 年更攀升到 35.5% 的历史顶点，直到 1962 年才回落到 30% 以下。[1] 1955 年，美国劳工联盟与产业组织联合会合并，成立劳联—产联（AFL-CIO），增强了国家层面的劳工团结。[2] 对于法律、对于工会、对于自己，劳动者都有理由感到乐观。

然而，一旦引入历史的视角，乐观情绪就不免动摇。不该忘记的是："一战"刚刚落幕，通货膨胀就引发工人抗议；民众本来就处在"红色恐慌"之中，又受到工运的惊吓，于是把保守派的哈定选上了台；进步改革的成果遭到大肆破坏，而反对的声音却被经济繁荣的喧嚣盖过，直到大危机来临。历史会重演吗？枪声刚一停，重演的苗头就钻了出来。"二战"结束以后，价格管制松绑，通货膨胀大增。与 1945 年相比，1948 年的消费者价格指数提高了 1/3，而工资只上涨了 15%，劳动者的实际收入减

〔1〕 Samuel Estreicher, Stewart Schwab & Zev J. Eigen, Foundations of Labor and Employment Law, New Providence: Carolina Academic Press, 2012, at p. 401.

〔2〕［美］埃里克·方纳著，王希译：《给我自由！一部美国的历史（下卷）》，商务印书馆 2010 年版，第 1224 页。

少了。[1] 工潮一触即发：1946 年，美国爆发了史上最大规模的罢工，有近 500 万人参加；其中，钢铁工人的组织性最强，罢工人数达到了 75 万之多；就连好莱坞的演员都加入了抗议行列。适逢国会改选，中产阶级不满当局对于工潮的处置，纷纷投票给在野的共和党，致使后者控制了国会两院。[2] 次年，在保守派的推动下，《塔夫脱—哈特利法》出台，对《华格纳法》做出了重大修改。

《塔夫脱—哈特利法》的正式名称是《1947 年劳管关系法》(Labor Management Relations Act, 1947)。[3] 其宗旨在开篇处就交代得明明白白："实现劳工组织与雇主在法律责任上的平等。"[4] 什么是"平等"？在《华格纳法》看来，劳资双方虽有平等之名，却并无平等之实，因为它们的谈判力并不对等，劳方并不享有充分的结社自由和切实的契约自由。[5] 为了追求实质平等，需要给予劳动者特别保护，让资方承担更多的责任和义务，由此牺牲形式平等也无可厚非。而在《塔夫脱—哈特利法》眼中，这种牺牲却变得无法容忍，需要通过修法加以弥补。打着

---

〔1〕 Edgar Eugene Robinson & William L. O' Neill, *The United States since 1945: The Peak Cold War Years, 1945-60*, Encyclopedia Britannica, available at https://www.britannica.com/place/United-States/World-War-II (last visited Oct. 3, 2017).

〔2〕［美］埃里克·方纳著，王希译：《给我自由！一部美国的历史（下卷）》，商务印书馆 2010 年版，第 1168—1169 页。

〔3〕 61 Stat. 136 (1947).

〔4〕 61 Stat. 136, 136 (1947).

〔5〕 49 Stat. 449, 449 (1935).

追求平等的旗号，新法改变了《华格纳法》的价值取向：从寻求实质平等、矫正“资强劳弱”，到推崇形式平等、避谈“资强劳弱”。《塔夫脱—哈特利法》固然没有复辟自由放任，却已然走了回头路。

怎样取消实质平等、回归形式平等？新法没有取消资方的责任，而是增加了劳方（工会）的责任，以图实现均衡负担。首先，资方的某些义务，例如禁止妨害工人行使集体劳动权利、禁止拒绝展开集体谈判，也同样适用于工会。[1] 其次，不仅要保障工人的结社（入会）自由，而且要保障他们不结社（不入会）的自由。资方不得歧视非会员，更不得以入会为雇佣条件；工会不得要求资方歧视非会员，更不得向为求职而申请入会的人收取高额费用。[2] 所谓“会员排他雇佣制”走入了历史。这一规定创设了所谓“（不入会也能）工作的权利”（right to work）。时至今日，这一权利获得了大多数州的立法保护，俨然与入会权分庭抗礼。[3] 再次，《塔夫脱—哈特利法》禁止同情罢工和杯葛。根据该法，工人不得通过罢工迫使雇主中止与其他雇主的商业往来。[4] 这就将集体行动的影响局限在一厂之内，断绝了各地工

---

〔1〕 61 Stat. 136, 141 (1947).

〔2〕 61 Stat. 136, 140-142 (1947).

〔3〕 关于“（不入会也能）工作的权利”，参见 Jeanne Mirer, *Right-to-work Laws: History and Fightback*, 70 Nat'l L. Guild Rev. 30 (2013)。

〔4〕 61 Stat. 136, 141, 158-159 (1947).

人相互呼应、联合施压的可能。通过修法，工会所受到的限制、所承担的责任都达到了雇主的水平，而这正是形式平等的意义所在。

形式平等只是《塔夫脱—哈特利法》的宗旨之一。新法汲取了总统应对1946年大罢工不力的教训，新设“全国性紧急事态”（national emergencies）一节，为总统提供了强大的干预手段。总统如果认为罢工或闭厂危及到了整个行业，或者影响很大，就有权任命委员会展开调查，并且根据调查报告指示总检察长向联邦地区法院申请禁制令。禁令下达60日内，调查委员会应当促成和解，至少让资方开出和解条件，并由总统公之于众。之后15日内，国家劳动关系委员会应当针对每家工厂的雇员分别举行秘密投票，确定其是否愿意接受资方的条件，并在5日内向总检察长汇报投票结果。总检察长接报后，应当向法院申请解除禁制令。[1] 从《克雷顿法》开始，禁制令迭遭立法打击，至《诺里斯—拉瓜迪亚法》已几近消亡，如今却被立法复活，此中的讽刺意味颇多。与以往相比，新的禁制令受到诸多限制，例如寿命至多只有80天，申请权限也集中到总统手中。但是，法律规定将资方条件向社会公开，无异于动用公众力量压工会就范；授权国家劳动关系委员会越过工会，直接征求雇员的意见，则严

〔1〕 61 Stat. 136, 155-156 (1947).

重削弱了工会对会员的控制权。为了扑灭大规模劳资冲突，《塔夫脱—哈特利法》牺牲了工会和劳动者的利益。

无论是追求形式平等，还是复活禁制令，《塔夫脱—哈特利法》都透露出对于劳动者、特别是工会的强烈不信任。这种不信任自有其群众基础。“二战”结束后，苏联崛起为两强之一，美苏冷战迅速打响，引发了美国民众的新一轮“红色恐慌”。就在新法出台之前几个月，杜鲁门总统签署总统令，全面调查联邦雇员的忠诚度。[1] 受此影响，《塔夫脱—哈特利法》规定，工会的官员必须宣誓“他不是共产党员，也不附从该党，并且不相信、不加入、不支持任何旨在或宣扬通过暴力或非法及违宪手段颠覆合众国政府的团体”；否则，国家劳动关系委员会将拒绝受理工会就雇主违法提起的申诉。[2] 此令一出，产业组织联合会被迫开除了大批左翼工会领袖，还与 11 个由共产党领导的工会脱离关系，流失了近百万会员。[3] 工人运动遭到了打击。

幸运的是，《塔夫脱—哈特利法》所引发的倒退倾向很快得到遏制。新法激怒了工人。1948 年大选中，工人们纷纷投票给杜鲁门，帮助他成功连任，还让民主党夺回了国会的主导权。杜

〔1〕 Edgar Eugene Robinson & William L. O' Neill, *The United States since 1945: The Peak Cold War Years, 1945-60*, Encyclopedia Britannica, available at https://www.britannica.com/place/United-States/World-War-II (last visited Oct. 3, 2017).

〔2〕 61 Stat. 136, 146 (1947).

〔3〕 [美] 埃里克·方纳著，王希译：《给我自由！一部美国的历史（下卷）》，商务印书馆 2010 年版，第 1183 页。

鲁门虽然没能废除《塔夫脱—哈特利法》，但是说服国会立法提高最低工资、扩展社会保障受益人群、增修公共工程等，捍卫了新政劳动法的遗产。继任的艾森豪威尔则成功将红色恐慌引向了始作俑者麦卡锡参议员，给肆行无忌的监视、调查、告密踩了刹车。[1] 随着麦卡锡主义的消散，工会的颠覆嫌疑渐轻，公众形象有所好转。

二

然而，工会的忧患不在外敌，而在腹心。作为组织，工会也难逃“委托—代理”关系的困境，缺乏制约领袖的有效机制。进入1950年代，美国劳工联盟与产业组织联合会合二为一，减轻了工会之间的竞争；经济繁荣，惠及大众，减弱了会员监督工会的动力；劳资双方达成暂时妥协，[2] 减缓了资方对于工会的打击。工会的好日子过久了，就生出以权谋私的现象，并且愈演愈烈，引发公众侧目，迫使国会出手干预。

1957年，参议院组建劳管不当行为特检委员会（Select Committee on Improper Activities in Labor and Management），由约翰·

〔1〕 Edgar Eugene Robinson & William L. O’Neill, *The United States since 1945: The Peak Cold War Years, 1945-60*, Encyclopedia Britannica, available at https://www.britannica.com/place/United-States/World-War-II (last visited Oct. 3, 2017).

〔2〕 这种妥协被称作新“社会契约”。[美] 埃里克·方纳著，王希译：《给我自由！一部美国的历史（下卷）》，商务印书馆2010年版，第1224页。

麦克莱伦（John McClellan）参议员负责，针对工会内的违法和败德现象展开调查。在两年半的时间里，委员会举办了超过500场听证，听取了1525位证人的证言，形成了长达46150页的证词。调查结果可谓触目惊心：国际卡车司机兄弟会（International Brotherhood of Teamsters）的主席大卫·贝克（David Beck）与政客过从甚密，以CEO般的做派交结商人，却对会员冷若冰霜。委员会下达传票之后，贝克拖延了两个月，才不得不到会接受质询。尽管频频拒绝作证，他的罪行仍被坐实：此人从工会经费中挪走37万美元，供个人开销之用。最终，贝克因逃税、盗窃和贪污而锒铛入狱。贝克的继任者詹姆斯·霍法（James Hoffa）则公然承认自己与有组织犯罪存在瓜葛。他认为，银行家、商人和政客都利用犯罪获益，工会领袖如果不去运用黑社会的力量就是“傻瓜”。有黑社会撑腰，霍法曾向工会同僚“借”款12万美元。他还以压制工人集体行动为条件，换取了企业股份；为了掩人耳目，股份由他老婆用婚前姓名代持。[1] 丑闻一出，举国震动，立法规制工会内部管理势在必行。1959年，《兰德鲁姆—格里芬法》问世。

《兰德鲁姆—格里芬法》的正式名称是《1959年劳管申报和

〔1〕 James W. Hilty, Robert Kennedy: Brother Protector, Philadelphia: Temple University Press, 2000, at pp. 101-119.

披露法》(Labor-Management Reporting and Disclosure Act of 1959)。[1] 和1947年的立法一样，新法的名称看似照顾到了劳管双方，实则主要针对劳方施加限制。在劳方内部，存在会员、基层工会、工会联合会及工会官员四种力量，《兰德鲁姆—格里芬法》重新塑造了它们之间的关系：

——就会员与工会的关系而言，新法为了保护会员利益免受工会侵害，设立“劳工组织成员权利法案”（Bill of Rights of Members of Labor Organizations）专章，将会员的重大利益提升为法定权利。这些权利可分为两类：一类是民主权利，即知情、表达、参与、监督的权利。法律规定，工会要帮助会员了解国家、雇主和工会各方面的情况，为此要将法律、集体谈判协议、工会章程和规则，以及工会的年度财务报告，都提供给会员；[2] 会员拥有言论和集会的自由，特别是在工会内部的选举中，有权就候选人表达看法；[3] 会员拥有对于工会事务的平等参与权，这其中既包括人事提名权和选举权，也包括内部会议的参加权、审议权和决定权；[4] 会员如果认为工会内部存在不端，有权寻求司法、行政和立法机关介入，其诉权不受工会侵犯。[5] 除了民

---

〔1〕 73 Stat. 519 (1959).
〔2〕 73 Stat. 519, 523, 525 (1959).
〔3〕 73 Stat. 519, 522 (1959).
〔4〕 73 Stat. 519, 522 (1959).
〔5〕 73 Stat. 519, 522-523, 535 (1959).

主权利以外，《兰德鲁姆—格里芬法》还保护会员的财产权利。自新法出台之日起，工会的会费水平原则上一律冻结，不得上浮；即使会员欠费，工会非经正当程序也不得给予处分。[1] 无论是民主权利还是财产权利受到侵害，会员都可以提起诉讼，寻求救济。[2]

——就基层工会与工会联合会的关系而言，新法为了防止工会联合会利用托管关系损害基层工会的利益，规定托管人必须向政府申报托管情况。如果故意不申报，或者申报不实，可处1年以下监禁和（或）1万美元以下罚金。托管关系存续期间，托管人要尊重被托管工会的独立地位，既不得干涉被托管工会的选举，也不能从被托管工会转账收钱。[3]

——就工会与其官员的关系而言，新法为了防止再出现贝克和霍法那样长期掌控工会的巨蠹，设置了五道防线：第一道防线是任职资格。法律规定，任何犯有抢劫、贿赂、敲诈、贪污、盗窃、纵火、谋杀、强奸、故意伤害致人重伤及毒品犯罪的人，在刑满释放5年内，均不得担任工会重要官员。[4] 这有助于阻止犯罪势力向工会渗透。第二道防线是任期约束。每届官员的任

---

〔1〕 73 Stat. 519, 522, 523 (1959).
〔2〕 73 Stat. 519, 523, 525 (1959).
〔3〕 73 Stat. 519, 530-531 (1959).
〔4〕 73 Stat. 519, 536-537 (1959).

期，基层工会不超过 3 年，全国及国际性工会不超过 5 年。[1] 虽然没有限制连选连任，毕竟让官员有规律地经受选举考验，不得不顾忌民意。第三道防线是选举程序。《兰德鲁姆—格里芬法》详细地规定了投票、开票和保留选举结果的要求，而规制的重点在于公平竞选。为了防止当权势力偏向某一候选人，法律规定，除法律禁止的情形外，所有会员都有参选资格；候选人有权从工会获得会员名单和联系方式，以利于接触选民；为了宣传之需，候选人还可以要求工会代为寄送竞选材料；工会则不得花钱为任何人助选，也不能突然举行投票，让某些候选人措手不及，而是必须提前至少 15 天发布选举公告。[2] 这样一来，工会选举的正规程度接近了政治选举的水平。第四道防线是受信义务。新法明确规定，官员与工会及全体会员之间存在信托关系，官员负有受信义务，要为工会及会员的利益服务，不得从事自己代理或双方代理。[3] 如果工会怠于追究官员违反受信义务的责任，会员可以越过工会，直接针对官员提起诉讼。这样一来，普通法上关于信托的规定就可以适用到官员身上，发生纠纷时也有法可依。最后一道防线是官员工资。法律规定，对于经手工会经费的官员，其工资要在财年伊始就确定下来，金额不得超过经手经费

〔1〕 73 Stat. 519, 532 (1959).

〔2〕 73 Stat. 519, 532-533 (1959).

〔3〕 73 Stat. 519, 535 (1959).

的 10%，最高不得超过 50 万美元。[1] 虽然工资上限不低，但是仍然能够减少官员自定报酬、中饱私囊的冲动。

通过复杂的制度设计，《兰德鲁姆—格里芬法》让会员制约工会、基层工会制约联合会、工会制约官员，遏制了劳方内部的滥权现象。而这一切都是为了回应公众的关注。只有重塑工会的公众形象，工人运动才有未来可言。为此，新法规定，工会及其官员都有义务按年度向政府申报财产状况，雇主与工会的财务往来也在申报之列；申报内容属于公共信息，政府有权加以披露，让所有沾上钱的事务都接受公众监督。[2] 毕竟，阳光才是最好的防腐剂。

《兰德鲁姆—格里芬法》的出台，标志着美国集体劳动关系法的成熟。此后半个多世纪里，集体劳动关系法再无大的变动。从“二战”结束到 1950 年代末，美国走过了战后初期的岁月。虽然工人运动遭受了《塔夫脱—哈特利法》、“红色恐惧”和贪腐调查等挫折，但是“一战”以后的历史基本没有重演。就法律而言，《塔夫脱—哈特利法》并没有伤及《华格纳法》的根本，而《兰德鲁姆—格里芬法》更是为工会开辟了自我完善的道路，利处远大于弊端。就工人运动本身而言，两次立法虽然都造成了会员流失，但是无碍大局，工会会员人数保持了稳步增

---

〔1〕 73 Stat. 519, 536 (1959).

〔2〕 73 Stat. 519, 524-529 (1959).

长。和“一战”后的“柯立芝繁荣”类似，战后的头15年也堪称经济的“黄金时代”，国民生产总值翻了一番还多。与“柯立芝繁荣”不同的是，工人阶级分享了更多的发展成果。整个1950年代，家庭贫困率下降了8个百分点；随着工业化的结束，白领工人的数量超过了蓝领工人；到1960年时，已经有60%的美国人跨入了所谓中产阶级。[1] 通观生效以后的头四分之一个世纪，《华格纳法》交出了令人满意的成绩单。

大战终究结束了。未来的生活就算再差，难道能差过战争吗？经历了不同社会制度的殊死搏斗，回到自己的国家，还有什么矛盾不能看开、有什么利益不能共存呢？和平与繁荣是时代的主题，乐观与和解的情绪笼罩全国。一言蔽之，人心思定。劳动法学恰恰是追求确定性的产物。

第二节　创生：过程学派与学科之父

一

考克斯是美国劳动法学之父。他的劳动法理论立足于法律过程学派（Legal Process School）。而法律过程学派的历史，要追溯

〔1〕［美］埃里克·方纳著，王希译：《给我自由！一部美国的历史（下卷）》，商务印书馆2010年版，第1202—1204页。

到法律现实主义内部的争论。

法律现实主义的逻辑起点是正视社会冲突。19、20世纪之交，社会矛盾暗流涌动，劳资战争如火如荼，形式主义的信徒却要求法律背过身去，埋首先例，就法论法，这会让法律与现实脱节，引发人们对于法律的失望、怀疑与隔膜。法律抛弃现实，就必将被现实抛弃。为了避免这种命运，霍姆斯将斗争奉为世界的真相，并且和庞德一起呼吁通过法律权衡各方利益、协调社会冲突。然而，协调冲突，知易行难。劳资双方势同水火，某些纠纷更具有零和博弈的性质，法律如何找到双赢的方案？既然无法实现双赢，冲突如何可能止息？在这道难题面前，庞德所提出的利益权衡思路，无论是"在丝毫无损于整个利益方案的条件下使各种冲突和重叠的利益得到调整"，还是"尽量少地牺牲其他要求来满足尽可能多的愿望"，[1] 都更像是纸面的愿景，而非操作的指南。

空头支票是无法兑现的。既然连解决冲突的准则都提不出来，何谈让法官按照准则判案？形式主义者的准则过时了，现实主义者的准则又难产，那么，法官究竟该根据什么标准判案？1930年前后，一批年轻的现实主义者回答说：让我们面对现实吧！既然暂时搞不清判案的应然标准，那就先试着理解判案的实

[1] [美] 罗斯科·庞德著，沈宗灵译：《通过法律的社会控制》，商务印书馆2010年版，第66—67页。

然状态。为首的年轻人叫做卡尔·卢埃林。[1] 卢埃林生于美国，少时旅居德国，后毕业于耶鲁大学。“一战”时，卢埃林曾在德军短暂服役，获得铁十字勋章，然后返回母校，完成法学训练。自1922年起，他先后执教于耶鲁大学、哥伦比亚大学和芝加哥大学。卢埃林是《统一商法典》(Uniform Commercial Code) 的设计师，而他的学术声望主要建立在对于法律现实主义的贡献上。后世将卢埃林和杰罗姆·弗兰克 (Jerome Frank) 等一批学者称为狭义的、或后期的法律现实主义者，从而区别于广义上的、由霍姆斯和庞德等人所组成的早期法律现实主义者。

在卢埃林看来，想要探究法官判案的实际决定因素是很困难的，因为这些因素既错综复杂，又难以觉察，近乎不可知、不可测。[2] 为了调查这些因素，必须“暂时性地将实然与应然区分开”。因为，观察者的主观价值标准会阻碍查明事实，而只有查明事实才能做出应然判断：“除非尽量客观地了解法律的现况，否则就无法明智地判断法律未来应当怎样做。”[3] 排除干扰之后，就要运用人类学、心理学上的“行为进路”，从个案而非制

---

〔1〕 除非特别说明，卢埃林的事迹取自 William Twining, *Llewellyn, Karl N.* (*1893-1962*), in Roger K. Newman (ed.), The Yale Biographical Dictionary of American Law, New Haven: Yale University Press, 2009, at pp. 346-348。

〔2〕 Anthony Kronman, *Jurisprudential Responses to Legal Realism*, 73 Cornell L. Rev. 335, 336 (1988).

〔3〕 Karl N. Llewellyn, *Some Realism about Realism-Responding to Dean Pound*, 44 Harv. L. Rev. 1222, 1236-1237 (1931).

度出发，逐步归纳而非演绎法官的行为模式。[1] 晚年的卢埃林总结说，决定美国上诉法院的因素之中，既有司法传统，也有法律训练、司法原则、法官职责、司法保障等。这些因素组合起来，形成了两大判决风格：声望崇高的法官从个案中归纳原则，在考虑政策后果的基础上作出判决，称为“宏大风格”，这与法律现实主义相契合；从先在的原则导出规则，运用演绎法断案，排除政策考量，称为“程式化风格”，这与法律形式主义相一致。[2]

公平地说，卢埃林对于司法过程的实然判断并无大错。时至今日，解读判决背后的实际考量仍然不轻松，而卢埃林所倡导的行为主义视角更被后世学人发扬光大，成为了探究司法规律的利器，[3] 甚至衍生出行为主义法律经济学这一重要学派。[4] 然而，他的观点生不逢时。后期法律现实主义者登上历史舞台之际，正值经济大危机席卷资本主义世界。民主政府应对危机不力，引发了对于民主本身的怀疑。希特勒的上台、“二战”的爆发、珍珠港的偷袭，令民主步步陷入危急之中，反对专制成为时

〔1〕 Karl N. Llewellyn, *A Realistic Jurisprudence-The Next Step*, 30 Colum. L. Rev. 431, 454-455 (1930).

〔2〕 [美] 卡尔·N. 卢埃林著，陈绪纲、史大晓、仝宗锦译：《普通法传统》，中国政法大学出版社 2002 年版，第 18—57 页。

〔3〕 近年的研究如：[美] 李·爱泼斯坦、[美] 威廉·M. 兰德斯、[美] 理查德·A. 波斯纳著，黄韬译：《法官如何行为：理性选择的理论和经验研究》，法律出版社 2017 年版。

〔4〕 Christine Jolls, Behavioral Economics and the Law, Boston: Now Publishers Inc., 2011.

代的主题。在这种背景下，卢埃林等强调司法和法律的不可知性，即便属实，也会加重人们对于司法恣意妄为的担忧；他们强调区分应然与实然，又片面关注实然，更让人怀疑他们贬斥应然、无视法律的道德基础。“现实主义者的态度——热衷揭穿信仰的本相、道德怀疑主义和相对主义——历来令许多学者和法律实务界的大部分人怨怼不已。”〔1〕法律无德、司法恣意，这不就是专制吗？博登海默忧心忡忡：“现实主义法理学的怀疑主义可能给极权主义趋势准备了知识上的根据。”〔2〕而庞德严厉地指责道：“把这些说法称为‘现实主义’，这是自吹自擂，而不是说明问题。它们忽视了……谋求在理性的基础上并以人们所设想的正义作为目标来实现社会控制。”〔3〕在他看来，民主与专制的生死对抗才是最大的现实。而为了捍卫民主、反对专制，法律理论须得强调理性，淡化非理性的、不可知的因素；须得强调正义，把法律的应然与实然紧密连结在一起。与卢埃林相反，庞德认为，应然与实然无法截然分开：“法律秩序最显著的现实之一，就是不能将做了什么与该做什么，或者认为自己该做什么区分开

---

〔1〕William N. Eskridge Jr. & Philip P. Frickey, *An Historical and Critical Introduction to the Legal Process*, in Henry M. Hart, Jr. & Albert M. Sacks, The Legal Process: Basic Problems in the Making and Application of Law, Westbury: The Foundation Press, Inc., 1994, at p. lxv.

〔2〕［美］博登海默著，潘汉典译：《博登海默法理学》，法律出版社 2015 年版，第 265 页。潘译系该书第一版，问世于 1940 年。其时欧战正酣，博登海默可谓有感而发。

〔3〕［美］罗斯科·庞德著，沈宗灵译：《通过法律的社会控制》，商务印书馆 2010 年版，第 58 页。

来。因为从总体上讲，人们总是试着做自己该做的事。"[1]

卢埃林与庞德之争以卢埃林的败退而告终。这既与他的理论不合时宜有关，也与他说话尖锐、唐突前辈不无干系。他把商榷说成"控罪"，一旦罪名成立就要"挥鞭痛打现实主义者"；他把回应说成"审判"，自己则坐在法官席上，将指控一一驳回。如此做派委实谈不上风度，也难逃同行反感。[2] 他以反驳庞德而大放光彩，而这也几乎注定了后期法律现实主义昙花一现的命运。在法律思想史上，卢埃林等人被当成了疾病，人们感兴趣的更多是病因和治疗，[3] 而不是他们的学术遗产。但是，卢埃林与庞德的争论决定了战后法律理论的发展路向：既要坚持法律现实主义的基本立场，又要强调理性、捍卫民主。正是在这条道路上，法律过程学派应运而生。

"二战"刚一结束，冷战接踵而至。以苏联为首的社会主义国家不仅与西方展开军事对峙，更发起了制度竞争。究竟是资本主义好，还是社会主义好？美国所面临的局面不容乐观：在战后15 年内，苏联打破了美国的核垄断，恢复了残破不堪的国民经济，还抢先发射了第一枚洲际导弹和第一颗人造卫星；中国革命以震惊世界的速度取得胜利，看似强大的蒋家王朝土崩瓦解，美

---

〔1〕 Roscoe Pound, *The Call For a Realistic Jurisprudence*, 44 Harv. L. Rev. 697, 700 (1931).

〔2〕 Karl N. Llewellyn, *Some Realism about Realism-Responding to Dean Pound*, 44 Harv. L. Rev. 1222, 1225-1226 (1931).

〔3〕 例如，Grant Gilmore, *Legal Realism: Its Cause and Cure*, 70 Yale L. J. 1037 (1961)。

国拼凑的所谓“联合国军”更遭到中国人民志愿军的沉重打击。人们不禁要问：西方社会制度的优越性何在？美国区别于纳粹和苏联的根本点何在？

法律学人的答案是：民主，并且是一种特殊的民主。纳粹是靠胜选上台的，十月革命的成果同样得到过选举的确认，因此，选举民主或者说多数人的统治，并不是美国为首的西方与其竞争对手的区别所在。用法律理论家朗·富勒（Lon Fuller）的话来说，美国民主的精髓在于，“民主开辟了一块场地，让观点可以为了占据人们的头脑而展开有效的竞争”；〔1〕选举固然能够检验竞争的结果，但是不该阻止竞争的延续，因为，竞争的过程本身就是民主。在苏联，一旦多数人胜选，民主就消失了；而在美国，无论谁胜选，民主的竞争都会继续。与选举民主相比，过程民主才是美国民主的特色，是美国抵挡苏联竞争的中流砥柱，所以被称作“防御式民主”。〔2〕

过程民主是国运所系，自然成为法学的焦点。法律过程学派的核心观点，就是要以法律捍卫过程民主。学派的代表人物包括

〔1〕 Lon L. Fuller, The Law in Quest of Itself, Chicago: The Foundation Press, Inc., 1940, at p. 123. 1950年代，富勒在与英国学者哈特的论战中，重申了法律的道德基础，不过他并没有强调民主在道德中的重要性。参见强世功：《法律的现代性剧场：哈特与富勒论战》，法律出版社2006年版。

〔2〕 [美] 卡尔·E. 克莱尔：《批判理论与劳动关系法》，载 [美] 戴维·凯瑞斯编，信春鹰译：《法律中的政治——一个进步性批评》，中国政法大学出版社2008年版，第397页。

哈佛大学法学院教授亨利·哈特（Henry Hart）[1] 和赫伯特·威克斯勒（Herbert Wechsler），[2] 以及耶鲁大学法学院教授亚历山大·毕克尔[3] 等人。他们首先建立起民主观，再根据民主的要求建立法律观：

——就民主观而言，法律过程学派认为，民主具有超验地位，其优越性几乎不证自明。他们绝少反思为何要追求民主，因为，民主被当成美国的国性（nationhood），否定民主也就否定了美国本身。民主的含义并非多数价值压倒少数，而是价值的多元竞争。这种竞争不仅是客观的，而且是必要的。如果把个体扔进错综复杂的价值之网，让每个人都从属于多个利益团体，使他们的成员身份广泛交叉、变动不居，就可以防止形成广泛、稳定的阶级一致，从而将斗争焦点从阶级问题上转移开。比如，一个劳动者既来自工人阶级，又认同黑人和异性恋者身份，那么他的精

---

〔1〕 小亨利·马文·哈特（Henry Melvin Hart, Jr.）毕业于哈佛大学，受弗兰克福特赏识而担任布兰代斯的助理，之后回校任教并参与新政。Edward A. Purcell, Jr., *Hart, Henry Melvin, Jr.* (*1904-1969*), in Roger K. Newman (ed.), The Yale Biographical Dictionary of American Law, New Haven: Yale University Press, 2009, at pp. 255-256. 他是法律过程学派的主要代表人，代表作是 Henry M. Hart, Jr. & Albert M. Sacks, The Legal Process: Basic Problems in the Making and Application of Law, Westbury: The Foundation Press, Inc., 1994。而撰写《法律的概念》的哈特教授全名赫伯特·利昂奈尔·阿道弗斯·哈特（Herbert Lionel Adolphus Hart，简写为 H. L. A. Hart）。他长年任教于牛津大学，是法律实证主义的代表。［英］哈特著，许家馨、李冠宜译：《法律的概念》，台湾商周出版社 2015 年第二版。

〔2〕 参见［美］赫伯特·威克斯勒撰，张千帆译：《走向宪法的中立原则》，载《南京大学法律评论》2004 年第 1 期。

〔3〕 参见［美］亚历山大·M. 比克尔著，姚中秋译：《最小危险部门——政治法庭上的最高法院》，北京大学出版社 2007 年版；［美］亚历山大·M. 毕克尔著，徐斌译：《同意的道德性》，中国政法大学出版社 2016 年版。

力就可能被种族冲突和性向平权问题分走，不会集中关注阶级矛盾。“从属关系、效忠和激励不仅多元，而且在政治上不协调，减低了政治选择中所包含的情绪和进攻性。”[1] 价值多元虽然会导致社会冲突的复杂化，却可以让冲突焦点远离致命问题，堪称美国体制的“减压阀”。

政治学家和法学家都坚信：通过协商，相互冲突的价值之间必定可以达成妥协。这种乐观的心态，既源自经济繁荣所带来的信心，又反映出人心思定的普遍期待。[2] 而公共利益就处在妥协点上，只有通过协商才能确定它的位置。所以，国家不能自行规定公共利益是什么，而是要维护公共利益的协商过程：一是倡导通过“和平协调”而非僵持或强制来解决冲突；[3] 二是充当确认和维护各方妥协结果的“消极代理人”。[4]

——就法律观而言，法律过程学派认为，既然民主是国家目标，那么，法律就是实现民主的工具。为此，在三段论的推理中，民主应当进入大前提，任何案件的判决都应当服从民主的需要。法律和司法是可知的，至少，法律不会背弃民主，这一点是

---

〔1〕 Seymour Martin Lipset, Political Man: The Social Bases of Politics, Garden City: Doubleday & Company, 1960, at p. 88.

〔2〕［英］戴维·赫尔德著，燕继荣等译：《民主的模式》，中央编译出版社 2008 年第 3 版，第 212 页。

〔3〕参见辛向阳：《罗伯特·达尔的多元主义民主论评析》，载《东岳论丛》2010 年 5 月。

〔4〕 Reuel E. Schiller, *From Group Rights to Individual Liberties: Post-War Labor Law, Liberalism, and the Waning of Union Strength*, 20 Berkeley J. Emp. & Lab. L. 1, 11 (1999).

可知的；法律和司法是受到应然约束的，民主就是法律不可动摇的道德基础。以民主为大前提的法律推理被称作“合理阐发”(reasoned elaboration)，[1] 这是法律过程学派对于卢埃林的批判。

既然民主是价值多元，那么，法律就是多元格局的维护者。为此，法律要鼓励利益团体之间的对话：对于自发展开的对话，要确认对话的结果；对于尚未展开的对话，要创造对话的条件，提供对话的平台，例如仲裁和调解。法律过程学派认为，对话的难点不在于谈不拢，而在于强势一方缺乏对话意愿。所以，法律要保护“分散且孤立的少数”(discrete and insular minorities)，[2] 改善他们与强势一方的力量对比。在毕克尔看来，正是因为保护弱势的少数能够促进民主，所以最高法院审查立法时才不会陷入所谓“反多数难题”(counter-majoritarian difficulty)。[3]

既然公共利益来自民主协商，那么，法律规定的重点就在于协商的程序，而不是协商的结果。由此，宪法上的正当程序保护延伸到了协商之上；程序面向取代了实体面向，成为正当程序的核心。以《行政程序法》(Administrative Procedure Act)[4] 的出

---

〔1〕 参见 Michael Wells, *Busting the Hart & Wechsler Paradigm*, 11 Const. Comment. 557 (1995)。

〔2〕 “分散且孤立的少数”语出最高法院大法官哈兰·费斯克·斯通 (Harlan Fiske Stone) 在卡洛琳物产一案判决书的第四脚注。United States vs. Carolene Products Company, 304 U.S. 144, 155 (1938).

〔3〕 [美] 亚历山大·M. 比克尔著，姚中秋译：《最小危险部门——政治法庭上的最高法院》，北京大学出版社 2007 年版。

〔4〕 60 Stat. 237 (1946).

台为标志，轰轰烈烈的程序革命在公法的各个领域展开。总之，完善程序、保护弱者、促进协商、解决冲突、实现公益、捍卫民主，是法律过程学派赋予法律的使命。

法律过程学派堪称19世纪后期以来美国法学宏大争论的合题。朗代尔的形式主义、霍姆斯和庞德的前期现实主义，以及卢埃林的后期现实主义，都获得了法律过程学派的扬弃。一方面，新的学派继承了法律现实主义的基本立场。用卢埃林的话说，“事实先于规则；做先于说。判决背后站着法官；法官是人；他们有人文背景。在规则之外还有效果；在判决之外站着受到规则和判决直接或间接触及的人们”[1]。法律是实现社会效果的手段，而不同的法律机关各有所长，应当根据目标的需要向它们分配任务，这就是所谓“机构胜任力”（institutional competence）的思想。[2] 在法律过程学派眼中，法院本身并不能够发现公共利益，只能促进发现的过程，这和霍姆斯及庞德的看法显然不一致。

另一方面，为了批判法律的不可知性和恣意性，法律过程学派又恢复了形式主义所强调的三段论式推理，只是将法律的目

---

〔1〕 Karl N. Llewellyn, *Some Realism about Realism-Responding to Dean Pound*, 44 Harv. L. Rev. 1222, 1222 (1931).

〔2〕 关于机构胜任力思想的产生，见 William N. Eskridge Jr. & Philip P. Frickey, *An Historical and Critical Introduction to the Legal Process*, in Henry M. Hart, Jr. & Albert M. Sacks, The Legal Process: Basic Problems in the Making and Application of Law, Westbury: The Foundation Press, Inc., 1994, at pp. lx-lxii。

的、特别是民主融入推理的大前提。他们承认判决过程有主观的一面，但是坚信主观可以被理性所主宰，这和卢埃林有根本不同。理性的法官会审慎地运用权力、驾驭法律、顺应民主大潮，就像朗代尔笔下的法官能够摒除私念、就法论法、不越雷池半步。他们对理性有信心，对现实有信心，对运用理性驾驭现实更有信心。这种信心何尝不是开国先贤的遗产？《联邦党人文集》开篇即问道："人的社会，是否真的能够依靠反思和选择建立好的政府，抑或永远注定让他们的政治制度依赖于偶然和强力？"[1] 反思和选择是理性的表现，而在建国近两百年之后，法律过程学派将这看做开国一代最为珍贵的遗产。

合题是时代的需要。当国家根本制度受到威胁，各个学派亟需停止内战、一致对外。正如庞德晚年所指出的，与形式主义和现实主义的分歧相比，更根本的对立存在于法的"人道之路"与"威权之路"之间，而后者无非是苏联的代称。他尝试化解"人道之路"内部的纷争，既重视现实主义所强调的经验，又重视形式主义所强调的理性："在法律中，我们依赖经验，仰仗理性。"[2] 法律过程学派同样意识到了终止内斗的急迫，而他们的方案较庞德更为系统、可行，所以主导了战后十余年间的法学

---

〔1〕 Alexander Hamilton, James Madison & John Jay, The Federalist Papers, Oxford: Oxford University Press, 2008, at p. 11.

〔2〕［美］罗斯科·庞德著，李立丰译：《法的新路径》，北京大学出版社 2016 年版，第 19、37 页。

研究。

劳资以停战而和平，学术以合题而休兵。劳动法学挨过了长夜，踏遍了晨曦，终于迎来了朝阳。

一位新英格兰的绅士走到阳光下。他身形高大，步履从容，胸前佩着标志性的领结，脸上还挂着一丝羞涩。

他，就是阿奇博得·考克斯。

二

考克斯是为合题而生的。[1] 他出身于政法世家：在父亲一边，他的祖父是内战老兵，后来成为曼哈顿的著名律师，其经历与霍姆斯神似；他的父亲则毕业于哈佛大学法学院，之后子承父业，成为知识产权法的实务专家。在母亲一边，他的先祖有曾经签署联邦宪法的罗杰·谢尔曼（Roger Sherman），以及威廉·伊瓦茨（William Evarts）。伊瓦茨身为律师，曾经代理 1868 年的安德鲁·杰克逊（Adrew Jackson）总统弹劾案；而他的政治地位也

〔1〕 除非特别注明，考克斯的事迹取自：Ken Gormley，Archibald Cox：Conscience of a Nation，Reading：Addison-Wesley，1997；Derek Bok，*Archibald Cox*，150 Proceedings of the American Philosophical Society 461（2006）；Justice Stephen G. Breyer，Derek C. Bok，Clark Byse，Ken Gormley，Philip B. Heymann，Charles J. Ogletree & Fred Wertheimer，*In Memoriam*：*Archibald Cox*，118 Harv. L. Rev. 1（2004）；Frederick M. Lawrence，Larry Yackle & Steven M. Ziolkowski，*Archibald Cox and the Genius of Our Institutions*，85 B. U. L. Rev. 355（2005）；Thomas Hilblink（Interviewer），*Archibald Cox Oral History*，*Session* #1，Brooksville，Maine，June 19，2000，available at http：//www. columbia. edu/cu/lweb/digital/collections/oral_ hist/cox/pdf/Cox_ Final_ Transcript_ Session_ One. pdf（last visited Feb. 8，2018）。

颇为显赫，官至纽约州参议员、司法部长和国务卿，堪称政法精英的典范。政法关系纠缠了考克斯的一生：法律究竟应当俯下身来、服从政治，还是伸张道德、约束政治？这是法律现实主义与形式主义聚讼不休的抉择；而考克斯的使命，便是在职场实现二者的合题。

考克斯出生于新泽西，成长在纽约。每到夏天，全家都去伊瓦茨家族在佛蒙特的庄园度假。在那里，考克斯与诸多名人比邻而居，享受了浓郁的文化氛围的熏陶。不过，幼时的考克斯并未显出过人之处，他的父亲甚至哀叹：“唉，这孩子是个白痴！”中学时代，考克斯凭着祖上参与建校的荫庇，获得一所贵族预科学校录取。在斯巴达式教育的艰苦磨练下，考克斯逐步显露出写作和辩论的天分。到了中学六年级，考克斯率领辩论队击败了著名的格罗顿高中，还成了球类运动的高手，一时大放光彩。仿佛是冥冥之中的定数，考克斯以口才获得了“检察官”的绰号，而他在四十多年后恰恰出任了水门事件特别检察官。

身为学生领袖，考克斯有前呼后拥的机会，却并不喜欢拉帮结伙。学生的世界也有政治，圈子的分合就是政治斗争，圈子的兴衰就是政治潮汐。少年时的友人回忆道，考克斯是位“独立人士”。他游走在诸多圈子的边缘，不与任何圈子为伍。在人生旅途的初始，考克斯便显露出了对政治的距离感。这种距离感伴随了他的一生。后来，每当碰到职业的转折，或者遭遇生活的难题，考克斯就悄然访问母校。他不曾忘记初心。

1930 年，考克斯入读哈佛大学。身为典型的新英格兰贵族子弟，考克斯并未感到读书的压力。大一期间，他的平均成绩仅略好于 C 等。而生活总会在必要的时候提醒他现实的残酷。就在大一那年，考克斯的父亲去世，全家失去了经济支柱。大危机的浪头打来，考克斯一家顿时陷入困境。他不得不住进廉价的社区，放弃消夏的长假，靠打工补贴家用。大三时，考克斯的女友在法国自杀。“艰难困苦，玉汝于成。”正像霍姆斯那样，考克斯经历了生活的斗争，迅速成熟起来。1934 年，考克斯升入哈佛大学法学院。他虽然仍未摆脱经济困境，不得不搬到更差的公寓去住，却已然成为一家之主，能够为母分忧。不仅如此，他的学业也大有起色。他的本科毕业论文长达 125 页，讨论宪法上参众两院议员构成的差异，特别是这种差异对于美国历史的长期影响。指导教师曾经认为他没能力驾驭这个题目，而考克斯报以罕见的倔强——他曾回忆道：“去他的，我就要写这个。于是我就写了。”那篇论文让他以荣誉等级毕业。读法学院的第一年，考克斯的成绩高居年级第一。他顺理成章地获选为《哈佛法律评论》的编辑。

庞德院长很欣赏这位年轻人。他说，考克斯的刑法答卷是“我教法律 36 年来乐意读的五六份最好的答卷之一”。考克斯对这位现实主义法学大家充满仰慕，不过，他所仰慕的并非现实主义的立场。他曾说，“我对庞德院长的两种品质感到惊讶。一是他能做出清晰的界分，二是他能够把事务有逻辑地组织起来。”这两种品质恰恰是庞德从植物学训练中所得来的，是他的学术中并不主流的、形式主义的一面。考克斯的现实主义法学立场得自弗兰克福特。他修读了弗兰克福特的联邦法院课程，理由是：在哈佛的老师当中，弗兰克福特是“唯一一位对外界保持警醒、密切关注并积极参与的教员”。全班学生人数过百，弗兰克福特频频发问。而在考克斯的印象里，“我估计他的问题有大概六成是提给我的”。师生唱和，一时无两。但是，考克斯选择和弗兰克福特炙手可热的学术权力保持距离。他回忆道，“我不是那种找弗兰克福特喝茶，或者像小‘跟班’那样跟着他到处走的学生”。他爱老师，更爱真理；他认同现实主义，更洞悉形式主义。年轻的考克斯已经展现出探索合题的潜质。

法学院也是有爱情的。1935 年秋，考克斯邂逅了史密斯学院（Smith College）女生菲丽斯·埃姆斯（Phyllis Ames）。埃姆斯出身名门，她的祖父继朗代尔之后出任哈佛法学院院长，父亲则多年担任哈佛法学院的行政秘书，外祖父更一手创办了斯坦福大学法学院。在当时，政法贵族的男性后裔多被哈佛法学院收下，而女性后裔则往往入读史密斯学院等著名女校。两校青年男女交往频繁，通婚非常普遍。埃姆斯回忆起初识夫君的印象：“他很高、很瘦，穿着粗花呢大衣和法兰绒裤子。实话说，他穿得有点破。他不怎么在意衣着。”这样一位并不光鲜的羞涩男孩，又遭逢家道中落，委实缺乏世俗的吸引力。显然，埃姆斯看中了考克斯的人品和才学。事实上，夫妻俩的性格刚好互补：“当他待在被书架塞满的房间里时，他本来可能变得冷峻又严肃；而菲丽斯充满活力，机智风趣，引出了他个性中更为明媚的一面，让他快乐、积极，甚至喜欢上了冒险。”双方一拍即合。约会才三四次，考克斯就向埃姆斯求婚。埃姆斯拒绝了一次，第二次就答应了。考克斯用奖学金买了订婚戒指，而弗兰克福特则发来热情洋溢的贺信：“天啊，多么强大的法律人组合！”

1937 年，在考克斯完成法学院的最后一门期末考试之后三天，年轻的夫妇完婚。整整 24 年后，考克斯致书爱妻，袒露心曲：

我们的婚礼越来越久远——有时甚至远得超出我的意料。无需这些时间的教导，我便知道自己那天有多么幸运。……有时，我让自己的意念沉浸其中，我会深深愧疚于自己付出太少，而获得太多。我该如何告诉你……尽管我们不时分别两地，尽管我对事业兴趣浓厚，我的世界却始终围绕着你旋转？我该如何告诉你，我最坚实的依靠，便是知道你就在那里，而我们会在一起？我不知道该如何表达这些。你就是我，因为，若没有你，便没有我。

他的爱情观与法律观完美吻合：无论生活把他推向什么地方，他都坚守爱情和婚姻的半岛；无论现实把法律塑造成什么模样，他都奉持道德和理性的底线。在爱情和事业上，考克斯都是合题的缔造者。

新婚夫妇随即动身，前往纽约。经过弗兰克福特推荐，考克斯担任了汉德法官的助理。汉德与夫妇俩都颇有渊源：考克斯申请大学时，他的父亲找到汉德，请法官写了推荐信；而汉德在哈佛法学院读书时，正赶上埃姆斯的祖父在任，汉德还颇得院长开示，感恩在心。有了这些铺垫，汉德对年轻的助理提携有加。一天，汉德忽然急切地问考克斯："小伙子，我到底是对谁负责呢？每个人都该对某个对象负责。我该对谁负责呢？没人可以开掉我。没人能克扣我的薪水。没人可以逼我判案，或者命令我怎么判。甚至华盛顿那9个不时推翻我判决的家伙也不行。那我到底对谁负责呢？"自问之后，汉德顿了许久，才自答道："向我们周围这些（法律）书负责。这才是我负责的对象。"这段话长存在考克斯心底。司法独立排除了政治对法律的干预，而法官对这一制度的最大尊重，便是自觉捍卫法律，抵御政治的侵蚀。作为现实主义的巨擘，汉德从不认为法律应当隔绝于真实的政治生活，而考克斯准确地捕捉到汉德法律观的另一面：法律既要顺应政治，又不附从政治。如何在政法关系的两面之间折冲樽俎，实现合题？随着考克斯逐渐接近劳动法世界，合题的追问愈发迫切。是时候给出答案了。

三

考克斯在法官助理任上做满1年，携夫人回到波士顿，加入今天的瑞格（Ropes & Gray）律师事务所，开始了执业律师生涯。在律师查尔斯·维赞斯基（Charles Wyzanski）的引领下，考克斯投入到劳动法世界之中。维赞斯基也做过汉德法官的助理，他是琼斯和劳林钢铁公司案的律师，还曾担任劳动部的检察官，是新政—现实主义阵营的重要拥护者。他指派考克斯参加劳资争议案件。当时，找上门来的客户往往都是资方，而考克斯在维护客户利益之外，宁可远赴外州工厂，也要听一听劳方的声音。之所以不辞辛劳，固然与他同情劳工的立场有关；但是从考克斯的一贯立场推断，他这样做更多是为了防止自己被当成争议一方追逐私利的工具，希望通过兼听而获得超然的地位，从而公正处理案件。正如他的同事所说："对于阿奇（博得）而言，法律不是私人主体逐利的工具，而是共同体和平发展的机制。"他既要代表客户利益，又想与客户利益保持距离，这显然自相矛盾，无法长久。所以，当维赞斯基邀请他到华盛顿出任公职时，考克斯欣然答应。那一年，考克斯29岁。

进入政界之初，考克斯的工作有些动荡。他先是在国防调解委员会任职，参与处理备战期间国防工业的劳资纠纷；很快转赴司法部总检察长办公室，代表美国政府到最高法院出庭。后来，考克斯成为了劳动部的二号法律官员——副检察官，负责敦促联邦法院制裁违法雇主，执行《公平劳动基准法》。丰富的劳动监管部门工作经历，为考克斯开创劳动法学奠定了基础。战后，考克斯重返波士顿执业，旋即接受兰迪斯邀请，回到母校任教。他既讲授劳动法，也讲授行政法，以及侵权法、反不正当竞争法等。走上讲坛仅一年，考克斯就成为哈佛最年轻的终身教授之一，时年 34 岁。

从 1945 年到 1960 年，考克斯用 15 年时间，建立了美国劳动法学。作为学科之父，考克斯的关键贡献，在于用法律过程学派的思想改造劳动法研究。这种思想成为一代学人的共识，从而初步结束了自 19 世纪末以来围绕劳动法价值取向的争论，在职场实现了法律形式主义与现实主义的合题。这一智识过程集中体现在考克斯唯一的劳动法专著——《法律与国家劳动政策》。[1]

法律过程学派的思想可以概括为三个步骤：先以现实主义的立场体察时势，发现并承认美国最大的现实——民主在危急中，将过程民主设定为法律的目标；再以形式主义的立场将这个目标放入法律推理的大前提，使其牢固确立起来，不因政治形势的变动而遭到削弱；最后回到现实主义，探寻实现过程民主的法律手

〔1〕 Archibald Cox, Law and the National Labor Policy, Los Angeles: Institute of Industrial Relations, University of California, 1960.

段——维护民主协商格局、推动民主协商进程、确认民主协商效果。对于过程民主，考克斯有足够的信仰。他继承和发展了布兰代斯与康芒斯的工业民主理论，认为民主不应局限在政治领域，而是应当扩展到劳资关系上。在他看来，集体谈判是“工业自治政府的机制”，《华格纳法》等立法及法院判例构成这一政府的“宪法”，集体谈判协议是“立法”，而申诉和仲裁程序则是“行政和司法裁判庭”。[1] 这一系列比附与布兰代斯和康芒斯何其相似！而作为《兰德鲁姆—格里芬法》的主要起草人之一，考克斯对于工业民主的重要贡献，在于将工业民主从劳资之间拓展到工会内部，保障会员的民主权利。他指出：

如果集体谈判的目的之一在于让雇员通过参与影响其工业生活的决策，使之有机会重新获得自由和个人尊严，就像我们通过政治代议士参与政府决策一样，那么，难道不该采取步骤，确保工运内部的民主，保护个人和少数者不仅免遭工会官员的压迫，而且免遭多数会员的压迫吗？概言之，除了依靠民主工会，如何可能推进个人责任、平等机会和自我决定的理念？难道要抛弃这些理念吗？[2]

---

〔1〕 Harry Shulman, *Book Review: Cases on Labor Law by Archibald Cox, 1948*, 62 Harv. L. Rev. 1431, 1433 (1949).

〔2〕 Archibald Cox, Law and the National Labor Policy, Los Angeles: Institute of Industrial Relations, University of California, 1960, at pp. 18-19.

与工会外部一样，工会内部的民主仍然主要是过程民主，会员的民主权利主要是程序性的权利。为了使会员“免遭工会官员的压迫”，《兰德鲁姆—格里芬法》固然规定了工会官员的任职资格、受信义务、任期和工资限制等实体内容，但是其核心机制仍然是过程性的，即官员的选举程序。正如考克斯所言，“官员选举是工会民主的核心。”[1] 而为了使少数会员“免遭多数会员的压迫”，《兰德鲁姆—格里芬法》固然规定了会员的财产权利这一实体内容，但是其核心机制同样是过程性的，即会员的知情、表达、参与和监督权。考克斯相信，无论是工会与会员之间的矛盾，还是多数会员与少数之间的矛盾，都可以经由正当程序得到化解。只要官员是选出来的、决策是谈出来的，结果总不会差。这种乐观和信心与法律过程学派不谋而合。他的同事曾恰当地指出：“或许阿奇（博得）只是对我们在同一部公法之下一起生活的能力更少怀疑（也保有更多期待）。”

按照法律过程学派的逻辑，解决了“民主是什么”，焦点就转向了“民主怎么办”。在这个问题上，考克斯同样做出了重要贡献。他敏锐地发现，民主往往是以自由为代价的，所谓“民主怎么办”，实际上是追问：为了民主，法律愿意牺牲多少自由？

---

〔1〕 Archibald Cox, Law and the National Labor Policy, Los Angeles: Institute of Industrial Relations, University of California, 1960, at p. 99.

民主与自由的矛盾是劳动法上的古老主题。早在亨特案中，这一矛盾就显露出来：工会以罢工相威胁，不准雇主聘用非会员，而雇主被迫就范，劳资双方事实上达成了民主协议。这份协议既损害了雇主的用人自由，又损害了非会员的求职自由。根据考克斯的解读，对于民主与自由的矛盾，20 世纪的劳动立法采取了两种不同的处理策略：

——20 世纪初的《克雷顿法》和《诺里斯—拉瓜迪亚法》的思路是：工业民主是法律可以容忍（tolerable）的。法律不再像 19 世纪后期那样把工会结社、集体谈判和罢工等看做洪水猛兽，但也并不认为工业民主值得鼓励和追求。相应地，法律一方面保障追求工业民主的自由，另一方面也保障破坏工业民主的自由。比如，法律允许劳动者组织起来，发动罢工，迫使资方坐到谈判桌前；而法律也允许资方拒绝和工会谈判，聘请非会员顶替罢工者，向工会施压。[1] 既然法律同时保护两种相反的自由，那就谈不上牺牲自由了。竞争是市场主体生存的王道，从生存斗争的需要出发，劳资双方可以不择手段地相互打击，而工业民主不过是劳方打击资方的手段之一，就像资方会纠合起来打击劳方一样。这种手段不应该被法律所禁止，但是也不值得法律去提倡。所以，法律最好采取放任的态度，立法者也正是这么做

〔1〕 Archibald Cox, Law and the National Labor Policy, Los Angeles: Institute of Industrial Relations, University of California, 1960, at p. 5.

的——“《诺里斯—拉瓜迪亚法》开启了劳动关系领域绝无仅有的、无条件自由放任时代”。[1]

——新政时代的《华格纳法》及后续立法的思路是：工业民主是法律要积极追求（desirable）的。法律认为，有工业民主总比没有要好，因为工业民主可以促进工业和平——这是《华格纳法》的立法目标；也因为工业民主可以化解美国的民主危机——这是法律过程学派的主张。相应地，法律保障追求工业民主的自由，同时严厉限制破坏工业民主的自由。这种限制及于职场上的诸多主体：对于资方而言，限制主要体现在禁止“不公劳动行为”，也即资方无权对抗工人追求工业民主的尝试；对于非工会会员来说，限制主要体现在“多数代表制”，也即非会员无权反对工会在集体谈判中代表自己；对于会员来说，限制主要体现在法律不支持会员在工会内部事务中对抗组织。从工会的角度来说，排除了会员和非会员的反对，就消灭了后院起火的隐患；而排除了资方的破坏，就削弱了当面之敌的力量。如此一来，工会和资方的力量就达到了大致的平衡，职场内的多元格局一经奠定，下一步就可以展开谈判、实现妥协了。换言之，《华格纳法》契合了法律过程学派的、多元主义的过程民主观。

《华格纳法》是不完美的。至少，这部法律把工会的角色浪

---

〔1〕 Archibald Cox, Law and the National Labor Policy, Los Angeles: Institute of Industrial Relations, University of California, 1960, at p. 8.

漫化了。在立法者看来，工会借《华格纳法》之威扩张力量，却并未善用这种力量：时而煽动 1946 年的大工潮，以对抗代替谈判，破坏而非维护劳资之间的民主；时而制造《麦克莱伦报告》之中的丑闻，以专制代替监督，破坏而非维护工会内部的民主。这与《华格纳法》的初衷背道而驰。为了遏制工会对于工业民主的破坏，《塔夫脱—哈特利法》将针对资方的禁令加诸工会，禁止工会的“不公劳动行为”，特别是限制了工会的集体行动权；而《兰德鲁姆—格里芬法》则在工会内部建立了民主管理机制。[1] 通过这些措施，工会被拉回工业民主的轨道，法律过程学派的民主理想得以存活。

作为《兰德鲁姆—格里芬法》的主要起草人之一，考克斯深知法律约束工会的必要性。当时，有学者认为，劳资斗争与战争无异，工会为了加强战力，必须实施军事化管理，既要杜绝内部对于领导权的挑战，又要禁绝外部的异议分子，所以法律不应当赋予会员和非会员以对抗工会的权利。他们虽然认识到了工会滥权的风险，却寄望于增强工会官员的职业精神。考克斯针锋相对地指出，一个敬业但专制的工会就算可以为工人争得利益，也不可能实现民主的理想。[2] 他所强调的始终是民主。在考克斯

〔1〕 Archibald Cox, Law and the National Labor Policy, Los Angeles: Institute of Industrial Relations, University of California, 1960, at pp. 10-11.

〔2〕 Archibald Cox, Law and the National Labor Policy, Los Angeles: Institute of Industrial Relations, University of California, 1960, at pp. 93-94.

看来，《塔夫脱—哈特利法》和《兰德鲁姆—格里芬法》固然是对《华格纳法》的纠偏，但并未动摇工业民主这一立法目标，仅仅改良了实现目标的手段。从容忍民主到追求民主，迈出这一大步实属不易，绝不应当倒退回去，绝不应当质疑民主本身。这种对民主的坚定信仰，既属于考克斯，更属于整个法律过程学派。

总之，考克斯从法律过程学派的角度，以多元主义过程民主为线索，对20世纪美国劳动法的重大发展做出了整全的、融贯的解释。后世将考克斯的解释称作“工业多元主义”（industrial pluralism）。[1] 工业多元主义思想符合立法实际，因而是描述性的；它又以民主价值为导向，因而是规范性的。在实然与应然相统一的基础上，工业多元主义获得了战后初期的劳动法学人的普遍接受，促成了三大共识：其一，劳动法研究的价值基础是工业民主，包括劳资之间的民主和工会内部的民主；其二，实现工业民主的主要手段是劳动关系集体化，所以，劳动法研究的主要对象是集体劳动关系法；其三，劳动法研究的主要方法是对策研究，也即针对价值目标与制度手段之间关系的研究。

价值基础、研究对象和研究手段的广泛共识，标志着劳动法学的诞生。1960年，考克斯出版《法律与国家劳动政策》。那一

〔1〕 参见 Katherine Van Wezel Stone, *The Post-War Paradigm in American Labor Law*, 90 Yale L. J. 1509 (1981)。

年，是美国劳动法学的元年。

四

学科开创，实属不易。为了劳动法学的创生，考克斯做了三件事：著述、教学、从政。

入行才3年，考克斯就出版了自己的首部劳动法著作——《劳动法案例》。[1] 这部巨著正文厚达1432页，用考克斯的话说，这是第一本“现代”劳动法案例书。朗代尔以后，案例书逐步成为法学教材的主要形式，而劳动法案例书的传统可以追溯到1922年。是年，哈佛法学院助理教授弗朗西斯·鲍威斯·塞尔（Francis Bowes Sayre）编辑的《劳动法案例及其他法律文献选》问世。[2] 塞尔是威尔逊总统的女婿，他毕业于威廉姆斯学院，又在哈佛法学院取得了法学士和法博士学位，1919年留校任教，6年后即转行从事外交。[3] 塞尔写书时，《克雷顿法》刚刚出台不久，围绕禁制令问题的斗争正在高潮，所以他用大部分篇幅讨论了集体行动与禁制令的拉锯，其他篇幅则留给了工会

〔1〕 Archibald Cox, Cases on Labor Law, Brooklyn: The Foundation Press, Inc., 1948.

〔2〕 Francis Bowes Sayre (ed.), A Selection of Cases and Other Autorities on Labor Law, Cambridge: Harvard University Press, 1922.

〔3〕 Manuscript Division of the Library of Congress, *Francis Bowes Sayre Papers: A Finding Aid to the Collection in the Library of Congress*, Washington, D. C., 2012, available at http://rs5.loc.gov/service/mss/eadxmlmss/eadpdfmss/2012/ms012177.pdf (last visted Feb. 12, 2018).

法、个别劳动关系法和集体谈判协议。当时，美国劳动法的前途尚不明朗，学者们纷纷将眼光投向他国，比较、借鉴。塞尔在书里全面收录了英国立法和判例，还讨论了澳大利亚法和加拿大法。

1934 年，兰迪斯出版了自己的《劳动法案例》,[1] 这是哈佛教授撰写的第二部劳动法案例书。此书诞生在《诺里斯—拉瓜迪亚法》之后，反映了考克斯所说的劳动法的自由放任时代的情况。然而，就在该书出版次年，《华格纳法》诞生，劳动立法的现代化运动轰轰烈烈地展开，使得该书迅速过时。1947 年，《塔夫脱—哈特利法》出台，现代劳动法的体系接近完工，学界迫切需要一本反映这一体系的新教科书。起初，考克斯接到的任务便是修订兰迪斯的旧作，以满足这个需求。不过，由于法律变化太大，考克斯事实上写了一本新书。新书的内容有三个特点：一是彻底排除了个别劳动关系法，专门探讨集体劳动关系法，这反映了劳动法研究者推崇工业民主、倡导劳动关系集体化的共识；二是调整集体劳动关系法的内容，加强关于集体谈判协议和工会民主的讨论，弱化禁制令问题，从而贴合《华格纳法》以来的立法走向；三是基本不再涉及外国法，这反映了美国劳动法学人的

---

〔1〕 James M. Landis, Cases on Labor Law, Chicago: The Foundation Press, Inc. , 1934.

制度自信。[1] 经过长期摸索，美国人终于可以放心地说：美国已经探索出了一条符合自身特点的劳动法制道路，无需在他国寻求依据。

考克斯的案例书一经问世，就在劳动法教学中推广开来，至今仍是应用最广的劳动法教科书。从1948年到如今，该书已经连续出版了整整70年，最新版本已经是第16版，[2] 成为了名副其实的经典。除了专著和教材，考克斯还撰写了大量的劳动法论文。他从来不用电脑写作，随身携带黄色单线本，有思考就随手记在本子上。令人赞叹的是，他的思绪严格遵循逻辑顺序，每写完一节，这一节与其他各节之间就建立了确定的逻辑关系，无需变动。凭藉强大的思考和写作能力，考克斯成为高产学者。整个1950年代，考克斯平均每年为法律评论撰写3篇文章。1964年，《哈佛法律评论》精选在该刊发表的作品，编成《劳动法论文集》，共收文12篇，其中考克斯独撰3篇、合撰2篇，占总数的四成之多。[3] 他的论文不仅数量多，而且质量上佳，获得学界广泛引用。据统计，截至2018年初，考克斯的论文共被法学

---

〔1〕 关于美国劳动法案例书的内容变迁，见 Harry Shulman, *Book Review: Cases on Labor Law by Archibald Cox, 1948*, 62 Harv. L. Rev. 1431 (1949)。

〔2〕 关于该书第16版的情况，见该书专题网站 http://www.cox-bok-laborlaw.com/（最后访问2018年2月12日）。

〔3〕 Harvard Law Review, Essays on Labor Law, Cambridge: The Harvard Law Review Association, 1964.

刊物引证5137次，在所有美国法学工作者中排名第38位。[1]

考克斯的门生很多。他的案例书，起先是独著；1962年出第5版时，因为考克斯赴华盛顿任总检察长，他的学生、哈佛大学法学院教授德里克·博克加入合著，[2] 书名也改为《劳动法案例与材料》（Labor Law Cases and Materials）；1977年出第8版时，因为博克出任哈佛大学校长，他们共同的学生、宾夕法尼亚大学法学院教授罗伯特·高尔曼（Robert Gorman）加入合著；[3] 1996年出第12版时，考克斯年事已高，邀请威斯康星大学麦迪逊分校法学院教授马修·芬金（Matthew Finkin）加入合著；[4] 到了2016年出第16版时，考克斯已然作古，博克也不再参与修订，他们的名字都进入了书名——《考克斯氏与博克氏劳动法案例与材料》（Cox and Bok's Labor Law Cases and Materials），而"六零后"的蒂莫西·格林（Timothy Glynn）教授也加入了作者行列。正是由于师徒之间的学术接力，美国劳动法学的传统才建立起来，考克斯版案例书的经典地位才确立下来。

考克斯的满园桃李之中，对劳动法学贡献最大的当属博克和

---

〔1〕 考克斯论文的引用情况见HeinOnline数据库专页http：//heinonline.org/HOL/AuthorProfile?collection=journals&search_ name=Cox,%20Archibald（最后访问2018年2月12日）。

〔2〕 博克劳动法著作的中译，见［美］德里克·柯提思·伯克撰，阎天译：《反思美国劳动法的特征》，载《社会法评论》第六卷，中国人民大学出版社2016年版。

〔3〕 高尔曼劳动法著作的中译，见［美］罗伯特·A. 高尔曼著，马静等译：《劳动法基本教程——劳工联合与集体谈判》，中国政法大学出版社2003年版。

〔4〕 芬金的基本情况见柯振兴：《劳动法老师马修·费金》，载柯振兴编著：《美国劳动法》，中国政法大学出版社2014年版。

哈里·威灵顿（Harry Wellington）。博克生于宾夕法尼亚州的一个文化世家，高祖父做出版，祖父做编辑，父亲则写小说，同时担任宾州最高法院的法官。博克毕业于斯坦福大学，读了哈佛法学院，游学巴黎，之后参军，边当兵边深造，先后拿到了经济学和心理学的硕士学位。1958 年，博克回到哈佛法学院任教。后来，博克出任法学院的掌门人，更曾两度担任哈佛大学校长，累计任期长达 20 余年，在高等教育界享有盛誉。[1] 而在劳动法学界，博克则以宏大的研究视野而著称。他将反托拉斯法与劳动法的研究结合起来，[2] 将劳动的经济学和法学研究串联起来，[3] 还将劳动法的外国经验与本土特色互为参照。[4] 他调动各种智识资源，从不同角度为工业多元主义理论寻找依据、添砖加瓦。

威灵顿生于耶鲁大学所在的康涅狄格州纽黑文市。[5] 他毕业于宾夕法尼亚大学，比博克早两年拿到了哈佛的法律学位，还

---

〔1〕 博克的事迹取自 *Derek Curtis Bok*, Encyclopedia of World Biography, available at http: //www. encyclopedia. com/history/encyclopedias-almanacs-transcripts-and-maps/derek-curtis-bok (last visited Feb. 13, 2018)。

〔2〕 Derek C. Bok, *Section 7 of the Clayton Act and the Merging of Law and Economics*, 74 Harv. L. Rev. 226 (1960) .

〔3〕 Derek C. Bok & John T. Dunlop, Labor and the American Community, New York: Simon and Schuster, 1970.

〔4〕 [美] 德里克·柯提思·伯克撰，阎天译：《反思美国劳动法的特征》，载《社会法评论》第六卷，中国人民大学出版社 2016 年版。

〔5〕 威灵顿的事迹取自 *In Memoriam: Harry H. Wellington*, YaleNews, Aug. 10, 2011, available at https: //news. yale. edu/2011/08/10/memoriam-harry-h-wellington (last visited Feb. 13, 2018)。

曾担任弗兰克福特大法官的助理。后来，威灵顿回到老家，赴耶鲁大学法学院任教。1970 年代后期，威灵顿出任院长，重建教师队伍，领导学院走出了动荡不宁的“黑暗年代”。[1] 在劳动法领域，威灵顿既得到了考克斯的真传，又接续了舒尔曼院长的传统。他著有《劳动法与法律过程》一书，将法律过程学派对劳动法学的影响发挥得淋漓尽致。[2] 他开辟了公共部门集体劳动关系法的研究，[3] 在私人部门工会不断衰落的今天，为劳动法学寻得了新的生长点。他还与另一位耶鲁的劳动法大师克莱德·萨默斯（Clyde Summers）合著劳动法案例书，和哈佛的案例书打擂台。[4]

1950 年代后期，耶鲁法学院试行分专业教学，要求每位学生在大约十个部门法中任选其一，修满 12 学分课程。[5] 这不但对学生的学术研究能力提出了挑战，而且给教师出了难题：如何在一个狭小的部门法里，设计出如此之多的课程？和公法之类大部门法相比，劳动法所面临的困难尤为艰巨，而威灵顿和萨默斯

---

〔1〕［美］劳拉·凯尔曼著，阎天译：《黑暗年代：再造耶鲁法学院》，北京大学出版社 2016 年版。

〔2〕Harry H. Wellington, Labor and the Legal Process, New Haven: Yale University Press, 1968.

〔3〕Harry H. Wellington & Ralph K. Winter, Jr., The Unions and the Cities, Washington, D. C.: The Brookings Institution, 1972.

〔4〕Clyde W. Summers & Harry H. Wellington, Cases and materials on labor law, New York: Foundation Press, 1968.

〔5〕分专业教学的具体情况见 Brannon P. Denning, *The Yale Law School Divisional Studies Program, 1954-1964: Experiment in Legal Education*, 52 J. Leg. Educ. 365 (2002)。

勇敢地迎上前去。1959—1960 学年度，劳动法专业既开设先修课程，即劳动法和行政法；又开设研讨课程，包括“工会治理”、“劳动关系”、“劳工经济力量的公共控制”和论文写作。[1] 劳动法专业虽然只存在了几年时间，但是取得了丰硕的成果，许多学生在《耶鲁法学杂志》发表了论文。[2]

在弗兰克福特门下，曾有兰迪斯和舒尔曼先后执哈佛与耶鲁法学院之牛耳；到了考克斯门下，又有博克与威灵顿先后出掌两院。劳动法学者担任顶尖法学院的院长，既反映了学科地位的抬升，也折射出弗兰克福特与考克斯师徒的选才和育才能力。与弗兰克福特相反，考克斯并非以热情征服学生，而是靠律已赢得学生的信任。虽然几度出任公职，考克斯却并未荒疏本业。他曾对同僚说，教师一旦从政，就得在教学和研究上下更多功夫，否则就会造成政治凌驾于学术的印象。博克感叹，考克斯在授课时能够“完全掌控自己的研究领域”；而威灵顿则回忆说，考克斯是因为讲课清晰而获得声望的。1996 年，考克斯迎来了教学生涯的最后一门课——宪法。这门课他已经教了半个世纪，可谓再熟

---

〔1〕 Harry H. Wellington, *Clyde Summers and the Early Yale Years*, 138 U. Pa. L. Rev. 643, 645 (1990).

〔2〕 例如，Philip D. Weiss, *Apportioning Loss after Discharge of a Burdensome Contract: A Statutory Solution*, 69 Yale L. J. 1054 (1959); Ralph K. Winter, Jr., *Labor Injunctions and Judge-Made Labor Law: The Comtemporary Role of Norris-Laguardia*, 70 Yale L. J. 70 (1960); Stephen L. Dinces, *Statutory and Contractual Restrictions on the Right to Strike during the Term of a Collective Bargaining Agreement*, 70 Yale L. J. 1366 (1961)。

悉不过，而他的备课水平丝毫未降，在学生评价中得到了 4.9/5.0 的高分。

考克斯是位严师。有位学生参加他的课程考试时，因为答卷时间不够用，索性从教材上扯下几十页来，贴在卷子上，附注“答案就在其中”。考克斯毫无幽默感，严厉批评了这种在考试时“作怪”之举。轮到博克考试那天，乾坤清朗，艳阳高照。他驾驶敞篷车来到考场，心情上佳。不料，考试途中，风云变色，大雨倾盆。博克本想出门救车，忽然记起先前那位学生的教训，生怕考克斯不高兴，只得忍痛继续答题，眼睁睁地看着汽车坐垫被雨水泡糟。作为“波士顿的上等人”，考克斯对课堂纪律的要求毫不放松。遇到学生上课说笑，他会径直走上前去，和气而坚决地说：“请出去。”只有一次例外：有位年轻人迟到，慌乱中弄响了课椅；考克斯被响声打断了思绪，却并未发作，而是笑着说“这人历来如此”——那是他的亲弟弟。

再严格的老师也是有感情的。考克斯对学生的爱流淌在细节里。晚年的考克斯早已功成名就，但是他为了旁听一年级学生的模拟法庭辩论，会等到很晚，再草草吃个三明治当晚餐。他把对学生的感情和对事业的感情融为一体。离开讲坛以后，考克斯曾经幸福地回忆道：

教劳动法的那些岁月很美好，因为两点。其一，我们当时正在开创劳动法。我们正在创造集体谈判法。其二，那时所有人都相信作为制度的集体谈判和工会的未来。如此一来，教授劳动法令人振奋，也充满了活力和挑战。

除了著述和教学，考克斯更身体力行，投入政坛，参与劳动法治的革新。杜鲁门当政时期，朝鲜半岛激战正酣。1952 年，美国政府为了保障军需生产，组建工资稳定委员会（Wage Stablization Committee）。委员会实施三方制，劳方、资方和代表公共利益的一方各出相同数目的代表，考克斯被任命为主席。委员会对军需产业的薪酬增减做出规定，这限制了业内劳资双方通过集体谈判决定薪酬的权利，因而极易遭到抵制。考克斯苦心经营，如履薄冰，仍然不免引爆事态。他就任不久，煤矿业与工会达成涨薪协议，涨幅超过了委员会的限制。考克斯为了维护委员会的权威，拒绝认可协议，遭到了劳方代表的激烈反对，进而引发工潮。平生头一遭，考克斯引发了全国政坛的注目。最终，杜鲁门总统为了恢复生产，被迫向劳资双方让步，下令推翻了委员会的决定。考克斯当即辞职，以抗议总统为了政治诉求而牺牲法律权威。他并非全然无视现实，但是心中自有底线，而这种态度恰恰是法律过程学派所称许的。

1950 年代后期，考克斯结识了年轻的马萨诸塞州参议员约翰·肯尼迪（John Kennedy），开始介入国家劳动立法事务。肯尼迪雄心勃勃，但资历尚浅，他选定劳动立法作为积累政治资本的突破口，并聘请考克斯担任顾问。当时，麦克莱伦委员会的调查正如火如荼，工会丑闻不断曝光，让肯尼迪萌生了立法规制工会内部事务的想法。他的团队策划了立法方案，而考克斯则把方案内容转化为法律语言，将方案加工为法案。当时，参众两院就劳动立法僵持不下：众议院的兰德鲁姆和格里芬两位议员倾向资方，而参议院的肯尼迪则倾向劳方。双方当面交锋，兰德鲁姆指着肯尼迪身边的考克斯，斥责他是“共产分子”；考克斯放不下学者的矜持，只是报以憨笑；而肯尼迪则针锋相对地发起反击，拼命回护自己人。1959 年，双方最终达成妥协，妥协的成果便是《兰德鲁姆—格里芬法》。虽然新法冠以两位众议员的姓氏，政治资本却记在了肯尼迪账上，这为他次年赢得大选、出任总统奠定了基础。而考克斯则以新法主要设计师的身份载入史册。1960 年底，肯尼迪邀请考克斯在新政府中担任总检察长。考克斯答应了。

在国会和政府之外，考克斯还对劳动司法发挥了深远的影响。作为劳动法学的开创者和新政劳动立法的阐释者，考克斯获得了法官的普遍尊敬。他代表美国政府在最高法院辩论劳动争议时，仿佛在给“法学院的 9 个学生”讲课，大法官们无不洗耳恭听。正如博克所言，“在一宗又一宗案件中，每当多数大法官碰到了判决的关键点，他们就会以阿奇（博得）的某篇文章为据”。截至目前，考克斯的论文已经被各级法院引用达770次之多，在所有美国法学工作者中排名第4位。[1] 最令人称奇的是，在1964年的纤维板纸制品公司诉国家劳动关系委员会一案中，考克斯代表政府一方出庭，而最高法院竟然引用他的论文释法判案![2]

考克斯是美国劳动法学的创始人。何谓创始人？史家尝谓：“有人把杰出的人物称作创始人。因为他的见识要比别人远大些，他的洞察力要比别人深邃些，他的胸怀要比别人宽广些，他的毅力要比别人坚韧些，他的愿望要比别人强烈些，为实现其愿望所采取的手段，要比别人高明些。”[3] 考克斯正是如此。他把劳动法治发展所造成的理论创新与学科建设的需要加以指明，把形式主义、现实主义和法律过程学派的智识资源加以集中，并担负起满足这些需要发起者的责任。他在将新学科的蓝图转变为现实的过程中，能够刚毅沉着，机智豁达，凝聚共识，勤于笔耕，诲人不倦，知行合一，建立工业多元主义理论，实现历史赋予的创建劳动法学科的任务。因此，考克斯是美国历史上杰出的法学家。

---

〔1〕考克斯论文的引用情况见HeinOnline数据库专页http://heinonline.org/HOL/AuthorProfile?collection=journals&search_ name=Cox,%20Archibald（最后访问2018年2月12日）。

〔2〕Fibreboard Paper Products Corp. vs. N. L. R. B., 379 U. S. 203（1964）. 类似的情形也发生在民权案件中，见Regents of University of California vs. Bakke, 438 U. S. 265（1978）。最高法院引用考克斯论文的更多个案见Staughton Lynd, *Government without Rights: The Labor Law Vision of Archibald Cox*, 4 Indu. Rel. L. J. 483, 487（fn. 36）（1981）。

〔3〕阎崇年：《努尔哈赤传》，北京出版社2006年版，第312页。

结　语

经过无数仁人志士的艰苦探索，由考克斯一锤定音，宣告了美国劳动法学的降生。与19世纪末至“二战”的历史相比，战后15年的风格截然不同：前者求变，后者思定；前者设问，后者求解；前者张扬“片面的深刻”，后者推崇全面的周延。历史走过正题和反题，趋于合题，而考克斯则将合题阐发为工业多元主义。他不是先知，但他的思想凝聚为时代的界碑。

在1960年这个节点上观望劳动法学，无论是学术组织体系，还是学术思想体系，都有拨云见日之感：

——就学术组织体系而言，学界与政界和业界的紧密联系得到了加固。考克斯本人曾为罗斯福、杜鲁门和肯尼迪政府工作，身兼法官助理、议员顾问、总统密友，对政务介入很深；他早年在律所执业，处理劳资纠纷，对业界并无隔膜。职场是个利益场，只有在广泛理解各方利益诉求的基础上，才可能寻得最大限度的共识，并且用学术的语言表达出来。这是考克斯的经验所在。在学界内部，整个社会科学界都需要回应冷战的新格局，而法律过程主义是法学界所提出的方案，其中的多元主义民主内核显然受到了政治学的影响。在上一个时代，法律现实主义与劳动法研究相互启发，声气相通；而历史在法律过程学派身上重演，考克斯与博克、威灵顿不仅是劳动法学的大家，而且为法律过程学派的发展完善做出了重要贡献。

——就学术思想体系而言，劳动法学的诞生并没有改变根本追问之所在——劳动法是什么？历史的回答是：不论制度如何变化，劳动法始终是建构和维护劳动身份的法律，而这种身份的内容、表达与维护则与时俱进。关于劳动身份的内容，这一时代的劳动法固然没有动摇“资本雇佣劳动”的本质，但是将这一身份民主化了：一方面，劳动者通过自己的代表——工会，成为了多元主义民主过程的有意义参与者；另一方面，在工会内部，劳动者则获得了相当的成员权。相应地，劳动身份的表达，完成了从自由话语到民主话语的转变。至于劳动身份的维护，由于这一时代的劳动法推崇过程民主，强调保障程序性权利，因此，正当程序的程序面向取代实体面向，成为劳动身份的主要宪法基础。

尾　声

1961年1月18日，参议院就批准考克斯担任总检察长一事举行听证。有议员问：你是否持有股票（stock）和有价证券？考克斯一脸严肃地答道："我俩唯一的家畜（stock一词的另一含义）就是我夫人的马。"听证会只进行了10分钟，就在考克斯难得一见的冷幽默中顺利结束。1月23日，考克斯宣誓就职。[1]

一代巨匠就此暂别劳动法学。考克斯不会想到，他的离去也带走了工人运动和劳动法的荣光。民权取代劳权，成为时代的新主题。1958年的盖洛普民调显示，选民认为，国会应当优先解决由布朗案[2]所引发的去除学校种族隔离问题，而工会反腐则紧随其后，位列第二优先项。[3] 民权运动渐入佳境，工运却与

---

〔1〕 Ken Gormley, Archibald Cox: Conscience of a Nation, Reading: Addison-Wesley, 1997, at p. 146.

〔2〕 Brown vs. Board of Education, 347 U.S. 483 (1954).

〔3〕 Ken Gormley, Archibald Cox: Conscience of a Nation, Reading: Addison-Wesley, 1997, at p. 105.

民权运动擦肩而过。[1] 拐点不可避免地到来：就在考克斯离开讲坛那年，非农业部门劳动者加入工会的比例最后一次超过30%，此后一路走低。[2] 工运的衰落导致了劳动法的边缘化和僵硬化。《兰德鲁姆—格里芬法》出台后近60年，再无重大集体劳动关系立法问世。[3] 21世纪初，考克斯的再传弟子不禁发出天问："劳动法（学）死了吗?"[4]

当然没有。以考克斯去职为契机，劳动法学的世代交替渐次展开。就在考克斯履新当年，博克晋升为哈佛大学法学院正教授；此前一年，威灵顿晋升为耶鲁大学法学院正教授。哈佛和耶鲁双峰并峙，继续引领学科发展。1970年代以后，随着批判法学、法律经济学、法律与社会等新思潮的涌现，劳动法学再度成为各个思潮争逐的焦点。只要学人们的思考永不止息，学科的生命力就无远弗届。

这，就都是后话了。

劳动法学的兴起是美国法学史和智识史上最重要的线索之

---

〔1〕 关于工人运动与民权运动的关系，参见 Risa L. Goluboff, The Lost Promise of Civil Rights, Cambridge: Harvard University Press, 2010。

〔2〕 Samuel Estreicher, Stewart Schwab & Zev J. Eigen, Foundations of Labor and Employment Law, New Providence: Carolina Academic Press, 2012, at p. 401.

〔3〕 关于劳动法的僵化，见 Cynthia L. Estlund, *The Ossification of American Labor Law*, 102 Colum. L. Rev. 1527 (2002)。

〔4〕 Cynthia L. Estlund, *The Death of Labor Law*?, 2 Ann. Rev. L. & Soc. Sci. 105 (2006).

一。这一线索起于北美殖民地时代律师行内的师徒切磋，讫于考克斯对工业多元主义的详细阐发，历时近四百年。国运跌宕、世代兴替，而思想掘进不停、线索从未中断。究其原因，在于学人。代复一代，劳动法学人锻造出特殊的学术品格：

一是深沉的理论关怀。劳动法学人不仅致力于本领域学术观点的理论建构，而且与相邻部门法学勾连切磋。他们阔步介入法学思潮、乃至社科思潮的宏大争论，在不同层次的理论图景中谋得一席之地，增大劳动法学的思考纵深。

二是昂扬的实践精神。劳动法学人以理论反思制度、以制度回应社会，将劳动关系、劳动法治与劳动法学连缀为因果链条。在著述和教学之余，他们或执业，或从政，求真知、务实效，建立起跨越政界、学界和业界的学术共同体。

三是自觉的传承意识。劳动法学人注重凝练共识，以“劳动法是什么”这一根本追问贯通各个世代，将发散的思绪收敛至原点。他们包容异见，提携后进，爱吾师而更爱真理，重传统而更重创新，凝聚起生机勃勃的研究队伍。

理论关怀、实践精神与传承意识——三大学术品格汇聚在学人身上，筑就了崭新的学科。这，就是美国劳动法学诞生的历史经验。

文　献

一、中文专著

1. 甘阳：《古今中西之争》，生活·读书·新知三联书店 2012 年版。

2. 胡晓进：《自由的天性——十九世纪美国的律师与法学院》，中国政法大学出版社 2014 年版。

3. 强世功：《法律的现代性剧场：哈特与富勒论战》，法律出版社 2006 年版。

4. 王良臣：《诗评密谛》，明天启刻本。

5. 王萍：《从清教神坛到福利国家——美国工作伦理的演变》，中央编译出版社 2016 年版。

6. 阎崇年：《满学论集》，民族出版社 1999 年版。

7. 阎崇年：《努尔哈赤传》，北京出版社 2006 年版。

8. 张玉书：《佩文韵府》，清文渊阁四库全书本。

9. 中共中央文献研究室编：《习近平关于全面依法治国论述摘编》，中央文献出版社 2015 年版。

二、中文译著

1. ［美］T. E. 亚伯勒著，徐爱国、林一飞等译：《约翰・马歇尔・哈伦：沃伦法院伟大的异议者》，法律出版社 2004 年版。

2. ［美］W. 布莱福特著，王军伟译：《“五月花号公约”签订始末》，华东师范大学出版社 2006 年版。

3. ［德］W. 桑巴特著，赖海榕译：《为什么美国没有社会主义》，社会科学文献出版社 2003 年版。

4. ［美］阿兰・艾德斯、克里斯托弗 N. 梅著，项焱译：《美国宪法：个人权利——案例与解析》，商务印书馆 2014 年版。

5. ［美］埃里克・方纳著，焦姣译：《自由之路：“地下铁路”秘史》，中国政法大学出版社 2017 年版。

6. ［美］埃里克・方纳著，王希译：《给我自由！一部美国的历史（上卷）》，商务印书馆 2010 年版。

7. ［美］埃里克・方纳著，王希译：《给我自由！一部美国的历史（下卷）》，商务印书馆 2010 年版。

8. ［美］伯纳德・施瓦茨著，毕洪海、柯翀、石明磊译：《美国最高法院史》，中国政法大学出版社 2005 年版。

9. ［美］博登海默著，潘汉典译：《博登海默法理学》，法律出版社 2015 年版。

10. ［美］查尔斯・A. 比尔德著，何希齐译：《美国宪法的经济观》，商务印书馆 1984 年第二版。

11. ［美］大卫·冯·德莱尔著，刘怀昭译：《兴邦之难——改变美国的那场大火》，中国政法大学出版社 2015 年版。

12. ［英］戴维·赫尔德著，燕继荣等译：《民主的模式》，中央编译出版社 2008 年第三版。

13. ［美］厄普顿·辛克莱著，郭涛译：《屠场》，安徽人民出版社 2013 年版。

14. ［美］弗雷德里克·泰勒著，赵涛、陈瑞侠、郭珊珊译：《科学管理原理》，电子工业出版社 2013 年版。

15. ［美］戈登·S. 伍德著，朱妍兰译：《美利坚共和国的缔造：1776—1787》，译林出版社 2016 年版。

16. ［美］戈登·S. 伍德著，傅国英译：《美国革命的激进主义》，北京大学出版社 1997 年版。

17. ［美］格兰特·吉尔莫著，董春华译：《美国法的时代》，法律出版社 2009 年版。

18. ［英］哈特著，许家馨、李冠宜译：《法律的概念》，台湾商周出版社 2015 年第二版。

19. ［英］赫伯特·斯宾塞著，张雄武译：《社会静力学》，商务印书馆 1996 年版。

20. ［美］卡尔·N. 卢埃林著，陈绪纲、史大晓、仝宗锦译：《普通法传统》，中国政法大学出版社 2002 年版。

21. ［美］凯斯·R. 桑斯坦著，毕竞悦、高瞰译：《罗斯福宪法：第二权利法案的历史与未来》，中国政法大学出版社 2016 年版。

22. ［美］克里斯托弗·希尔顿著，王聪译：《五月花号：一次改变世界的航行》，华夏出版社 2006 年版。

23. ［美］劳拉·凯尔曼著，阎天译：《黑暗年代：再造耶鲁法学院》，北京大学出版社 2016 年版。

24. ［美］劳伦斯·M. 弗里德曼著，苏彦新等译：《美国法律史》，中国社会科学出版社 2007 年版。

25. ［美］李·爱泼斯坦、［美］威廉·M. 兰德斯、［美］理查德·A. 波斯纳著，黄韬译：《法官如何行为：理性选择的理论和经验研究》，法律出版社 2017 年版。

26. ［美］理查德·J. 皮尔斯著，苏苗罕译：《行政法》，中国人民大学出版社 2015 年版。

27. ［美］罗伯特·A. 高尔曼著，马静等译：《劳动法基本教程——劳工联合与集体谈判》，中国政法大学出版社 2003 年版。

28. ［美］罗伯特·W. 汉密尔顿著，齐东祥等译：《美国公司法（第五版）》，法律出版社 2007 年版。

29. ［英］罗伯特·菲尔莫著：《“父权制”及其他著作》，中国政法大学出版社 2003 年版。

30. ［美］罗斯科·庞德著，陈林林译：《法律与道德》，商务印书馆 2016 年版。

31. ［美］罗斯科·庞德著，邓正来译：《法律史解释》，商务印书馆 2013 年版。

32. ［美］罗斯科·庞德著，李立丰译：《法的新路径》，北京大学出版社 2016 年版。

33. ［美］罗斯科·庞德著，沈宗灵译：《通过法律的社会控制》，商务印书馆 2010 年版。

34. ［美］罗斯科·庞德著，唐前宏、高雪原、廖湘文译：《普通法的精神》，法律出版社 2010 年中文修订版。

35. ［德］马克思、恩格斯著，翼如译：《马克思恩格斯给美国人的信》，人民出版社 1986 年版。

36. ［美］莫顿·J. 霍维茨著，谢鸿飞译：《美国法的变迁（1780—1860）》，中国政法大学出版社 2005 年版。

37. ［美］纳撒尼尔·菲尔布里克著，李玉瑶、胡雅倩译：《五月花号：关于勇气、社群和战争的故事》，新星出版社 2006 年版。

38. ［美］史蒂文·F. 海沃德著，方鲁娜、张文倩译：《总统记：从威尔逊到奥巴马》，中国政法大学出版社 2014 年版。

39. ［美］斯蒂芬·M. 菲尔德曼著，李国庆译：《从前现代主义到后现代主义的美国法律思想：一次思想航行》，中国政法大学出版社 2006 年版。

40. ［法］托克维尔著，董果良译：《论美国的民主（下卷）》，商务印书馆 1991 年版。

41. ［英］威廉·布莱克斯通著，游云庭、缪苗译：《英国法释义（第一卷）》，上海人民出版社 2006 年版。

42. ［美］伍德罗·威尔逊著，宦胜奎译：《美国宪制政府》，北京大学出版社 2016 年版。

43. ［美］小奥利弗·温德尔·霍姆斯著，冉昊、姚中秋译：《普通法》，中国政法大学出版社 2006 年版。

44. ［美］亚历山大·M. 比克尔著，姚中秋译：《最小危险部门——政治法庭上的最高法院》，北京大学出版社 2007 年版。

45. ［美］亚历山大·M. 毕克尔著，徐斌译：《同意的道德性》，中国政法大学出版社 2016 年版。

46. ［美］约翰·法比安·维特著，田雷译：《事故共和国：残疾的工人、贫穷的寡妇与美国法的重构》，中国政法大学出版社 2016 年版。

47. ［英］约翰·穆勒著，胡企林、朱泱译：《政治经济学原理及其在社会哲学上的若干应用（下卷）》，商务印书馆 1991 年版。

48. ［美］约翰·奇普曼·格雷著，马驰译：《法律的性质与渊源（原书第二版）》，中国政法大学出版社 2012 年版。

49. ［美］詹姆斯·麦克弗森著，田雷译：《林肯传》，中国政法大学出版社 2016 年版。

50. ［美］茱迪·史珂拉著，刘满贵译：《美国公民权：寻求接纳》，上海人民出版社 2006 年版。

三、中文论文及其他文章

1. 高鸿业：《译者导读》，载约翰·梅纳德·凯恩斯著，高鸿业译：《就业、利息和货币通论（重译本）》，商务印书馆 1999 年版。

2. 国务院新闻办公室：《中国交通运输发展（白皮书）》，2016 年 12 月 29 日发表。

3. 何顺果：《鲜为人知的〈五月花号公约〉》，载《读书》2008 年第 10 期。

4. 柯振兴：《劳动法老师马修·费金》，载柯振兴编著：《美国劳动法》，中国政法大学出版社 2014 年。

5. 刘宝存：《洪堡大学理念述评》，载《清华大学教育研究》2002 年第 1 期。

6. 任裕海：《苏格兰启蒙思想与美国宪政生成关系简论》，载《学海》2012 年第 3 期。

7. 宋华琳：《恩斯特·弗罗因德与美国早期行政法学》，载《华东政法大学学报》2012 年第 5 期。

8. 苏轼：《策略第五》，载苏轼：《苏文忠公全集·东坡应诏集卷一》，明成化本。

9. 吴征宇：《海权的影响及其限度——阿尔弗雷德·塞耶·马汉的海权思想》，载《国际政治研究》2008 年第 2 期。

10. 辛向阳：《罗伯特·达尔的多元主义民主论评析》，载《东岳论丛》2010 年 5 月。

11. 雅理读书（阎天、潘毅、吕途、叶明欣）：《一场改变美国的大火：为何中国人对工厂火灾却如此冷漠?》，澎湃新闻·思想市场，http://www.thepaper.cn/newsDetail_forward_1349242（最后访问 2017 年 6 月 13 日）。

12. 阎天：《美国集体劳动关系法的兴衰——以工业民主为中心》，载《清华法学》2016 年第 2 期。

四、中文译文

1. ［英］T. H. 马歇尔：《公民身份与社会阶级》，载 T. H. 马歇尔、安东尼·吉登斯等著，郭忠华、刘训练编：《公民身份与社会阶级》，江苏人民出版社 2008 年版。

2. ［美］奥利弗·温德尔·霍姆斯撰，汪庆华译：《法律的道路》，载冯玉军选编：《美国法学最高引证率经典论文选》，法律出版社 2008 年版。

3. ［美］奥利弗·温德尔·霍姆斯撰，许章润译：《法律之道》，载许章润组织编译：《哈佛法律评论法理学精粹》，法律出版社 2011 年版。

4. ［美］奥利弗·温德尔·霍姆斯撰，张千帆、杨春福、黄斌译：《法律的道路》，载《南京大学法律评论》2000 年第 2 期。

5. ［美］大卫·E. 伯恩斯坦撰：《洛克纳诉纽约州案的故事：规制国家成长道路上的障碍》，载［美］迈克尔·C. 道夫主编，李志强、牟效波译：《宪法故事（原书第二版）》，中国人民大学出版社 2012 年版。

6. ［美］德里克·柯提思·伯克撰，阎天译：《反思美国劳动法的特征》，载《社会法评论》第六卷，中国人民大学出版社 2016 年版。

7. ［英］恩靳·F. 伊辛：《城市、民主和公民权：历史意象与当代实践》，载恩靳·F. 伊辛、布雷恩·特纳著，王小章译：《公民权研究手册》，浙江人民出版社 2007 年版。

8. ［美］格兰特·吉尔莫撰，曹士兵、姚建宗、吴巍译：《契约的死亡》，载梁慧星主编：《为权利而斗争——梁慧星先生主编之现代世界法学名著集》，中国法制出版社 2000 年版。

9. ［美］赫伯特·威克斯勒撰，张千帆译：《走向宪法的中立原则》，载《南京大学法律评论》2004年第1期。

10. ［美］霍姆斯：《“雇主与工人”：汽炉工人的罢工》，载［美］霍姆斯著，明辉译：《法律的生命在于经验——霍姆斯法学文集》，清华大学出版社2007年版。

11. ［美］霍姆斯：《法律，我们的情人》，载［美］小奥利弗·温德尔·霍姆斯著，刘思达译：《霍姆斯读本：论文与公共演讲选集》，上海三联书店2009年版。

12. ［美］霍姆斯：《法律的道路》，载［美］霍姆斯著，明辉译：《法律的生命在于经验——霍姆斯法学文集》，清华大学出版社2007年版。

13. ［美］霍姆斯：《法律的道路》，载［美］小奥利弗·温德尔·霍姆斯著，刘思达译：《霍姆斯读本：论文与公共演讲选集》，上海三联书店2009年版。

14. ［美］霍姆斯：《法律与法院》，载［美］小奥利弗·温德尔·霍姆斯著，刘思达译：《霍姆斯读本：论文与公共演讲选集》，上海三联书店2009年版。

15. ［美］霍姆斯：《法律职业》，载［美］小奥利弗·温德尔·霍姆斯著，刘思达译：《霍姆斯读本：论文与公共演讲选集》，上海三联书店2009年版。

16. ［美］霍姆斯：《科学中的法律与法律中的科学》，载［美］小奥利弗·温德尔·霍姆斯著，刘思达译：《霍姆斯读本：论文与公共演讲选集》，上海三联书店2009年版。

17. ［美］霍姆斯：《男孩想要的东西》，载［美］小奥利弗·温德尔·霍姆斯著，刘思达译：《霍姆斯读本：论文与公共演讲选集》，上海三联书店 2009 年版。

18. ［美］霍姆斯：《士兵的信仰》，载［美］小奥利弗·温德尔·霍姆斯著，刘思达译：《霍姆斯读本：论文与公共演讲选集》，上海三联书店 2009 年版。

19. ［美］霍姆斯：《约翰·马歇尔》，载［美］小奥利弗·温德尔·霍姆斯著，刘思达译：《霍姆斯读本：论文与公共演讲选集》，上海三联书店 2009 年版。

20. ［美］霍姆斯撰，陈新宇译：《法律的道路》，载《研究生法学》2001 年第 4 期。

21. ［美］霍姆斯撰，韩永初、姚远译：《法律之道》，载姚远主编：《学术中国》（网刊）第 2 辑，2009 年。

22. ［美］卡尔·E. 克莱尔：《批判理论与劳动关系法》，载戴维·凯瑞斯编，信春鹰译：《法律中的政治——一个进步性批评》，中国政法大学出版社 2008 年版。

23. ［苏联］列宁：《评经济浪漫主义——西斯蒙第和我国的西斯蒙第主义者》，载《列宁全集（第二卷）》，人民出版社 1959 年版。

24. ［美］罗斯科·庞德撰，御风译：《文本中的法与行动中的法》，载《法律方法与法律思维》第 5 辑。

25. 纳尔·汉密尔顿、马赛厄斯·艾尔弗雷德·杰瑞恩撰：《商业版序言》，载［美］罗斯科·庞德著，唐前宏、高雪原、廖湘文译：《普通法的精神》，法律出版社2010年中文修订版。

26. ［美］罗斯科·庞德撰，杨晓畅译：《机械法理学》，载姚远主编：《学术中国》（网刊）第2辑，2009年。

27. ［美］托马斯·C. 格雷撰，樊安译：《兰代尔的正统观念》，载邓正来主编：《西方法律哲学家研究年刊（第三卷）》，北京大学出版社2009年版。

28. ［美］托马斯·格雷撰，屠凯译：《兰代尔的正统》，载［美］托马斯·格雷著，黄宗智、田雷选编：《美国法的形式主义与实用主义》，法律出版社2014年版。

29. ［美］小奥利弗·温德尔·霍姆斯撰，陈绪纲译：《法律的道路》，载［美］斯蒂文·J. 伯顿主编，张芝梅、陈绪纲译：《法律的道路及其影响：小奥利弗·温德尔·霍姆斯的遗产》，北京大学出版社2005年版。

30. ［美］詹姆斯·赛尔撰，张千帆译：《美国宪政理论的渊源与范围》，载《环球法律评论》2005年第2期。

五、英文专著

1. Alexander Hamilton, James Madison & John Jay, The Federalist Papers, Oxford: Oxford University Press, 2008。

2. Archibald Cox, Law and the National Labor Policy, Los Angeles: Institute of Industrial Relations, University of California, 1960。

3. Archibald Cox, Cases on Labor Law, Brooklyn: The Foundation Press, Inc., 1948。

4. Bruce Ackerman, We the People, Volume III: The Civil Right Revolution, Cambridge: Harvard University Press, 2014。

5. C. C. Langdell, A Selection of Cases on the Law Contracts, Boston: Little, Brown & Company, 1871。

6. C. C. Langdell, A Summary of the Law of Contract, Boston: Little, Brown & Company, 1880。

7. Charles Manley Smith, A Treatise on the Law of Master and Servant (Law Library Edition; with Notes and References to American Cases), Philadelphia: T. & J. W. Johnson, 1852。

8. Christine Jolls, Behavioral Economics and the Law, Boston: Now Publishers Inc., 2011。

9. Christopher L. Tomlins, The State and the Union: Labor Relations, Law, and the Organized Labor Movement in America, 1880-1960, Cambridge: Cambridge University Press, 1985。

10. Clyde W. Summers & Harry H. Wellington, Cases and Materials on Labor Law, New York: Foundation Press, 1968。

11. Derek C. Bok & John T. Dunlop, Labor and the American Community, New York: Simon and Schuster, 1970。

12. F. J. Stimson, Labor in Its Relations to Law, New York: Charles Scribner' s Sons, 1895。

13. Felix Frankfurter & Nathan Greene, The Labor Injunction, New York: The Macmillan Company, 1930。

14. Francis Bowes Sayre (ed.), A Selection of Cases and Other Autorities on Labor Law, Cambridge: Harvard University Press, 1922。

15. Fred Witney, Government and Collective Bargaining, Chicago: J. B. Lippincott Company, 1951。

16. G. Edward White, The Constitution and the New Deal, Cambridge: Harvard University Press, 2000。

17. Gene Teitelbaum, Justice Louis D. Brandeis: A Bibliography of Writings and Other Materials on the Justice, Littleton, Colorado: Fred B. Rothman & Co., 1988。

18. Harry H. Wellington, Labor and the Legal Process, New Haven: Yale University Press, 1968。

19. Harry H. Wellington & Ralph K. Winter, Jr., The Unions and the Cities, Washington, D. C.: The Brookings Institution, 1972。

20. Harry Shulman, Opinions of the Umpire, Ford Motor Co. and UAW-CIO, 1943-1946, 1946。

21. Harry Shulman & Neil W. Chamberlain, Cases on Labor Relations, Brooklyn: The Foundation Press, 1949。

22. Harvard Law Review, Essays on Labor Law, Cambridge: The Harvard Law Review Association, 1964。

23. Henry M. Hart, Jr. & Albert M. Sacks, The Legal Process: Basic Problems in the Making and Application of Law, Westbury: The Foundation Press, Inc., 1994。

24. Herbert Hovenkamp, The Opening of American Law: Neoclassical Legal Thought, 1870-1970, Oxford: Oxford University Press, 2015。

25. James M. Landis, Cases on Labor Law, Chicago: The Foundation Press, Inc. , 1934。

26. James W. Hilty, Robert Kennedy: Brother Protector, Philadelphia: Temple University Press, 2000。

27. Jeffrey Steven Kahana, The Unfolding of American Labor Law: Judges, Workers and Public Policy across Two Political Generations, 1790-1850, El Paso: LFB Scholarly Publishing LLC, 2014。

28. John B. Andrews, Labor Problems and Labor Legislation (4th ed.), New York: American Association for Labor Legislation, 1932。

29. John R. Commons, Industrial Goodwill, New York: McGraw-Hill Book Company, 1919。

30. John R. Commons, Labor and Administration, New York: The Macmillan Company, 1913。

31. John R. Commons, Myself, New York: The Macmillan Company, 1934。

32. John R. Commons, Ulrich B. Phillips, Eugene A. Gilmore, Helen L. Sumner & John B. Andrews (eds.), A Documentary History of American Industrial Society, Vol. III: Labor Conspiracy Cases, Cleveland: The Arthur H. Clark Company, 1910。

33. Julius G. Getman, The Supreme Court on Unions: Why Labor Law Is Failing American Workers, Ithaca: Cornell University Press, 2016。

34. Karen Orren, Belated Feudalism: Labor, the Law and Liberal Development in the United States, Cambridge: Cambridge University Press, 1991。

35. Ken Gormley, Archibald Cox: Conscience of a Nation, Reading: Addison-Wesley, 1997。

36. Kevin Butterfield, The Making of Tocqueville' s America: Law and Association in the Early United States, Chicago: The University of Chicago Press, 2015。

37. Laura Kalman, Legal Realism at Yale, 1927-1960, Chapel Hill: The University of North Carolina Press, 1986。

38. Lawrence M. Friedman, A History of American Law (3rd ed.), New York: Simon & Schuster, 2005。

39. Lon L. Fuller, The Law in Quest of Itself, Chicago: The Foundation Press, Inc., 1940。

40. Mark Tushnet, Legal Scholarship and Education, Oxford: Routledge, 2008。

41. Melvin Dubofsky, The State & Labor in Modern America, Chapel Hill: The University of North Carolina Press, 1994。

42. Melvin I. Urofsky, Louis D. Brandeis: A Life, New York: Schocken Books, 2009。

43. Michael E. Parrish, Felix Frankfurter and His Times: The Reform Years, New York: The Free Press, 1982。

44. Murray N. Rothbard, America' s Great Depression (5th ed.), Auburn:

The Ludwig von Mises Institute, 2000。

45. National Consumers' League (ed.), The Supreme Court and Minimum Wage Legislation: Comment by the Legal Profession on the District of Columbia Case, New York: New Republic Inc., 1925。

46. Owen M. Fiss, History of the Supreme Court of the United States, Vol. VIII: Troubled Beginnings of the Modern State, 1888-1910, Cambridge: Cambridge University Press, 2006。

47. Peter H. Irons, The New Deal Lawyers, Princeton: Princeton University Press, 1982。

48. Risa L. Goluboff, The Lost Promise of Civil Rights, Cambridge: Harvard University Press, 2010。

49. Robert J. Steinfeld, The Invention of Free Labor: The Employment Relation in English and American Law and Culture, 1350-1870, Chapel Hill & London: The University of North Carolina Press, 1991。

50. Roscoe Pound, Administrative Law: Its Growth, Procedure and Significance, Pittsburgh: University of Pittsburgh Press, 1942。

51. Samuel Estreicher, Stewart Schwab & Zev J. Eigen, Foundations of Labor and Employment Law, New Providence: Carolina Academic Press, 2012。

52. Seymour Martin Lipset, Political Man: The Social Bases of Politics, Garden City: Doubleday & Company, 1960。

53. Sharon M. Hanes & Richard C. Hanes, Great Depression and New Deal: Biographies, Detroit: Thomson & Gale, 2002。

54. Sidney Webb & Beatrice Webb, Industrial Democracy, London: Longmans, Green & Co. , 1897。

55. Solomon Goldman (ed.), The Words of Justice Brandeis, New York: Henry Schuman, 1953。

56. Thomas I. Emerson, Young Lawyer for the New Deal: An Insider' s Memoir of the Roosevelt Years, Savage: Rowman & Littlefield Publishers, Inc. , 1991。

57. Thomas S. Cogley, The Law of Strikes, Lockouts and Labor Organizations, Washington, D. C. : W. H. Lowdermilk & Co. , 1894。

58. Woodrow Wilson, The New Freedom: A Call For the Emancipation of the Generous Energies of a People, Project Gutenberg EBook, available at http://www.gutenberg.org/files/14811/14811-h/14811-h.htm (last visited Aug. 10, 2017).

六、英文论文及其他文章

1. *141 Men and Girls Die in Waist Factory Fire*; *Trapped High Up in Washington Place Building*; *Street Strewn with Bodies*; *Piles of Dead Inside*, New York Times, Mar. 26, 1911, at 1。

2. Aaron Burr Reeve & Tapping Reeve, *Notes of lectures by Tapping Reeve at the Litchfield Law School/by A. B. Reeve*, *Vol. 1*, available at http://digitalcommons.law.yale.edu/cgi/viewcontent.cgi?article=1032&context=llsn (last visited Jun. 17, 2017)。

3. Alan B. Morrison, *The Brandeis Brief and 21st Century Constitutional Litigation*, 18 Lewis & Clark L. Rev. 715 (2014)。

4. Albert Resis, *Vladimir Lenin: prime minister of Union of Soviet Socialist Republics*, Encyclopedia Britannica, available at https://www.britannica.com/biography/Vladimir-Lenin (last visited Aug. 20, 2017)。

5. Alexander M. Bickel, *Felix Frankfurter*, 78 Harv. L. Rev. 1527 (1965)。

6. Andrew P. Morriss, *Exploding Myths: An Empirical and Economic Reassessment of the Rise of Employment At-Will*, 59 Mo. L. Rev. 679 (1994)。

7. Anthony Kronman, *Jurisprudential Responses to Legal Realism*, 73 Cornell L. Rev. 335 (1988)。

8. Arnold Zack, *Shulman, Harry* (1903-1955), in Roger K. Newman (ed.), The Yale Biographical Dictionary of American Law, New Haven: Yale University Press, 2009。

9. Brandeis, *Absolutism in Industry*, in Alfred Lief (ed.), The Social and Economic Views of Mr. Justice Brandeis, New York: The Vanguard Press, 1930。

10. Brandeis, *Business-A Profession*, in Louis D. Brandeis, Business-A Profession, Boston: Hale, Cushman & Flint Publishers, 1927。

11. Brandeis, *How Far Have We Come on the Road to Industrial Democracy? -An Interview*, in Osmond K. Fraenkel (ed.), The Curse of Bigness: Miscellaneous Papers of Louis D. Brandeis, New York: The Firing Press, 1934。

12. Brandeis, *Industrial Co-operation*, in Osmond K. Fraenkel (ed.), The

Curse of Bigness: Miscellaneous Papers of Louis D. Brandeis, New York: The Firing Press, 1934。

13. Brandeis, *Industrial Democracy*, in Alfred Lief (ed.), The Social and Economic Views of Mr. Justice Brandeis, New York: The Vanguard Press, 1930。

14. Brandeis, *On Industrial Relations*, in Osmond K. Fraenkel (ed.), The Curse of Bigness: Miscellaneous Papers of Louis D. Brandeis, New York: The Firing Press, 1934。

15. Brandeis, *The Employer and Trades Unions*, in Louis D. Brandeis, Business-A Profession, Boston: Hale, Cushman & Flint Publishers, 1927。

16. Brannon P. Denning, *The Yale Law School Divisional Studies Program, 1954-1964: Experiment in Legal Education*, 52 J. Leg. Educ. 365 (2002)。

17. Bruce A. Kimball, *Langdell, Christopher Columbus* (1826-1906), in Roger K. Newman (ed.), The Yale Biographical Dictionary of American Law, New Haven: Yale University Press, 2009。

18. Bruce E. Kaufman, *John R. Commons and the Wisconsin School on Industrial Relations Strategy and Policy*, 57 Indus. & Lab. Rel. Rev. 3 (2003)。

19. Caleb Southworth & Judith Stepan-Norris, *American Trade Unions and Data Limitations: A New Agenda for Labor Studies*, 2009 Annu. Rev. Sociol. 297。

20. Charles H. Koch, Jr., *James Landis: The Administrative Process*, 48 Admin. L. Rev. 419 (1996)。

21. Christopher L. Tomlins, *Labor Law*, in Stanley L. Engerman & Robert

E. Gallman (eds.), The Cambridge Economic History of the United States, Vol. III: The Twentieth Century, Cambridge: Cambridge University Press, 2000。

22. Christopher Tomlins, *Law, Population, Labor*, in Michael Grossberg & Christopher Tomlins (eds.), The Cambridge History of Law in America, Vol. 1: Early America (1580-1815), Cambridge: Cambridge University Press, 2008。

23. *Civil Conservation Corps (CCC): United States history*, Encyclopedia Britannica, available at https: //www. britannica. com/topic/Civilian-Conservation-Corps (last visited Aug. 24, 2017)。

24. Clyde W. Summers, *Frankfurter, Labor Law and the Judge' s Function*, 67 Yale L. J. 266 (1957)。

25. Cynthia L. Estlund, *The Death of Labor Law?*, 2 Ann. Rev. L. & Soc. Sci. 105 (2006)。

26. Cynthia L. Estlund, *The Ossification of American Labor Law*, 102 Colum. L. Rev. 1527 (2002)。

27. Derek Bok, *Archibald Cox*, 150 Proceedings of the American Philosophical Society 461 (2006)。

28. Derek C. Bok, *Section 7 of the Clayton Act and the Merging of Law and Economics*, 74 Harv. L. Rev. 226 (1960)。

29. *Derek Curtis Bok*, Encyclopedia of World Biography, available at http: //www. encyclopedia. com/history/encyclopedias-almanacs-transcripts-and-maps/derek-curtis-bok (last visited Feb. 13, 2018)。

30. Donald A. Ritchie, *Landis, James McCauley* (1899-1964), in Roger K.

Newman (ed.), The Yale Biographical Dictionary of American Law, New Haven: Yale University Press, 2009。

31. Donald A. Ritchie, *Wagner, Robert Ferdinand* (1877-1953), in Roger K. Newman (ed.), The Yale Biographical Dictionary of American Law, New Haven: Yale University Press, 2009。

32. Duncan Farthing-Nichol, *Book Review: The Triumph, Tragedy and Lost Legacy of James M. Landis*, 65 J. Legal Educ. 661 (2016)。

33. E. Merrick Dodd, *Book Review*, 60 Harv. L. Rev. 486 (1947)。

34. Edgar Eugene Robinson & William L. O'Neill, *The United States since 1945: The Peak Cold War Years, 1945-60*, Encyclopedia Britannica, available at https://www.britannica.com/place/United-States/World-War-II (last visited Oct. 3, 2017)。

35. Edward A. Purcell, Jr., *Hart, Henry Melvin, Jr.* (1904-1969), in Roger K. Newman (ed.), The Yale Biographical Dictionary of American Law, New Haven: Yale University Press, 2009。

36. Edward S. Corwin, *The Supreme Court and the Fourteenth Amendment*, 7 Mich. L. Rev. 643 (1909)。

37. *Employment at will*, Black's Law Dictionary (10th ed.), 2014。

38. Ernest Poole, *Brandeis: A Remarkable Record of Unselfish Work Done in the Public Interest*, in Louis D. Brandeis, Business-A Profession, Boston: Hale, Cushman & Flint Publishers, 1927。

39. Ernst Freund, *Constitutional Limitations and Labor Legislation*, 4 Ill. L.

R. 609 (1910)。

40. Erwin Chemerinsky, *Why Write?*, 107 Mich. L. Rev. 881 (2009)。

41. Erwin N. Griswold, *James McCauley Landis*, 1899-1964, 78 Harv. L. Rev. 313 (1964)。

42. *Eugene V. Debs: American social and labour leader*, Encyclopedia Britannica, available at https://www.britannica.com/biography/Eugene-V-Debs (last visited Aug. 9, 2017)。

43. Eugene V. Rostow, *Dean Harry Shulman*, 64 Yale L. J. 802 (1955)。

44. F. P., *The New York Labour Law and the Fourteenth Amendment*, 21 L. Q. Rev. 211 (1905).

45. Felix Frankfurter, "*A Distinctively American Contribution*", 23 Am. Lab. Legis. Rev. 169 (1933)。

46. Felix Frankfurter, *Brief for Defendants in Error upon Re-Argument* (*Frank C. Stettler vs. Edwin v. O' Hara & Elmira Simpson vs. Edwin v. O' Hara*), New York: National Consumers' League, 1916。

47. Felix Frankfurter, *Harry Shulman*, 64 Yale L. J. 799 (1955)。

48. Felix Frankfurter, *Hours of Labor and Realism in Constitutional Law*, 29 Harv. L. Rev. 353 (1916)。

49. Felix Frankfurter, *The Conditions for, and the Aims and Methods of, Legal Research*, 15 Iowa L. Rev. 129 (1930)。

50. Felix Frankfurter, *The Law and the Law School*, 38 Annu. Rep. A. B. A. 365 (1915)。

51. Felix Frankfurter, *The Task of Administrative Law*, 75 U. Pa. L. Rev. 614 (1927)。

52. *First Inaugural Address of Franklin D. Roosevelt (Saturday, March 4, 1933)*, The Avalon Project of the Yale Law Library, available at http://avalon. law. yale. edu/20th_ century/froos1. asp (last visited Aug. 24, 2017)。

53. Frank Freidel & William L. O' Neill, *The United States from 1920 to 1945*, Encyclopedia Britannica, avaible at https://www. britannica. com/place/United-States/The-United-States-enters-the-Great-War (last visited Aug. 24, 2017)。

54. Franklin D. Roosevelt, *State of the Union Message to Congress, January 11, 1944*, F. D. R. Library, available at http://www. fdrlibrary. marist. edu/archives/pdfs/state_ union. pdf (last visited Aug. 29, 2017)。

55. *Frederic Jesup Stimson*, in Samuel Atkins Eliot (chief ed.), Biographical History of Massachusetts: Biographies and Autobiographies of the Leading Men in the State, Vol. II., Boston: Massachusetts Biographical Society, 1913。

56. Frederick M. Lawrence, Larry Yackle & Steven M. Ziolkowski, *Archibald Cox and the Genius of Our Institutions*, 85 B. U. L. Rev. 355 (2005)。

57. *Frederick W. Taylor: American inventor and engineer*, Encyclopedia Britannica, available at https://www. britannica. com/biography/Frederick-W-Taylor (last visited Aug. 8, 2017)。

58. George Flagg Man & James Gould, *Manuscript notes of lectures by James Gould at the Litchfield law school, taken down by George Flagg Man, 1826-1827*,

Vol. 1, available at http://digitalcommons.law.yale.edu/cgi/viewcontent.cgi?article=1044&context=llsn (last visited Jun. 17, 2017)。

59. Grant Gilmore, *Legal Realism: Its Cause and Cure*, 70 Yale L. J. 1037 (1961)。

60. Harold Whitman Bradley, *The Transformation of American Society, 1865-1900*, Encyclopedia Britannica, available at https://www.britannica.com/place/United-States (last visited Jun. 22, 2017)。

61. Harry H. Wellington, *Clyde Summers and the Early Yale Years*, 138 U. Pa. L. Rev. 643 (1990)。

62. Harry Shulman, *Book Review: Cases on Labor Law by Archibald Cox, 1948*, 62 Harv. L. Rev. 1431 (1949)。

63. Harry Shulman, *Reason, Contract, and Law in Labor Relations*, 68 Harv. L. Rev. 999 (1955)。

64. Harvard Law School Library, *Landis, James McCauley, 1899-1964. Papers, 1924-1945: Finding Aid.*, Cambridge: Harvard Law School, 1973, available at http://oasis.lib.harvard.edu/oasis/deliver/~law00025 (last visited Sept. 1, 2017)。

65. *In Memoriam: Harry H. Wellington*, YaleNews, Aug. 10, 2011, available at https://news.yale.edu/2011/08/10/memoriam-harry-h-wellington (last visited Feb. 13, 2018)。

66. *Industrial Workers of the World (IWW): labour organization*, Encyclopedia Britannica, available at https://www.britannica.com/topic/Industrial-Work-

ers-of-the-World（last visited Aug. 9, 2017）。

67. *Injunction*, Black's Law Dictionary（10th ed.）, 2014。

68. Jamal Greene, *The Anticanon*, 125 Harv. L. Rev. 379（2011）.

69. Jamie L. Carson & Benjamin A. Kleinerman, *A Switch in Time Saves Nine: Institutions, Strategic Actors, and FDR's Court-Packing Plan*, 113 Pub. Choice 301（2002）。

70. Jay M. Feinman, *The Development of Employment-at-Will Rule Revisited*, 23 Ariz. St. L. J. 733（1991）。

71. Jay M. Feinman, *The Development of the Employment at Will Rule*, 20 Am. J. Legal Hist. 118（1976）。

72. Jeanne Mirer, *Right-to-work Laws: History and Fightback*, 70 Nat'l L. Guild Rev. 30（2013）。

73. Jeff Singleton, *Civil Works Administration（CWA）*, in Robert S. McElvaine（chief ed.）, Encyclopedia of the Great Depression, Vol. 1, New York: Thomson & Gale, 2003。

74. John A. Salmond, *National Youth Administration（NYA）*, in Robert S. McElvaine（chief ed.）, Encyclopedia of the Great Depression, Vol. 2, New York: Thomson & Gale, 2003。

75. *John R. Commons, 1862-1945: The Spiritual Father of Social Security*, available at https://www.wisconsinhistory.org/Records/Article/CS507（last visited Aug. 20, 2017）。

76. Josh Blackman, *The 9th Circuit's Contrived Comedy of Errors in Wash-*

ington v. Trump, 95 Tex. L. Rev. See Also 18 (2017)。

77. Julius Getman, *Was Harry Shulman Right?: The Development of Arbitration in Labor Disputes*, 81 St. John' s L. Rev. 15 (2007)。

78. Justice Stephen G. Breyer, Derek C. Bok, Clark Byse, Ken Gormley, Philip B. Heymann, Charles J. Ogletree & Fred Wertheimer, *In Memoriam: Archibald Cox*, 118 Harv. L. Rev. 1 (2004)。

79. Karl N. Llewellyn, *A Realistic Jurisprudence-The Next Step*, 30 Colum. L. Rev. 431 (1930)。

80. Karl N. Llewellyn, *Some Realism about Realism-Responding to Dean Pound*, 44 Harv. L. Rev. 1222 (1931)。

81. Katherine Van Wezel Stone, *The Post-War Paradigm in American Labor Law*, 90 Yale L. J. 1509 (1981)。

82. Kathleen Dalton, *Roosevelt, Theodore (1858-1919)*, in Roger K. Newman (ed.), The Yale Biographical Dictionary of American Law, New Haven: Yale University Press, 2009。

83. *Knights of Labour (KOL): American Labour Organization*, Encyclopedia Britannica, available at https://www.britannica.com/topic/Knights-of-Labor (last visited Jun. 22, 2017)。

84. *Laissez-faire: Economics*, Encyclopedia Britannica, available at https://www.britannica.com/topic/laissez-faire (last visited Aug. 9, 2017)。

85. Learned Hand, *Due Process of Law and the Eight-Hour Day*, 21 Harv. L. Rev. 495 (1908)。

86. Louis D. Brandeis & Samuel Gompers, *The Incorporation of Trade Unions*, 1 Green Bag 2d 306 (1998)。

87. Louis D. Brandeis, *Women in Industry: Decision of the United States Supreme Court in curt Muller vs. State of Oregon Upholding the Constitutionality of the Oregon Ten Hour Law for Women and Brief for the State of Oregon*, New York: The National Consumers' League, 1908。

88. Louis L. Jaffe, *James Landis and the Administrative Process*, 78 Harv. L. Rev. 319 (1964)。

89. Manuscript Division of the Library of Congress, *Francis Bowes Sayre Papers: A Finding Aid to the Collection in the Library of Congress*, Washington, D. C., 2012, available at http://rs5.loc.gov/service/mss/eadxmlmss/eadpdfmss/2012/ms012177.pdf (last visted Feb. 12, 2018)。

90. Mark Silverstein, *Frankfurter, Felix (1882-1965)*, in Roger K. Newman (ed.), The Yale Biographical Dictionary of American Law, New Haven: Yale University Press, 2009。

91. Melvin I. Urofsky, *In re Debs*, Encyclopedia Britannica, https://www.britannica.com/topic/In-re-Debs (last visited Jun. 25, 2017)。

92. Melvin I. Urofsky, *Louis D. Brandeis and His Clerks*, 49 U. Louisville L. Rev. 163 (2010)。

93. Melvin I. Urofsky, *Pullman Strike*, Encyclopedia Britannica, available at https://www.britannica.com/event/Pullman-Strike (last visited Jun. 25, 2017)。

94. Michael H. Hoeflich, *Pound, Roscoe (1870-1964)*, in Roger K. Newman (ed.), The Yale Biographical Dictionary of American Law, New Haven: Yale University Press, 2009。

95. Michael R. Beschloss, *The Life of James Landis*, 95 Harv. L. Rev. 1179 (1982)。

96. Michael Wells, *Busting the Hart & Wechsler Paradigm*, 11 Const. Comment. 557 (1995)。

97. Milton Katz, *James M. Landis*, 78 Harv. L. Rev. 317 (1964)。

98. Norman L. Meyers, *Walter Nelles*, 46 Yale L. J. 1279 (1937)。

99. O. W. Holmes, *The Path of the Law*, 10 Harv. L. Rev. 457 (1897)。

100. Orly Lobel, *The Four Pillars of Work Law*, 104 Mich. L. Rev. 1539 (2006)。

101. Paul Buhle, *Socialists and Wobblies*, in Paul Buhle & Alan Dawley (eds.), Working for Democracy: American Workers from the Revolution to the Present, Urbana: University of Illinois Press, 1985。

102. Peter Fearon, *Federal Emergency Relief Administration (FERA)*, in Robert S. McElvaine (chief ed.), Encyclopedia of the Great Depression, Vol. 1, New York: Thomson & Gale, 2003。

103. Peter R. Perry, *Theodore Roosevelt and the Labor Movement*, M. A. Thesis of California State University, Hayward, 1991。

104. Philip D. Weiss, *Apportioning Loss after Discharge of a Burdensome Contract: A Statutory Solution*, 69 Yale L. J. 1054 (1959)。

105. Philippa Strum, *Brandeis, Louis D.* (*1856-1941*), in Roger K. Newman (ed.), The Yale Biographical Dictionary of American Law, New Haven: Yale University Press, 2009。

106. *Public Works Administration* (*PWA*): *United States history*, Encyclopedia Britannica, available at https://www.britannica.com/topic/Public-Works-Administration (last visited Aug. 24, 2017)。

107. Ralph K. Winter, Jr., *Labor Injunctions and Judge-Made Labor Law: The Comtemporary Role of Norris-Laguardia*, 70 Yale L. J. 70 (1960)。

108. *Report of the Industrial Commission on Labor Legislation*, Washington: Government Printer Office, 1900。

109. *Report of the Industrial Commission on the Condition of Foreign Legislation upon Matters Affecting General Labor*, Washington: Government Printer Office, 1901。

110. Reuel E. Schiller, *From Group Rights to Individual Liberties: Post-War Labor Law, Liberalism, and the Waning of Union Strength*, 20 Berkeley J. Emp. & Lab. L. 1 (1999)。

111. Richard A. Danner, *Oh, the Treatise!*, 111 Mich. L. Rev. 821 (2013)。

112. Robert H. Wiebe, *The Anthracite Strike of 1902: A Record of Confusion*, 48 Missi. Valley Hist. Rev. 229 (1961)。

113. Robert K. Murray, *Communism and the Great Steel Strike of 1919*, 38 Missi. Valley Hist. Rev. 445 (1951)。

114. Robert W. Gordon, *Professors and Policymakers: Yale Law School Faculty in the New Deal and After*, in Anthony T. Kronman (ed.), History of the Yale Law School: The Tercentennial Lectures, New Haven: Yale University Press, 2004。

115. Ronald Goldfarb, *Rodell, Fred* (1907-1980), in Roger K. Newman (ed.), The Yale Biographical Dictionary of American Law, New Haven: Yale University Press, 2009。

116. Roscoe Pound, *Do We Need a Philosophy of Law?*, 5 Colum. L. Rev. 339 (1905)。

117. Roscoe Pound, *Dogs and the Law*, 8 Green Bag 172 (1896)。

118. Roscoe Pound, *Liberty of Contract*, 18 Yale L. J. 454 (1908)。

119. Roscoe Pound, *Mechanical Jurisprudence*, 8 Colum. L. Rev. 605 (1908)。

120. Roscoe Pound, *The Call for a Realistic Jurisprudence*, 44 Harv. L. Rev. 697 (1931)。

121. Ryan C. Williams, *The One and Only Substantive Due Process Clause*, 120 Yale L. J. 408 (2010)。

122. Scott D. Szymendera, *The Federal Employees' Compensation Act (FECA): Workers' Compensation for Federal Employees*, Congressional Research Service Report R42107, 2017。

123. Shelton M. Novick, *Holmes, Oliver Wendell, Jr. (1841-1935)*, in Roger K. Newman (ed.), The Yale Biographical Dictionary of American Law, New

Haven：Yale University Press，2009。

124. Staughton Lynd，*Government without Rights：The Labor Law Vision of Archibald Cox*，4 Indu. Rel. L. J. 483（1981）。

125. Stephen L. Dinces，*Statutory and Contractual Restrictions on the Right to Strike during the Term of a Collective Bargaining Agreement*，70 Yale L. J. 1366（1961）。

126. Thomas Hilblink（Interviewer），*Archibald Cox Oral History*，*Session # 1*，Brooksville，Maine，June 19，2000，available at http：//www. columbia. edu/cu/lweb/digital/collections/oral_ hist/cox/pdf/Cox_ Final_ Transcript_ Session_ One. pdf（last visited Feb. 8，2018）。

127. Thomas J. Knock，*Wilson*，*Woodrow*（*1856-1924*），in Roger K. Newman（ed.），The Yale Biographical Dictionary of American Law，New Haven：Yale University Press，2009。

128. Tinsley E. Yarbrough，*Harlan*，*John Marshall*（*1833-1911*），in Roger K. Newman（ed.），The Yale Biographical Dictionary of American Law，New Haven：Yale University Press，2009。

129. *Transcript of the Proclamation*，available at https：//www. archives. gov/exhibits/featured-documents/emancipation-proclamation/transcript. html（last visited Jun. 15，2017）。

130. *Treatise*，Black's Law Dictionary（10th ed.），2014。

131. W. B. Simpson，*The Rise and Fall of the Legal Treatise*：*Legal Principles and the Forms of Legal Literature*，48 U. Chi. L. Rev. 632（1981）。

132. Walter Nelles, *Commonwealth vs. Hunt*, 32 Colum. L. Rev. 1128 (1932)。

133. Walter Nelles, *The First American Labor Case*, 41 Yale L. J. 165 (1931)。

134. William E. Forbath, *The Shaping of the American Labor Movement*, 102 Harv. L. Rev. 1109 (1989)。

135. *William Kelly*: *American Inventor*, Encyclopedia Britannica, available at https: //www. britannica. com/biography/William-Kelly (last visited Jun. 22, 2017)。

136. William N. Eskridge Jr. & Philip P. Frickey, *An Historical and Critical Introduction to the Legal Process*, in Henry M. Hart, Jr. & Albert M. Sacks, The Legal Process: Basic Problems in the Making and Application of Law, Westbury: The Foundation Press, Inc. , 1994。

137. William Twining, *Llewellyn*, *Karl N.* (*1893-1962*), in Roger K. Newman (ed.), The Yale Biographical Dictionary of American Law, New Haven: Yale University Press, 2009。

138. *Works Progress Administration* (*WPA*): *United States History*, Encyclopedia Britannica, available at https: //www. britannica. com/topic/Works-Progress-Administration (last visited Aug. 24, 2017)。

139. Yehuda Horvitz, *Mournful Song of the Great Fire*, available at http: //trianglefire. ilr. cornell. edu/primary/songsPlays/MournfulSong. html (last visited Jun. 13, 2017).

七、英文判例

1. Adair vs. United States, 208 U. S. 161 (1908)。

2. Adams vs. Tanner, 244 U. S. 590 (1917)。

3. Adkins vs. Children' s Hospital, 261 U. S. 525 (1923)。

4. Bedford Cut Stone Co. vs. Stone Cutters' Ass' n, 274 U. S. 37 (1927)。

5. Brown vs. Board of Education, 347 U. S. 483 (1954)。

6. Commonwealth vs. Hunt, 45 Mass. 111 (1842)。

7. Commonwealth vs. Pullis, 3 Doc. Hist. 59 (1806)。

8. Duplex Printing Press Co. vs. Deering, 254 U. S. 443 (1921)。

9. Fibreboard Paper Products Corp. vs. N. L. R. B. , 379 U. S. 203 (1964) .

10. Hitchman Coal Co. vs. Mitchell, 245 U. S. 229 (1917)。

11. In re Debs, 158 U. S. 564 (1895)。

12. In re Jacobs, 98 N. Y. 98 (1885)。

13. Lochner vs. New York, 198 U. S. 45 (1905)。

14. Muller vs. Oregon, 208 U. S. 412 (1908)。

15. National Labor Relations Board vs. Jones & Laughlin Steel Corp. , 301 U. S. 1 (1937)。

16. Plessy vs. Ferguson, 163 U. S. 537 (1896)。

17. Regents of University of California vs. Bakke, 438 U. S. 265 (1978)。

18. Schechter Poultry Corp. vs. United States, 295 U. S. 495 (1935)。

19. Truax vs. Corrigan, 257U. S. 312 (1921)。

20. United States vs. Carolene Products Company, 304 U. S. 144 (1938) .

21. United Steelworkers of Am. vs. Am. Mfg. Co. , 363 U. S. 564 (1960)。

22. United Steelworkers of Am. vs. Enter. Wheel & Car Corp. , 363 U. S. 593 (1960)。

23. United Steelworkers of Am. vs. Warrior & Gulf Navigation Co. , 363 U. S. 574 (1960)。

24. Vegelahn vs. Guntner, 167 Mass. 92 (1896)。

25. Washington vs. Trump, United States District Court, W. D. Washington, February 3, 2017 (2017 WL 462040)。

26. West Coast Hotel Co. vs. Parrish, 300 U. S. 379 (1937) .

八、英文其他

1. HeinOnline 数据库考克斯著作引用情况专页，http://heinonline. org/HOL/AuthorProfile? collection = journals&search_ name = Cox,% 20Archibald (最后访问 2018 年 2 月 12 日)。

2. 康奈尔大学工业与劳动关系学院网站"纪念 1911 年三角工厂火灾"专页，http://trianglefire. ilr. cornell. edu/victimsWitnesses/victims List. html (最后访问 2017 年 6 月 13 日)。

3. 考克斯氏与博克氏劳动法案例书专题网站，http://www. cox-bok-laborlaw. com/ (最后访问 2018 年 2 月 12 日)。

4. 利奇菲尔德历史协会（Litchfield Historical Society）网站，http://

litchfieldhistoricalsociety. org/（最后访问 2017 年 6 月 17 日）。

5. 纽约城市大学斯坦顿岛学院网站“‘自由话语’和 19 世纪美国妇女”专页，http：//csivc. csi. cuny. edu/americanstudies/files/lavender/（最后访问 2017 年 6 月 16 日）。

6. 威廉和玛丽大学法学院图书馆网站“威斯百科”（Wythepedia）专页，http：//lawlibrary. wm. edu/wythepedia（最后访问 2017 年 6 月 18 日）.

后　　记

友人说：哭过，就算后记了。小书完稿，悲欣交集，方知此话的深意。

一

这本书写得不容易。留美攻博期间，我打定主意研究劳动法，却一时无从入手。家父尝谓："治学的方法，要追根溯源。满洲史、清代史的'根'在哪里？'源'在何处？其地之根在山海关外，其时之源在清入关前。"[1] 他在根源之处放舟而下，方得融会贯通。学问无分中西，道理是一样的。哈佛大学法学院的塔什奈（Mark Tushnet）教授曾经对比法学与兄弟学科的博士训练，认为前者疏于引导学生全面把握学科状况，故尔主张法律学者入行之初应当自我教育，补足缺憾。[2] 我深以为然，决心仿

〔1〕 阎崇年：《满学论集》，民族出版社1999年版，序第1页。

〔2〕 Mark Tushnet, Legal Scholarship and Education, Oxford: Routledge, 2008, at p. xi.

效，打算利用资料的便利，把美国劳动法学的议题、观点、论辩都摸排清楚。

知易行难。那时我已经达成了美国劳动法课程的“全覆盖”：师从哥伦比亚大学的巴伦伯格（Mark Barenberg）教授修读集体劳动关系法（Labor Law），师从耶鲁大学的朱尔斯（Christine Jolls）教授和西格尔（Reva Siegel）教授修读个别劳动关系法（Employment Law）和反歧视法（Antidiscrimination Law），又师从康涅狄格大学的菲舍（Richard Fischl）教授学习工作法（Work Law）。我自忖还算有点基础，却不曾料到门槛如此之高。在美期间，本想弄个大概，结果未能如愿；回国之后，草拟方案，参加课题，申请资助，可谓万事齐备，进展却很缓慢。去年春天，章永乐兄邀我一同开设“法学论文与方法”课程。我以历史为骨骼、以论文为肌肉、以方法为腹心，串讲美国劳动法学，竟然反响不错。信心稍增，赶紧动笔。一夏挥汗，写出三章，终章则利用国庆和春节的假期“插空”完成。如今总算到了后记的时刻。

二

说历史，往大处讲，是代圣贤立言；往小处讲，是替古人发声。说到最后，我发现，我想要讲的话，古人也替我讲完了。所以，既没有“卒章显志”的冲动，更没有“图穷匕见”的气性。

这本书，既是古人与今人相互代言，又是中人与西人相互切磋，"古今中西之争"[1] 算是占全了。我的原则是：立传而不树碑，敬慕而不谄媚。对古人、对今人、对中人、对西人，都能如此，就解脱了。

解脱之后，方能感受治学的幸福。这种幸福的第一条线索，来自我的博士导师组长葛维宝（Paul Gewirtz）教授。一日，教授讲解宪法，突然伸手向教室一侧墙上一指，说："这件事情，毕克尔（Alexander Bickel）当年在这间屋子里也讲过！"然后大谈自己与毕克尔的不同看法。他的神色是那样自然，语气中又透着兴奋，仿佛毕克尔就坐在台下，随时准备起身和他大战一场。学者要善于和古人交友。对于看客而言，古人只是历史；而对于学者而言，古人就生活在当下，陪伴今人思考、争论、闲聊乃至发呆。有陪伴，就不孤单，是谓"吾道不孤"。所谓幸福感，既来自贯通古今的豁达，又来自生生不息的奋发。有福如此，夫复何求？

三

写了困苦，又说了幸福，悲欣交集之际，就该合题了。子曰："三十而立。"年过三十，我已经出版了两部专著。我时常

[1] 甘阳：《古今中西之争》，生活·读书·新知三联书店2012年版。

反思：这些作品“立”得住吗？为此付出的困苦有没有价值，享受的幸福有没有底气？书写完了，就呈给读者评判；这些问题，就交给时间回答。我写历史，历史也在写我，所以，我须臾不敢懈怠。

师长们的关怀与鞭策，是我不懈前行的动力。本书从酝酿到完稿，历时5年有余，得到了潘剑锋教授、张守文教授、王锡锌教授、郭雳教授暨北京大学法学院两届领导班子的热情支持，得到了叶静漪教授暨社会法学界前辈学者的悉心指点，得到了宪法学、行政法学、经济法学、法理学和法史学各界专家的大力帮助。师长们创造了宽松的学术环境，让我敢于写一本不能拆成论文发表的专著。除了前文提及的学者，我还曾就本书的写作，求教于纽约大学的东林馨（Cynthia Estlund）教授、康奈尔大学的施瓦布（Stewart Schwab）教授、弗吉尼亚大学的沃科齐（J. H. Verkerke）教授和罗格斯大学的海德（Alan Hyde）教授。就人名的翻译和书稿的校对，我得到了北京语言大学陈静老师、北京大学焦姣同学和中国政法大学李坤霞同学的帮助。本书的出版端赖刘海涛社长的信任和提携，以及陈曦编辑的耐心和专业。家人关爱、学友敲打、学生捧场，都是学术生活的支撑，在此就不列名了，咱们来日方长。

范文正公言：“不以物喜，不以己悲。”悲喜乃人之常情，但是，哭过笑过，就把过去还给历史。为了历史，长歌当哭，权作后记。未来要重新出发。

阎 天

2018 年 2 月 17 日

农历戊戌年正月初二 初稿

2018 年 7 月 23 日大暑 定稿